刑事不法与社会危害性的
整体评价理论

冷必元◎著

XINGSHI BUFA YU SHEHUI WEIHAIXING DE

ZHENGTI PINGJIA LILUN

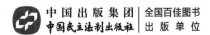

中国出版集团　中国民主法制出版社

全国百佳图书
出版单位

图书在版编目（CIP）数据

刑事不法与社会危害性的整体评价理论 / 冷必元著.
—北京：中国民主法制出版社，2023.4
ISBN 978-7-5162-3144-9

Ⅰ.①刑… Ⅱ.①冷… Ⅲ.①刑法 – 研究 Ⅳ.① D914.04

中国国家版本馆 CIP 数据核字（2023）第 047826 号

图书出品人：刘海涛
出 版 统 筹：石　松
责 任 编 辑：张佳彬　刘险涛

书　　　名／刑事不法与社会危害性的整体评价理论
作　　　者／冷必元　著

出版·发行／中国民主法制出版社
地址／北京市丰台区右安门外玉林里 7 号（100069）
电话／（010）63055259（总编室）　63058068　63057714（营销中心）
传真／（010）63055259
http: // www.npcpub.com
E-mail: mzfz@npcpub.com
经销／新华书店
开本／16 开　710 毫米 ×1000 毫米
印张／17.5　字数／222 千字
版本／2023 年 4 月第 1 版　2023 年 4 月第 1 次印刷
印刷／三河市富华印刷包装有限公司

书号／ISBN 978-7-5162-3144-9
定价／86.00 元

前　言

将所有说明不法的要素放在一个不法评价系统中，这个由所有不法评价要素组成的完整不法评价系统，即是整体不法构成要件。德日刑法学说中，根据整体不法构成要件来反映和评价行为不法性质的理论，即是整体不法（构成要件）理论。

整体不法构成要件本来是一个大陆法系刑法学理论中使用的概念，德国、日本、中国台湾有学者提倡这一理论。中俄等社会主义国家的刑法学说没有整体不法构成要件的概念。与整体不法构成要件不同，中俄的不法评价系统是犯罪构成。犯罪构成是社会主义国家刑法评价行为是否具有不法性的唯一标准。

可以说，整体不法构成要件理论"生"在大陆法系的德国，"长"在德国、日本、中国台湾，但实际上却"用"在社会主义法系的中俄等国家。尽管中俄刑法理论不使用整体不法构成要件一词，但实际上犯罪构成本身就是一个比较彻底的整体不法构成要件。中俄四要件的不法评价体系完全具有整体不法构成要件的全部基本特征，它是整体不法构成要件理论的一个分支（具体可见后文书展开的详细论证）。故此，在中俄刑法理论语境中，很有必要对整体不法（构成要件）理论进行深入研究。

本书是在大陆法系刑法理论所提倡的整体不法（构成要件）理论背景下，研究中俄四要件整体不法评价理论。笔者从大陆法系的整体不法（构成要件）理论语境出发，转换视角从而走进中俄四要件不法语境。在语境转换的过程中，我们可以发现，其实大陆法系刑法理论中并不缺少四要件整体不法评价的理论样本。虽然这一样本和四要件整体不法评价理论在话语表述、要素配置等方面尚存有差异，但是两者的核心内容、基本思想以及基本要求都是相同的，都是提倡从一个整体视角考察和评价行为的不法属性。本书就是带着这样一种写作目的和写作任务展开理论叙述的。

本书分为七章。第一章，阐述整体不法（构成要件）理论的基本内涵和特征，给读者一个较为清晰的总体印象。第二章，探索整体不法（构成要件）理论的形成路径，梳理其理论源头。当然，在这种探索中，也展示了整体不法（构成要件）理论产生的历史必然性和合理性。第三章，阐述整体不法（构成要件）理论基础上形成的犯罪论体系构架。在这种叙述中，同时也阐明了整体不法评价理论对建构犯罪论体系的基本要求。第四章，说明中俄四要件不法理论实际上也是一种整体不法评价理论。同时，与二阶层整体不法理论相比，中俄四要件整体不法评价理论还有其鲜明特色。第五章，对四要件整体不法构成要件的种种质疑予以评析和回应，指出质疑声音的不合理之处。第六章，说明四要件整体不法理论的解释论优势。第七章，说明中俄整体不法评价基础上构建的四要件犯罪论体系，是实定法演绎的结果，我国刑法为什么不适用阶层犯罪论体系。

目　录

第一章 刑事不法的整体评价方法：内涵、概念和特色

　　中国大陆刑法学界，"整体不法构成要件"尚属一个新名词。现在主要可通过三种途径了解这一在德日刑法学界并不算前沿的刑法学说，一是通过研读翻译成中文的德日刑法学著作，如德国刑法学者约翰内斯·韦塞尔斯的《德国刑法总论》一书的相关内容；[①] 二是通过研读大陆出版的台湾刑法理论著作，如台湾省刑法学者林山田的《刑法通论》一书的相关内容；[②] 三是通过研读介绍德日刑法理论的著作，如冯军教授等主编的《外国刑法学概论》一书的相关内容。[③] 其实，整体不法构成要件只是整体不法评价理论的代名词。总体来看，中国大陆刑法学界对这一理论尚处于了解、学习和浅层次接收阶段，基本上尚未形成深入的研究成果，也未有学者广泛运用这一理论深入分析刑法问题。本章笔者在介绍整体不法评价理论的基础上，总结出该理论的若干重要特征，以给读者一个较为清晰的总体印象。

---

① ［德］约翰内斯·韦塞尔斯：《德国刑法总论》，李昌珂译，法律出版社 2008 年版，第 72 页。

② 林山田：《刑法通论（上册）》，北京大学出版社 2012 年版，第 162—163 页。

③ 冯军、李春雷：《外国刑法学概论》，中国民主法制出版社 2004 年版，第 65 页。

一、由刑法上的"不法"谈起

在理解整体不法构成要件之前，首先要知道什么是"不法"，整体不法构成要件是在何种意义上使用"不法"一词。

在法学理论的众多概念中，"不法"概念是一个被社会大众、实务界和学术界无以复加地滥用和混淆的代表。新闻媒体经常有"不法商贩""不法分子"的报道，行政执法中有"行政不法"的说法，民法领域有"民事不法"的说法，刑事领域也有"不法侵害"等名词，刑法理论上还经常有学者将"不法"和"违法"两个概念相互替代使用。时至今日，实际上已很难确切地给"不法"一个共通的定义。在不同的知识群和语言圈，同一词语会有不同的含义。不法在社会大众中、民法学术圈、行政法学术圈、刑法学术圈，都形成了相对固定的不同含义。由于笔者的研究只限制在刑法学术圈，因此只需要得出"不法"一词在刑法学术圈的含义。

尽管将研究视野只限制在刑法学术圈，但要得出刑法上"不法"的确切含义，也并非容易。刑法上定义"不法"的难处，主要在于该词和三阶层犯罪论体系中的"违法"一词含义纠缠不清。部分学者认为，不法和违法实际上是同一个意义，不法和违法同一论。台湾省刑法学者甘添贵介绍，在日本刑法学界，尤其是老一辈的日本刑法学者，如大塚仁、团腾重光等人，基本上认为不法和违法两个概念不需要区分，"违法就是不法，不法就是违法"。[1] 台湾省刑法学者余振华也认为，纵使有的日本学者持区分两概念的态度，但最终也没有说出两者的根本区别，因而两者的区分依然很模糊。[2] 持不法和违

---

[1] 甘添贵：《学术报告：刑事违法性的概念与内涵》，载贾宇主编：《刑事违法性理论研究》，北京大学出版社 2008 年版，第 422 页。

[2] 余振华：《专题报告：违法性理论之基础》，载贾宇主编：《刑事违法性理论研究》，北京大学出版社 2008 年版，第 468 页。

法区分论的学者，一般认为两者的区分点不外乎是性质不同、内容不同、程度不同。

持性质不同的观点认为，违法是指行为和全体法规范（即所有法律规范）相抵触，也即是和民法规范、刑法规范、行政法规范、诉讼法规范等所有法律规范中的相关内容相抵触，行为"有不受法所容许之性质"，而不法则是指"违法行为本身"。[①] 持内容不同的观点认为，不法是对符合构成要件并且具有违法性的整个状态的称呼，"不法是根据刑法予以谴责的前提，违法性仅仅是犯罪行为成立应当具有的一种属性"，[②] 因此，不法的内容包括了构成要件符合性和违法性。持程度不同的观点认为，违法就是行为违反了社会整体的法秩序状态，违法只有违反和不违反之分，只有有无之分，没有违反程度上的不同，不存在民事违法、行政违法和刑事违法的区分；而不法则有程度上的区别，民事不法、行政不法和刑事不法所代表的侵害法秩序的程度是不一样的。[③] 尽管学者总结了不法和违法的种种区分点，但是我们依然觉得仅根据这些比较粗略的区分点，还无法得出不法和违法区分的清晰形象，无法分辨两者到底有何质的不同。

大陆法系的违法概念和中国法理学上的违法概念意义基本相同，是指行为违反了法律规范的情况。"违法"中行为所违反的法律包括民法、刑法、行政法、宪法、诉讼法等所有法律。只要行为背离了任一部门法的命令规范或禁止规范，就是违法。违反刑法的情况也是违法，这是一种性质比较严重的违法，在中国法学上一般将这种违法称为"刑事违法"。但大陆法系一般不使用"刑事违法"概念，我们所称的"刑事违法"，大陆法系相应的概念是"可

---

① 陈子平：《刑法总论（2008 年增修版）》，中国人民大学出版社 2009 年版，第 159 页。

② 王世洲：《现代刑法学（总论）》，北京大学出版社 2011 年版，第 174 页。

③ 张丽卿：《高级论坛实况》，载贾宇主编：《刑事违法性理论研究》，北京大学出版社 2008 年版，第 469 页。

罚的违法"。日本刑法学者大塚仁即言，"刑法中所议论的违法性，即符合构成要件的行为具备违法性或者违法性被阻却所言场合的违法性，是指犯罪应该被科以刑罚的违法性，即值得处罚程度的违法性，是指处理那些从全体法秩序的观点承认违法性的情形中在量上具有一定程度以上的严重性、在质上予以刑罚制裁是适当的情形。因此，在刑法上认为有违法性的行为，即使在民法等其他的法律部门中也是违法的，但是，相反，在民法等其他的法律部门中认为是违法的行为并非在刑法中也当然是违法的。可以称这种意义中的刑法上的违法性为可罚的违法性。"[1]

日本刑法学者松宫孝明介绍，在德国刑法学界，学者一般主张"构成要件是不法类型"。而"不法类型"是由刑法上"具备值得处罚的质和量"的那些行为组成，即一般理论上所言的具有刑法上可罚性的那些行为。德国刑法中的"不法"行为，就相当于日本刑法理论中具有"可罚的违法"行为。[2] 张明楷教授认为，德国刑法理论是"将符合构成要件的违法称为'不法'"。[3] 约翰内斯·韦塞尔斯认为："评判一个事件是否为'不法'，需要通过两个评判层面上的审查：审查举止的构成要件符合性，确认无正当化事由介入。"[4] 因此，德国刑法意义上的"不法"，用中国的刑法语言来说，基本上是专指刑事违法。但刑事违法与普通的违法不同，刑事违法是需要动用刑事制裁措施调整的比较严重的违法。例如，德国刑法第 218 条 a 规定，怀孕不超过 12 周而中止妊娠（相当于堕胎）的，不符合德国刑法第 218 条规定的中止妊娠罪的构

---

[1] ［日］大塚仁:《刑法概说（总论）》（第三版），冯军译，中国人民大学出版社 2003 年版，第 313—314 页。

[2] ［日］松宫孝明:《刑法总论讲义（第 4 版补正版）》，钱叶六译，中国人民大学出版社 2013 年版，第 81 页。

[3] 张明楷:《刑法学（第四版）》，法律出版社 2011 年版，第 130 页。

[4] ［德］约翰内斯·韦塞尔斯:《德国刑法总论》，李昌珂译，法律出版社 2008 年版，第 68 页。

成要件。故此，在怀孕 12 周之前中止妊娠的行为，不是刑事违法行为，不是具有可罚的违法性行为。但是，在刑法领域之外的部门法中，该行为依然是一个普通的违法行为。[①]

既然"构成要件是不法类型"，那么，刑法规定的罪状所描述的行为类型就是那些"具有值得处罚的质和量"的行为，"专门"是指那些具有刑事违法特性的行为。故言，刑法的构成要件所描述的行为类型，不包括不具有刑事违法特性的普通违法行为，比如，民事违法行为、行政违法行为等。由此，构成要件所描述的行为类型是"专指"刑事违法类型，即"不法类型"，而不是指"违法类型"。准确地讲，"构成要件是不法类型"，而不能泛泛地讲"构成要件是违法类型"，构成要件只描述需要动用刑事制裁措施调整的具有犯罪性质的违法行为，而不包括民事违法、行政违法等不具有犯罪性质的普通违法类型。因此，准确地讲，刑法上的构成要件也应是"不法构成要件"，而不是"违法构成要件"。笔者注意到，大陆法系刑法理论上的构成要件，有学者就干脆明确地称之为"不法构成要件"，如德国刑法学者约翰内斯·韦塞尔斯等，[②] 使用的就是"不法构成要件"概念。台湾省刑法学者林山田认为，"由于构成要件系用以描述各种不同犯罪行为的不法内涵，故这种狭义的构成要件，应明确称为不法构成要件"。[③] 有必要认为，当前大陆法系刑法理论上所讲的

---

① ［日］松宫孝明：《刑法总论讲义（第 4 版补正版）》，钱叶六译，中国人民大学出版社 2013 年版，第 81 页。

② 约翰内斯·韦塞尔斯认为，构成要件可在三种意义上使用，广义的构成要件、狭义的构成要件和整体不法构成要件。广义的构成要件是指，"涵盖不法构成要件特征、违法性特征、责任特征和'可罚的客观条件'特征"的结合体。用中国的刑法语言而论，这里"广义的构成要件"，也是中国刑法的"犯罪构成"。狭义的构成要件即"不法构成要件"，它是指"对犯罪的个体表征和典型的不法性的描述"，也是指对具有"可罚的违法性"的行为特征的概括描述。整体不法构成要件是介于广义和狭义之间的构成要件，它是不法构成要件和违法性的结合体。见［德］约翰内斯·韦塞尔斯：《德国刑法总论》，李昌珂译，法律出版社 2008 年版，第 69—72 页。

③ 林山田：《刑法通论（上册）》（增订十版），北京大学出版社 2012 年版，第 148—149 页。

"构成要件"应当是"不法构成要件"的简称。（故此，本文中所提到的刑法上的"构成要件"，也是"不法构成要件"。）

既然"构成要件是不法类型"，那么，当一种行为符合了不法构成要件，就可以初步认为该行为具有了刑法上"可罚的违法性"的嫌疑，具有了"不法"的嫌疑，这就是构成要件的"不法推定功能"。不过，日本刑法理论和中国台湾刑法理论一般将该"不法推定功能"称为"违法推定功能"，这是不够准确的。之所以在日本刑法学界和中国台湾刑法学界形成这种普遍性的不准确认识，可能是由于翻译用词不当造成的。刑法理论上的"不法"一词源自德国，德文是"Unrecht"。日本刑法学者一般把该词翻译成"违法"。由此，在德国的"构成要件是不法类型"，在日本就成了"构成要件是违法类型"。[①]以讹传讹，遂形成今日普遍燎原之势。正本清源，所谓的"构成要件"应称为"不法构成要件"，"不法构成要件是不法类型"才是比较准确的表述。

如果笼统地认为"构成要件是违法类型"，不区分民事违法、行政违法还是刑事违法，则必然会出现不可接受的结论。因为"构成要件具有违法性推定功能"，一个"违法类型"的行为就可以初步推定为具有"可罚的违法性"，那么，一个民事违法行为、行政违法行为也可以被推定为具有刑事违法性。也就是说，根据"构成要件是违法类型"的说法必然得出这样的结论："违法的行为即是不法行为"，"从整体法秩序来看违法就是有罪"。[②]这是违反常识的，是不可接受的。

刑法罪状中所规定的不法构成要件，是对违反刑法的不法行为特征的概括性描述。不法行为在形式上是违反刑法的命令规范和禁止规范，而实质上

---

① ［日］松宫孝明：《刑法总论讲义（第4版补正版）》，钱叶六译，中国人民大学出版社2013年版，第81页。

② ［日］松宫孝明：《刑法总论讲义（第4版补正版）》，钱叶六译，中国人民大学出版社2013年版，第85页。

则是已经侵害了刑法所保护的法益，或者有侵害刑法所保护的法益危险的行为。立法者根据统治秩序维护的目的预设，将生活中危害统治秩序的行为进行类型性描述，就形成了不法构成要件。

二、整体不法评价方法基本内涵

不法行为是危害统治秩序的行为，但危害行为有轻重缓急之分，不同行为危害统治秩序的质和量各不相同，因而生活中也就形成了性质和程度各不相同的不法状态。那么应当如何评价不同行为所形成的不同不法状态呢？这里有两种评价方法，学界首先形成的是双层不法评价方法，然后在双层不法评价方法的基础上又形成了整体不法评价方法。

（一）双层不法评价方法

既然立法者将生活中危害统治秩序的行为进行了类型性描述，从而形成了危害行为的构成要件，那么，一般来讲，符合不法构成要件的行为原则上就是不法行为。因此可以根据不同的不法构成要件来评价不同行为所形成的不法形态。不过，由于不法构成要件所规定的行为形态是生活中的一般情况，而没有排除那些形式上符合不法构成要件，而实际上不具有刑事不法性的特殊情况。比如，无过当防卫的杀人行为虽然形式上符合了故意杀人罪的不法构成要件，但实际上却因为是出于正当防卫而没有违反法律规定，没有违反全体法秩序，因而具有违法阻却事由而属于生活中的正当行为，不能认定属于故意杀人罪的不法行为。故此大陆法系学者一般认为，不法的认定，除了要考虑行为是否符合不法构成要件外，还要看行为是否具有违法性，只有符合了不法构成要件而同时又不具有违法阻却事由的行为，才能认定为是所属不法构成要件所规定的不法行为。

由此可见，不法的认定有两个要素：一是行为符合不法构成要件；二是行为具有违法性，即行为不具有违法性阻却事由。大陆法系传统刑法理论认为，根据认定不法的这两个要素，不法的认定应当分两个步骤进行：首先，要看行为是否具有构成要件符合性，只有符合了不法构成要件的行为才有可能具有不法性。同时，符合不法构成要件的行为，原则上也就可以推定是不法行为。其次，如果没有出现违法阻却事由，这种"不法推定"就能得到最终确证，不法就得以成立。如果出现了违法阻却事由，这种"不法推定"就没有得到确证，不法推定结论被否定，不法不能成立。这就是刑事不法的二层次评价方法，台湾省学者苏俊雄称之为"双层法律评价程序"。[①] 由于对不法认定中所包含的两个要素的认定分为先后两个阶段分别进行，因此对犯罪的认定就被划分为了三个阶层：（不法）构成要件符合性阶层—违法性阶层（违法阻却事由）—有责性阶层（责任阻却事由）。这就推演出了大陆法系的三阶层犯罪论体系。

不法的双层次评价方法，将构成要件和违法性分为两步进行评价，构成要件阶段的评价要看行为是否和刑法所规定的罪状相符。而在违法性评价阶段，不是看行为是否具有违法性，而是利用排除法从反面进行评价，看行为是否具有违法性阻却事由。相对而言，构成要件符合性的评价是一种正面评价，是一种"证立"不法的评价；而违法性的评价是一种反面评价，是一种"排除"不法的评价。

---

① 苏俊雄认为，"一个行为是否具有'刑法上的违法性'，以该行为是否实现法规之构成要件，为判断的基础；但是终极的违法性的概念结构，则有双层法律评价程序：一者为构成要件该当性的评价，一者为不具备正当性或违法阻却事由的评价，依次推理认定之。"苏俊雄：《刑法总论Ⅱ》，大地印刷厂股份有限公司 1974 年版，第 68 页。

（二）整体不法评价方法

不法的双层评价方法，认为不法构成要件评价和违法性评价是两种不同的评价，构成要件的评价是纯粹从刑事规范角度进行的评价，而违法性评价则是从整体法秩序角度进行的评价；另外，构成要件和违法性均具有独立的规范地位，两者规范属性并不相同，构成要件所表明的规范属性是一般的禁止规范，而违法性所表明的规范属性是特别的许可规范。故而构成要件评价和违法性评价具有质的区别，应当分为两个阶段分别进行。

但有许多学者并不认同不法二层次评价论所持的理由。因为不法是构成要件和违法性的"共同上位概念"，[①] 不管是构成要件还是违法性，都是不法评价的要素，其最终都是为了得出行为是否具有不法性这个结论服务的。构成要件要素和违法性要素也许有不同之处，但是它们存在共同的任务，都是为了说明行为是否存在不法性质，都是在于"确立犯罪的不法内涵"。[②] 在作为不法评价要素的角色扮演上，它们具有同样的地位。对于不法评价而言，构成要件和违法性都同等重要，不可或缺。

在不法评价中，违法性评价是从反面进行的，名义上是要看行为是否违法，而实际上却是看行为是否有违法阻却事由，即看行为是否属于"不违法"。如果说构成要件判断和违法性判断有什么不同，那么就只能说前者是"确立不法"的要素，而后者是"排除不法"的要素，是对构成要件"确立不法"要素的限制。一个是"确立不法"的要素，一个是限制"确立不法"的要素，两个要素的单独存在都没有意义，[③] 不能说明任何不法状况，不能得出不法规范的完整形态。只有当"确立不法"的要素和"排除不法"的要素两

---

① 林东茂:《刑法综览（修订五版）》，中国人民大学出版社 2009 年版，第 80 页。

② 黄荣坚:《基础刑法学（上）》（第三版），中国人民大学出版社 2009 年版，第 120 页。

③ ［日］山中敬一:《刑法总论》，成文堂 1999 年版，第 146 页。

者组合和相互作用，才能形成一个完整的规范形态，即刑法上的具体不法规范。比如，故意杀人，故意剥夺他人生命的行为和事实是确立不法的要素，而正当防卫、紧急避险、执行命令等事实则是限制确立不法的要素，只有既考虑存在故意剥夺他人生命的行为和事实，同时又考虑不存在正当防卫、紧急避险、执行命令等事实，才能形成一个完整的禁止故意杀人的规范。同样，只有既考虑存在故意剥夺他人生命的行为和事实，又考虑不存在正当防卫、紧急避险、执行命令等事实，才能最终认定某一具体行为是否具有不法性。事实上，刑法上的罪状也是这么规定的，它完整地考虑了不法评价所需要的构成要件和违法性。例如，持该种观点的学者认为，德国刑法第223条伤害罪的完整罪状应当是，"在身体上虐待他人或者损害他人健康的，处以……刑罚，除非行为是为了防卫眼前的违法攻击，防卫一种对生命、身体、自由、荣誉、财产或者其他法益造成重大损害的危险，出于对自己孩子教育的原因"。[1] 约翰内斯·韦塞尔斯也认为，从该种观点出发，德国刑法第212条故意杀人罪所表述的"你不得杀人"这个禁止规范完整罪状应当是："你不得故意杀人，除非是在紧急防卫中，是在战场上的士兵等情况之外！"[2] 由此可见，在禁止故意杀人的规范和禁止伤害的规范中，都同样完整地包含了形成该规范的构成要件判断和违法性判断。同时，单独的构成要件判断或违法性判断都不能形成不法规范，只有将两者结合起来才能达到表述不法规范的效果。"在判断是否具备有刑事不法时，亦必须在探讨构成要件该当性与违法性二者之后，即二者一并观察之后，始得决定之。"[3]

---

① ［德］克劳斯·罗克辛:《德国刑法学总论（第1卷）——犯罪原理的基础构造》，王世洲译，法律出版社2005年版，第185页。

② ［德］约翰内斯·韦塞尔斯:《德国刑法总论》，李昌珂译，法律出版社2008年版，第73页。

③ 陈志龙:《许可性构成要件错误——兼论负面构成要件要素理论》，载《国立台湾大学法学论丛》第20卷第1期（1990年12月），第212页。

故此不法是一个整体状态，不法的评价应当同时考虑构成要件和违法两个评价要素。而且，构成要件和违法可以不分先后地进行评价。[①] 其中，构成要件的评价是对不法的正面评价，违法评价是对不法的负面评价。构成要件是评价不法的正面要素，合法化事由或者说是违法阻却事由则是评价不法的负面要素。"但是如果构成要件的任务仅在于将不法予以类型化并对之加以描述，亦即表明不法的（积极）要件，那么就第一眼看来，并无法辨别紧接在构成要件之后的传统违法性体系阶层的本质差异，亦即为了达到同样的目的，在违法性之中，透过将阻却违法的要件表明为负面不法要件。"[②] 于是，学界产生了一种理论设想：将不法看作一个整体，不法包含了构成要件符合性和违法性。根据这种不法认定思路，犯罪是否成立就应根据两个要件来确定，一个是不法要件；另一个是责任要件，因为其中的不法要件应当从整体上予以评价，所以学界一般称之为"整体不法构成要件"。整体不法构成要件包括正面的"构成要件"判断要素和负面的"违法阻却事由"判断要素，"构成要件与阻却违法事由合为一个'完整的构成要件'，"[③] 这两个要素又分别被称为"正面构成要件要素"和"负面构成要件要素"。只有将正面构成要件要素和负面构成要件要素结合考虑，使"形成不法要素"和"排除不法要素两者交互作用"，"始足以判研行为的不法"。[④]

根据整体不法构成要件，不法评价就不需要再遵守双层的不法评价套路，不是非得先进行构成要件的判断，然后再进行违法性的判断，而是构成要件评价和违法性评价不分先后，自由组合，同时开展，全盘考虑，缺一不可。

---

① 林山田：《刑法通论（上册）》（增订十版），北京大学出版社 2012 年版，第 163 页。

② ［德］许廼曼：《不移不惑献身法与正义——许廼曼教授刑事法论文选辑》，许玉秀、陈志辉合编，新学林出版股份有限公司 2006 年版，第 310 页。

③ 林东茂：《刑法综览（修订五版）》，中国人民大学出版社 2009 年版，第 80 页。

④ 林山田：《刑法通论（上册）》（增订十版），北京大学出版社 2012 年版，第 162—163 页。

不法行为符合确立不法要素，但不符合排除不法要素的情形；符合正面构成要件要素，但不符合负面构成要件要素的行为，就是不法行为。"整体不法构成要件＝（符合）确立不法要素＋（不符合）排除不法要素＝（符合）正面构成要件要素＋（不符合）负面构成要件要素"。（符合）正面构成要件要素和（不符合）负面构成要件要素，对不法结论的确定具有同等效力，缺少了（符合）正面构成要件要素，或者缺少了（不符合）负面构成要件要素，行为的不法性都无法成立。

比如，对于某甲重伤某乙的行为，我们完全可以先检验某甲的行为是否具有合法化事由，如果没有合法化事由，说明某甲行为符合负面构成要件要素，然后就可再去检验故意伤害罪的正面构成要件要素。这种情况下，只有该行为符合故意伤害罪的正面构成要件要素，才可认定为具有故意伤害罪的不法。如果存在合法化事由，某乙的行为具有致命危险的紧迫的暴力侵袭，被侵害者某甲出于防卫的目的，发起防卫行动，致某甲重伤，那么，可以确认某甲的行为不符合负面构成要件要素的规定。正面构成要件要素和负面构成要件要素两个不可或缺的认定不法的要素有一个不符合，不法就不能成立。由此，就没有必要再去检验行为人的行为是否具有正面构成要件要素符合性。当然，检验程序也完全可以反过来，先检验行为的正面构成要件要素，当某甲的行为符合了故意伤害罪的正面构成要件要素，再进一步检验某甲的行为是否具有合法化事由。如果不具有合法化事由，负面构成要件要素也同时得以满足，成立故意伤害罪的不法。如果具有合法化事由，负面构成要件要素不能得以满足，也就不能成立故意伤害罪的不法。

三、整体不法评价方法相关概念用语

在大陆法系刑法理论中，相对传统的双层不法评价方法而言，整体不法评价方法虽然有过短暂的辉煌，比如，在 20 世纪 60 年代就曾经获得多数学者的赞同，[①] 而且就目前来讲，该理论也受到了刑法学界的"高度注目"，[②] "附和者不乏其人"，[③] 但是，从长时段的不法理论发展史来看，整体不法构成要件并没有取得一致认同的地位。故此，对整体不法构成要件及其相关概念的命名尚未有一个完全统一的说法。

（一）整体不法构成要件

"整体不法构成要件"一词，只是大多数学者的提法而已，此外也有学者将该概念称为"综合不法构成要件"，[④] "完全不法构成要件"，[⑤] 或者称为"整体构成要件"，[⑥] 甚至有学者称为"不法构成要件"。[⑦] "综合不法构成要件"和"整体不法构成要件"说法相似，意义相同，都说明了不法评价中正面构成要件要素和负面构成要件要素应不分先后，结合考虑。但是，就遣词比照，"整体"比"综合"准确，因为"整体不法构成要件"强调了一种整体的不法评价思路，对不法评价而言，正面构成要件要素和负面构成要件要素应作为一

---

① ［日］山中敬一：《刑法总论》，成文堂 1999 年版，第 147 页。

② ［德］许廼曼：《不移不惑献身法与正义——许廼曼教授刑事法论文选辑》，许玉秀、陈志辉合编，新学林出版股份有限公司 2006 年版，第 310 页。

③ 林东茂：《刑法综览（修订五版）》，中国人民大学出版社 2009 年版，第 80 页。

④ 陈志龙：《许可性构成要件错误——兼论负面构成要件要素理论》，载《国立台湾大学法学论丛》第 20 卷第 1 期（1990 年第 12 月），第 211 页。

⑤ ［日］山中敬一：《刑法总论》，成文堂 1999 年版，第 146 页。

⑥ 林山田：《刑法通论（上册）》（增订十版），北京大学出版社 2012 年版，第 163 页。

⑦ 黄荣坚：《基础刑法学（上）》（第三版），中国人民大学出版社 2009 年版，第 120 页。

个有机整体进行评价。因为整体不法构成要件理论首先发端于德国，[①] 后传到日本、中国台湾等地，故此在翻译"整体不法构成要件"这一名词时，不同译者难免有不同的理解，词语遣用上也会出现不同的分派。但从实质上看，不同用词说的完全是同一事物。只不过，"整体不法构成要件"之"整体"用词更准确，突出了该理论的整体不法评价的精髓。同理，所谓"完全不法构成要件"也说明不法是"完全"的，不是片面的、部分的，因而应当全面、完整地评价不法。但是，该用词既不形象，也不符合语言习惯，"整体"比"完全"地道。至于"整体构成要件"的说法，是"整体不法构成要件"的省略用语。但这种省略并不妥当，因为这个整体构成要件是为评价不法服务的，"整体构成要件"之说丢掉了它所要完成的任务，读者难以知道该名词的作用、目的是什么，因而也不是合适的命名选择。至于"不法构成要件"之说，这是一种错误的用词，不能采用。正如前文所言，"构成要件是不法类型"，新古典犯罪论和目的论犯罪论三阶层所言的"构成要件"，本来就是"不法构成要件"的省略用语。"不法构成要件"的评价只说明了正面构成要件要素的内容，而不包括"违法性"这一负面构成要件要素的内容。因此，从刑法学理上看，"整体不法构成要件"和"不法构成要件"是种属关系，"整体不法构成要件"包括了"不法构成要件"，"不法构成要件"只是"整体不法构成要件"的一个组成部分。

综上所述，"整体不法构成要件"之用词相对较为妥当，也为学界多数学者采用，笔者认为应当采用这一说法。

---

① 负面构成要件要素为德国刑法学者阿道夫·梅克尔（Adolf Merkel）所首倡。见林山田：《刑法通论（上册）》（增订十版），北京大学出版社 2012 年版，第 162 页。整体不法构成要件理论就是在负面构成要件要素理论的基础上提出来的。

（二）负面构成要件要素和正面构成要件要素

正面构成要件要素和负面构成要件要素是相对存在的，但也有学者将其表述为积极构成要件要素和消极构成要件要素。如有学者认为，"整体不法构成要件包含了所有对不法判断有意义的要素，其中除了满足不法类型而应该存在的积极要素外，还必须有消极的不存在正当化要素。有学者基于其以消极不能存在的要素作为判断审查的特殊性，而称之为消极的构成要件要素理论。"[①] 张明楷教授认为，"通常的构成要件要素是积极的、正面地表明成立犯罪必须具备的要素，这种要素就是积极的构成要件要素。但例外地也存在否定犯罪成立的构成要件要素，这便是消极的构成要件要素。"[②] 另也有学者将这对概念表述为正面不法构成要件和负面不法构成要件。[③]

应当说，相对存在的正面构成要件要素和负面构成要件要素，分别被表述为积极构成要件要素和消极构成要件要素、正面不法构成要件和负面不法构成要件，并没有什么不对，都能够完整表达这一对要素的基本内容，能够做到名实相符。但是从整体不法构成要件理论的产生过程看，使用正面构成要件要素和负面构成要件要素的说法，似乎更为合适。因为"整体不法构成要件理论，主要是建立在负面构成要件要素的理论基础之上"。[④] 在刑法学界，先有"负面构成要件要素"的说法，然后在此基础上才发展和升华出了相应的整体不法构成要件理论。因此，"负面构成要件要素"一词更能突出该理论的学术渊源。

在三组用词中，笔者建议采用"正面构成要件要素"和"负面构成要件

---

① 李圣杰：《刑事不法内涵的图象》，载《台湾本土法学杂志》2006 年第 7 期，第 3 页。

② 张明楷：《刑法学（第四版）》，法律出版社 2011 年版，第 125 页。

③ 黄荣坚：《基础刑法学（上）》（第三版），中国人民大学出版社 2009 年版，第 136 页。

④ 林钰雄：《构成要件之概念与学说》，载《月旦法学教室》2003 年第 8 期，第 67 页。

要素"的表达，为方便起见，有时也简称为"正面构成要件"和"负面构成要件"。

（三）负面构成要件要素理论和整体不法构成要件理论

对"整体不法构成要件理论"，有时也有学者不使用该词，而是直接将之表述为"负面构成要件要素理论"或者"消极构成要件要素理论"。如张明楷教授就用"消极构成要件要素理论"一词替代"整体不法构成要件理论"用词，认为"根据消极的构成要件要素理论，构成要件包括积极的构成要件要素和消极的构成要件要素"。[①]如黄荣坚教授就用"负面构成要件要素理论"一词表述"整体不法构成要件理论"。[②]同一个理论却存在不同的表述，这是理论发展历史形成的，同时也说明了对这一理论还没有达成高度共识，没有形成共同的语言体系。当然，就用词本身来考虑，"整体不法构成要件理论"的表述更为妥当，因为整体不法构成要件和负面构成要件或消极构成要件之间是种属关系，是整体和部分的关系，从语言习惯上和字面意义上看，负面构成要件或消极构成要件的说法并不能替代整体不法构成要件的说法。此外，用负面构成要件或消极构成要件的说法替代整体不法构成要件，也难免让人产生误会，读者会以为该理论只是涉及"负面构成要件要素"或"消极构成要件要素"内容，而不包括"正面构成要件要素"或"积极构成要件要素"的内容，使用该概念，难免产生以偏概全之误会。

因此，德国刑法学者英格博格·普珀（Ingeborg Puppe）也认为，该理论"称为整体不法构成要件理论更合适"。[③]在其理论著述中，普珀使用的就是

---

① 张明楷：《刑法学（第四版）》，法律出版社 2011 年版，第 131 页。

② 黄荣坚：《基础刑法学（上）》（第三版），中国人民大学出版社 2009 年版，第 120 页。

③ ［德］英格博格·普珀：《论犯罪的构造》，陈毅坚译，载《刑事法学》2012 年第 3 期，第 105 页。

"整体不法构成要件理论"一词。[①] 鉴于"整体不法构成要件"概念的种种理解优势，笔者建议统一采用"整体不法构成要件理论"的说法。当然，因为整体不法构成要件理论是反映和评价不法的理论，为了方便起见，可以简称为"整体不法理论"或"整体不法评价理论"。

四、整体不法评价的理论特色

关于不法状况的评价，其方法是多种多样的，目前主要的评价方法有两种：一种是双层不法评价方法；另一种是整体不法评价方法。双层不法评价方法为一般学说所采用，整体不法评价学说目前还是"少数人的观点"。[②] 那么，相对双层不法评价方法而言，整体不法评价方法有什么特别之处呢？根据笔者的理解和总结，整体不法思想的不法评价特色大致如下。

（一）法规范和评价标准的唯一性

1. 二标准的不法认定方法——刑事不法规范和全体法规范

双层不法评价方法认为，构成要件是不法类型，刑法的具体罪状将不法规范的特征进行了描述，这些特征就组成了不法行为的构成要件。由此，罪状所描述的构成要件是刑法不法规范的载体，符合构成要件就意味着行为违反了不法规范。比如杀人行为，无论出于何种原因，正当防卫也好，执行命令也好，只要存在杀死他人的行为事实，就充足了杀人罪的构成要件，因而也就违反了杀人罪的不法规范。不法行为首先是一种符合了构成要件从而违反不法规范的行为。双层不法评价方法还认为，仅有符合构成要件的情状还不能确定行为的不法性质，除此之外，还必须看在违反了不法规范的行为的

① ［德］英格博格·普珀：《法学思维小学堂》，蔡圣伟译，北京大学出版社 2011 年版，第 133 页。
② 张明楷：《刑法学（第四版）》，法律出版社 2011 年版，第 131 页。

同时是否也违反了全体法规范秩序的要求，如果没有违反全体法规范秩序的要求，则不能认为行为具有不法性质，只有当违反了不法规范的行为的同时也违反了全体法规范秩序的要求，才能认定为具有不法性。[①] "构成要件并非属于现实生活的存在，而是属于法规或者法令的存在；同时，构成要件和违法性必须明确区分，违法（对规范的违反）是行为对法秩序的违反，是对法秩序全体的违反，是对国家规范意思的违反。"[②] 因此，双层不法评价方法假设了不法行为是同时违反了两种性质不同的规范，一是刑事法律规范；二是全体法规范。构成要件判断所代表的是刑事法律规范，不同于违法性所代表的全体法规范，刑事法律规范罪状所描写的不法禁止表明的是刑事法秩序，而违法性表明的是全体法秩序。出于正当防卫的侵害行为同样符合构成要件的不法类型性行为，只是因为存在容许规范的认同，因而才不能认定为具有不法性。按照威尔泽尔（Welzel）的理解，构成要件乃是"对于禁止的举止之具体的描述"，是所谓的"禁止物质"或"规范物质"，"所谓的'构成要件该当性'，乃是指具体个案的行为与法条上的规范物质相一致。"正因为构成要件是"规范物质"，因此，"有了构成要件该当性，即会有规范之违反"。但是，具有刑事规范违反的行为，并不必然就具有违法性，比如，正当防卫而剥夺他人生命的行为是违反了刑事不法规范的行为，刑事政策认为所有的杀人行为都是不值得提倡的，刑事不法规范反对所有的剥夺他人生命的行为，但是出于正当防卫而剥夺他人生命的行为并不违反全体法规范的要求。刑事法规范的违反与违法不能做等同的理解，法秩序的建立并不限于刑事法规范的情形。许多情况下，"虽然行为人之行为已经抵触刑法的规范，但却能够透

---

① ［日］西原春夫：《犯罪实行行为论》，戴波、江溯译，北京大学出版社 2006 年版，第 47 页。

② 王充：《论迈耶（Mayer）的构成要件理论》，载《河南省政法管理干部学院学报》2005 年第 5 期，第 90 页。

过所谓的'许可条件'或'承诺'，而使此种行为成为不是违法的行为"。故此，"构成要件层次，仅就刑法的规范（禁止或命令规范）之观点来审查行为，是否属于刑法上重要意义的行为；而在违法性层次，则是就全部法秩序的观点（不限于刑法秩序）来审查某个行为，是否有和全部法秩序相抵触。"[①]

因此在双层不法评价体系中，存在两种独立的法规范，一是刑事不法规范；二是全体法规范。这两种法规范相互独立，不法结论源自两个规范的共同作用。行为不法性质的确立，既要该行为违反刑事不法规范，同时也要该行为违反全体法规范。反之，一种行为纵使违反了刑事不法规范，但只要没有违反全体法规范，该行为也不是不法行为。因而根据双层不法评价方法，具体的不法认定存在不可或缺的两个标准，一是刑事不法规范标准；二是全体法规范标准。

2.一标准的不法认定方法——刑事不法规范

整体不法评价方法也认为，构成要件是不法类型，对不法行为类型的规范表述就形成了不法行为的构成要件，刑法罪状所表述的构成要件是不法规范的载体。但整体不法评价方法认为，在具体的不法评价中，行为是否符合构成要件是认定行为是否违反不法规范的唯一标准，除此之外，不再存在第二个标准。

根据整体不法构成要件理论，对刑事不法规范的概括性描述，就形成了该规范的现实载体，即整体不法构成要件。在整体不法构成要件中，双层不法评价所言的构成要件只是其正面构成要件要素，而违法性也只是其负面构成要件要素，相应的正面构成要件要素和负面构成要件要素的结合就表述了完整的刑事不法规范。单独的正面构成要件要素或者负面构成要件要素都不

---

① 陈志龙:《开放性构成要件理论——探讨构成要件与违法性之关系》，载《国立台湾大学法学论丛》第 21 卷第 1 期（1991 年 12 月），第 144—145 页。

可能全面地表述刑事不法规范，对刑事不法规范而言，单独的正面构成要件要素或者负面构成要件要素都不具有任何意义，都不能说明该规范的秩序要求。在整体不法构成要件理论下，规范就只有一个，那就是刑事不法规范，违反了这个规范的行为就是不法行为，没有违反这个规范的行为就不是不法行为。

刑事不法规范熔正面构成要件要素和负面构成要件要素于一炉，是一个包括正面构成要件要素和负面构成要件要素的完整表述，比如，上文所言德国刑法第 212 条故意杀人罪所表述的"你不得杀人"这个刑事不法规范的完整罪状应当是："你不得故意杀人，除非是在紧急防卫中，是在战场上的士兵等情况之外！"作为一个完整的规范，整体规范中的任何部分内容孤立地都不具有规范属性，都不能据以确定行为的性质。传统意义上单独符合构成要件的行为，也就是只符合正面构成要件要素的行为，比如，故意剥夺他人生命的行为事实，尽管符合了故意杀人罪"故意杀人"的正面构成要件要素，但仅根据该事实，还不能认为行为违反了刑事不法规范，仅根据该行为事实，还不能认定该行为违反了任何规范。只有当该行为因为不存在正当防卫等符合负面构成要件要素的情况，才能被认定为违反了刑事不法规范，因而认定为具有不法性。刑事不法规范并不反对所有的杀人行为，并不认为所有的杀人行为都是不值得提倡的，它只反对没有合法化事由的杀人行为。

（二）只能认定不能推定的不法性

根据双层不法评价方法，构成要件是不法类型，构成要件是对刑事不法规范的表述，因而，构成要件就具有了不法性推定机能，符合了构成要件的行为原则上就是不法行为。在双层不法评价的理论视野下，认为仅根据正面构成要件要素就基本上可以认定行为的不法性质了。但整体不法评价理论显然会反对这种观点。在整体不法评价视野下，刑事不法规范是由正面构成要件要素和负面构成要件要素合成，对刑事不法规范的存在意义而言，这两个要素缺一不可。仅根据正面构成要件要素或负面构成要件要素，都不能完整地说明规范的意义。所谓单独根据正面构成要件要素就推定行为具有不法性，不存在这种可能性。作为刑事不法规范不可或缺的要素，对不法认定而言，正面构成要件要素和负面构成要件要素具有同等重要的地位。如果说可以单独根据正面构成要件要素就推定行为具有不法性，那么同样仅根据负面构成要件要素也可以推定行为具有不法性，这显然是不成立的。所以，行为的不法性质是不能被推定的，无论是单独根据正面构成要件要素还是负面构成要件要素，都不能得出这种推定结论。所谓"构成要件具有不法性推定功能"的说法，是无根据而无法存在的。

行为的不法性只能被认定，不能被推定。当一种行为既符合某一具体整体不法构成要件的正面构成要件要素，同时又不符合负面构成要件要素，才能被认定为该行为违反了整体不法构成要件所表述的刑事不法规范，因而才具有不法性。

（三）仅符合正面构成要件的行为无不法意义

根据双层不法评价方法，不法的认定要经过两道规范判断，第一步的规范判断是刑事不法规范判断，违反该规范的行为就说明是不符合刑法规范秩序期望的行为，例如，正当防卫杀人也好，执行国家命令杀人也罢，其行为都剥夺了他人的生命，因而都是符合刑事不法规范所描述的构成要件的行为，都具有刑事不法规范的违反性。根据刑事不法规范，这些行为都是不值得提倡和称道的。因此，单纯符合正面构成要件要素的行为也是一种违反法规范的行为，该行为具有刑事不法规范上的意义。该种行为，其性质不同于那些不符合任一构成要件要素的日常生活行为，比如，打死一只苍蝇的行为。没有刑事不法规范禁止人们打死苍蝇，因此打死一只苍蝇的行为和正当防卫杀死人的行为，对刑事不法规范而言，其意义并不一样，刑事不法规范并不认为打死一只苍蝇的行为是不符合刑法规范秩序期望的行为，并不认为该行为不值得提倡和称道。

　　整体不法评价方法并不认同这一观点。刑事不法规范是由正面构成要件要素和负面构成要件要素组成，对刑事不法规范的存在意义而言，这两个要素缺一不可。单纯符合正面构成要件要素或单纯不符合负面构成要件要素的行为，都不能说明行为具有违反刑事不法规范的性质；对刑事不法规范而言，这样的行为都没有意义。正当防卫的杀人行为、执行国家命令的杀人行为虽然符合了正面构成要件要素或者说是符合了正面构成要件要素的某些内容，[①]但该行为并没有同时满足负面构成要件要素的要求，因而没有刑事不法规范违反性。刑事不法规范并不禁止人们出于正当防卫、执行国家命令的原因杀人。同样，因为没有刑事不法规范的禁止，打死一只苍蝇的行为也一样不具有刑事不法规范违反性。对刑事不法规范而言，打死一只苍蝇的行为和正当防卫杀人、执行国家命令的杀人行为并没有两样，都是对刑事不法规范的存在而言没有意义的行为。

---

① 其实，正当防卫杀人和执行国家命令杀人作为合法化事由得以成立，其要求行为人具有正当防卫和执行国家命令的行为目的。在这种目的的引导下，是否还应当认为行为人具有杀人的故意呢？有观点认为，正当行为的目的性优先于行为人杀人的意志，杀人的意志是为实现正当目的服务的，因此，该种情况下，不应当认为行为人有杀人的故意。如果采用这种观点，则应当认为，正当防卫的杀人行为和执行国家命令的杀人行为，只符合了故意杀人罪正面构成要件要素中的客观内容，而并没有符合其主观意志内容。

（四）正面构成要件和负面构成要件的同等不法评价地位

不法评价体系经历了不同的发展时期。最初的不法评价体系认为构成要件纯粹是客观性、记述性的，它是犯罪类型的观念形象，构成要件阶层本身并不直接参与评价不法，它只为不法的评价提供评价对象和评价材料。直接参与不法评价的是违法性阶层，经过违法性阶层的评价就可以得出不法或非不法的结论。因此对不法评价而言，重要的是违法性，是负面构成要件要素。而后，随着主观违法要素和主观构成要件要素、规范构成要件要素的发现，学者们认为构成要件不再只是犯罪类型的客观观念形象，而是具有为不法评价所不可或缺内容的实体。不法评价也就是社会危害性评价，社会危害性评价的三要素是客观危害、主观认知和合法化事由。而包括主观构成要件要素在内的构成要件中，完整地汇集了客观危害和主观认知两个要素，由此，不法评价中对客观危害和主观认知的确认就是在构成要件符合性判断阶段完成的。对构成要件中客观危害和主观认知的判断，并不单纯是对事实的直觉反应，而同时也是一种规范判断，是一种加入了人的价值成分的规范评价活动。因此构成要件并不只是单纯为不法评价提供素材和评价对象，而它同时还直接参与不法评价不可或缺的组成部分。由此，对不法评价而言，构成要件评价和违法性评价都同样重要，正面构成要件要素和负面构成要件要素就具有了平等的不法评价地位。

而后发展起来的整体不法评价理论，认为刑事不法规范所预定的构成要件是整体不法构成要件，是完整地包括正面构成要件要素和负面构成要件要素的整体构成要件，正面构成要件要素中包括了不法评价所需要的客观危害和主观认知内容，负面构成要件要素的内容则是不法评价所需要的合法化事由。这一整体不法构成体系中，正面要素和负面要素同等重要，缺一不可。

黄荣坚教授认为，"所谓正面不法构成要件以及负面不法构成要件之间，对不法构成之判断的意义并无二致"。[①] 这里所讲的"正面不法构成要件"和"负面不法构成要件"，即是笔者所讲的整体不法构成要件的"正面构成要件要素"和"负面构成要件要素"。一种行为如果缺少了这两个要素中的任何一个，其评价结果都是百分之百的非不法行为。对得出不法与非不法的结论而言，正面构成要件要素和负面构成要件要素具有完全相同的意义，对不法评价而言具有同等的评价效力。

（五）正面构成要件和负面构成要件不分先后

双层不法评价方法认为：构成要件判断和违法判断是有步骤的，第一步必须是构成要件判断；第二步是违法性判断，这个判断的先后顺序是不能颠倒的。如上文所言，这种按顺序有条不紊地先后评价是罪刑法定原则的要求。其理由在于，由于构成要件是不法类型，构成要件是对所有"值得处罚"的行为的概括，所以第一步进行构成要件评价，也就将所有"不值得处罚"的行为排除在不法评价之外。

该理由得以成立，其有两个前提条件：其一，构成要件要能合理地概括所有"不值得处罚"的行为，既不过多，也不过少；其二，对构成要件的评价可以不依赖违法性评价独立进行。如果构成要件不能完整概括所有"不值得处罚"的行为，或过多或过少，则可能使不法评价范围过大或过小，不能实现罪刑法定原则的要求，构成要件的评价就不能单独进行。另外，如果构成要件不能离开违法性独立进行判断，则构成要件和违法性彼此不能分离，构成要件的评价不可能独立进行。

如上文所言，看行为是否"值得处罚"的标准是全部构成要件，同时符

---

① 黄荣坚：《基础刑法学（上）》（第三版），中国人民大学出版社 2009 年版，第 136 页。

合了正面构成要件要素和负面构成要件要素的行为，就是"值得处罚"的行为，两个要素缺一个或两个要素全缺的行为就是"不值得处罚"的行为。黄荣坚教授认为："一个该当于全部不法构成要件的行为事实，就是不法，是百分之百的不法。相对的，一个行为事实仅仅欠缺全部不法构成要件当中的一个要件，就是欠缺不法，而且是百分之百的欠缺不法。易言之，行为实现部分的不法构成要件，甚至是实现大部分的不法构成要件，都没有部分不法的概念可言。"[①] 黄荣坚教授这里所讲的"不法构成要件"即是笔者所讲的"整体不法构成要件"。整体不法构成要件中，正面构成要件要素和负面构成要件要素必须全部具备，才能说明行为是"值得处罚"的。单纯根据行为符合了"构成要件"行为，即是行为只符合正面构成要件要素这一情况，是无法判断行为是否"值得处罚"的，还有必要进一步结合负面构成要件要素进行判断才能得出不法或非不法的结论。由此可见，正面构成要件要素和负面构成要件要素是相互补充，相辅相成，缺一不可的。

此外，对构成要件的判断也必须结合违法性的规范判断才能实现。构成要件的判断对违法性的规范判断具有依赖性，它需要法秩序的规范支持，脱离了违法性的规范判断，构成要件判断是无法实现的。这是因为构成要件中正面构成要件要素中含有大量规范要素，对这些规范要素的判断离不开违法性评价的协力。比如，我国刑事不法规范规定的"非法持有枪支、弹药""非法出租、出借枪支"中的"非法"这一正面构成要件要素该如何认定？侮辱罪中行为是否具有"侮辱"性质，诽谤罪中行为是否具有"诽谤"性质？对于这些情况，能不结合法律的评价就确定其行为性质？日本刑法学者西原春夫认为，能"在做出违法性判断之前，就可以确定符合性吗？回答是否定的"。正面构成要件要素中的诸多用词，比如："贿赂""猥亵""名誉""秘

[①]　黄荣坚：《基础刑法学（上）》（第三版），中国人民大学出版社 2009 年版，第 136 页。

密"等，尽管我们可以给它们下一定的定义，但在具体构成要件符合性的评价中，我们并不能仅根据事实就确定其性质。"在做出'这一行为大体上是否为刑法所禁止'这种一般的违法性之前，大体上是不能确定构成要件符合性的。"① 所以，正面构成要件要素符合性的判断，是不能离开违法性的判断独立进行的。构成要件所代表的正面构成要件要素评价和违法性所代表的负面构成要件要素评价是相互交叉、② 相互渗透、难以分离的。

既然正面构成要件要素和负面构成要件要素两者相互交叉、相互渗透、互为表里、相辅相成、相互为用、不可分离，又怎么能够分为在先在后的不同阶层，单独进行判断呢？这种单独判断显然是无法实现的。正面构成要件要素的判断必须结合负面构成要件要素才能确定其符合性，而负面构成要件要素也无法离开正面构成要件要素而自存。

以上总结了整体不法评价方法的六个主要特点，与双层不法评价方法相比，整体不法评价理论在对行为不法的评价标准、评价方法、评价要素、评价范围、评价程序等方面都存在本质区别。此外，作为一种与传统双层不法评价方法迥异的理论，整体不法评价方法还有其他诸多特点，比如按整体不法评价思想，整体不法构成要件中的不法阻却事由也即是构成要件阻却事由③等，这都是其特点，在此不一一赘述。这些与双层不法评价方法迥异的特点，对双层不法评价理论带来了重大冲击，既吸引了学界的关注目光，也引起了学界对双层不法理论的反思。

---

① ［日］西原春夫：《犯罪实行行为论》，戴波、江溯译，北京大学出版社 2006 年版，第 58 页。

② 陈志龙：《许可性构成要件错误——兼论负面构成要件要素理论》，载《国立台湾大学法学论丛》第 20 卷第 1 期（1990 年 12 月），第 212 页。

③ 许玉秀：《当代刑法思潮》，中国民主法制出版社 2005 年版，第 72 页。

五、整体不法评价的理论基点

整体不法评价思想有三个理论基点，一是不法认定的唯一基础是刑事不法规范；二是正面构成要件要素中也存在规范要素；三是正面构成要件要素中存在主观构成要件要素。

整体不法评价理论的核心思想之一是，认为刑事不法规范是一个独立、完整的法律规范体系，刑事不法所建构的秩序不是相互独立的刑法规范秩序和全体法规范秩序的相加。在不法评价中，构成要件评价和违法性评价并不能分别代表独立的刑法规范秩序评价和全体法规范秩序评价。在否定刑法秩序包含两个独立的法规范体系的基础上，整体不法评价思想认为，刑法秩序赖以建构的规范基础是唯一的，即独立、完整的刑事不法规范。刑法秩序赖以建构的规范基础的唯一性可以推出以下结论：其一，作为该规范载体的构成要件也是唯一的，即整体不法构成要件。由此，认定不法的标准也是唯一的，即整体不法构成要件。其二，单纯根据正面构成要件要素并不能推定行为的不法性，不法性只能根据整体不法构成要件认定。其三，对刑事不法规范的存在意义而言，单纯符合正面构成要件要素的行为和不符合任一构成要件要素的行为，意义并无不同，都不能说明该行为具有不法规范违反性。其四，只有正面构成要件要素和负面构成要件要素结合，才能认定某一行为是否为"值得处罚"的行为。罪刑法定是指正面构成要件要素和负面构成要件要素的同时法定，因此罪刑法定要排除的"不值得处罚"的行为，是缺少正面构成要件要素或负面构成要件要素的行为。

整体不法评价的核心思想之二是，认为正面构成要件要素中存在有规范构成要件要素，因而对正面构成要件要素的理解离不开负面构成要件要素的支持。根据该理由可以推出以下结论：构成要件的评价常常是以违法性评价为提前，正面构成要件要素和负面构成要件要素相互补充、相互交叉，在具体不法评价中，正面构成要件要素评价和负面构成要件要素评价并没有一个谁先谁后的固定顺序。

整体不法评价的核心思想之三是，认为正面构成要件要素中存在主观构成要件要素，在完整的整体构成要件中，主观构成要件要素和客观构成要件要素具有不可拆分的性质。肯定主观要素和客观要素的不可拆分性，这就打破了正面构成要件要素和不法评价之间不可逾越的界限，正面构成要件要素不再是不法的客观观念形象，而是反映和组成不法、具有为不法评价所需要的内容的实体，是不法评价不可或缺的要素。根据该理论可以得出以下结论：和负面构成要件要素一样，正面构成要件要素也是同等重要的不法评价要素。

由此可见，三个理论基点的辐射和拓展，共同质疑了双层不法评价方法所设置的不法评价体系，同时也形成了整体不法评价方法的基本理论特色。

第二章　阶层不法评价向整体不法评价的发展

"不法"论要解决的问题，就是要确认行为是否具有不法性，具有什么样的不法性。那么，刑法上的不法评价应当如何进行呢？不同的构成要件理论观，就会形成不同的不法评价方法，产生不同的不法评价理论。当认为构成要件和不法评价无关，不法评价只能依靠违法性评价程序实现；当认为构成要件也是不法评价要素之一，则不法评价就依靠构成要件评价和违法性评价程序共同实现；当认为构成要件是真正的不法类型，对构成要件内容的评价等同于不法评价，则不法评价就仅需依靠整体不法构成要件评价程序实现。随着构成要件理论的发展，不法评价方法经历了从"一要素不法评价"到"二要素不法评价"，从双层不法评价到整体不法评价的发展历程。

一、和不法评价无关的构成要件

德国刑法学者贝林（Ernst Beling）在构建客观构成要件理论的基础上，认为不法评价是和构成要件关系不大的"违法性"评价，仅需进行违法性评价，而不需构成要件评价，就能得出行为是否具有不法性的结论。

（一）犯罪类型的观念形象

从德国学者克莱因（Klein）到斯鸠贝尔（Stübel），构成要件理论在德国已有长足的发展历史。[①]但是，直到贝林，才提出了纯粹客观的构成要件理论。该理论的特色在于，认为构成要件具有客观和记述的特性。首先，构成要件是客观的，它是由一系列的客观要素组成的，但不包括主观要素；其次，构成要件是记述性的，其客观要素是对社会秩序规范的直观留影，而不存在对这一秩序的评价成分，这些客观性要素不存在规范性意义。

贝林提出纯客观的构成要件理论，用意何在，他给该构成要件赋予了怎样的任务，他是预想利用该一客观构成要件达到怎样的犯罪评价目的？在贝林之前，李斯特（Franz V Liszt）已将犯罪的认定程序区分为不可或缺的两个层次，首先是违法与否的评价；其次是是否要承担责任的评价。[②]违法评价的对象是具有社会侵害性的行为，但是，由于具有社会侵害性的行为种类繁多，刑法的违法性评价并不评价所有具有社会侵害性的行为，它只评价特定类型的具有社会侵害性的行为。那么，在"首先"的违法性评价中，其评价对象具体应包括哪些具有社会侵害性的行为？违法性评价的对象只能是立法者从诸多侵害行为中筛选出来的以构成要件表述的行为。正如李斯特所认为的："'犯罪'这种否定评价只能与违法行为有关。违法是指一行为在形式上与

[①] 何鹏主编：《外国刑法简论》，吉林大学出版社 1985 年版，第 17 页。

[②] 李斯特早在他第 1 版的《德国刑法教科书》（1881 年出版）就确立了违法和责任分离的犯罪认定体系，该体系产生了广泛影响。李斯特《德国刑法教科书》的修订者，德国刑法学者埃贝哈德·施密特注释道："在任何一个刑法制度中，在处理任何一个刑事案件时，均不可能反过来先探讨'罪责'后探讨违法性。李斯特早在本教科书的第 1 版就确立了正确的体系。阿尔费德是在其著作的第 8 版中（参见其著作前言）转到这一正确的分类法上来的。瓦亨费尔德、迈耶、梅茨格、蔡芬贝格尔（Zevenberger）等人的《刑法教科书》，绍尔的《刑法学基础》，冯·希佩尔的《德国刑法》，贝林、海姆贝格尔、范·卡尔克和麦克尔的《刑法学概论》，同样采纳了正确的观点。"[德]弗兰茨·冯·李斯特：《德国刑法教科书》，徐久生译，法律出版社 2000 年版，第 169 页。

法制的要求或禁止背道而驰，破坏或危害了法秩序。但是，并非任何一个违法行为均应处罚。立法者从几乎不可能一览无遗的违法行为方式中，将一些特定行为筛选出来，并以此方式构成了应受刑罚处罚的具体犯罪的犯罪构成。只有那些在具体情况下具备犯罪构成特征，正如人们通常用术语所表述的那样，符合特定刑法规范的犯罪构成的行为才是犯罪行为。"① 李斯特这里所说的"犯罪构成"即是贝林所说的"构成要件"，所谓"符合犯罪构成"，即"符合构成要件"。违法性评价的对象行为只能是"符合构成要件"的行为。②

贝林也认为，违法评价的对象只能是符合构成要件的行为。贝林构成要件论的特色在于，他认为符合构成要件的行为是犯罪类型的"观念形象"。犯罪类型由不同要素组成，"这些要素也非常多，非常复杂，它们在被当作某独立犯罪类型时又回到了观念的形象中，该观念形象表达了该犯罪类型的共性，如果没有该观念形象，这些要素就会失去其作为类型性要素的意味。"③ 作为观念形象的构成要件在犯罪类型中扮演着什么样的角色呢？

立法者从侵害行为中所筛选出来的行为构成要件，是违法性的评价对象，是犯罪行为的骨架，揭示了该犯罪行为共同特征。贝林认为，组成犯罪类型的各要素中，"首要要素就是该犯罪类型所属的'法定构成要件'。比如，谋杀存在于'杀人'之中；该行为系故意而有谋划加以实施的；'杀人'是'法定构成要件'，在此只是作为所谓'客观构成要素'而表现为谋杀概念的组成

---

① ［德］弗兰茨·冯·李斯特:《德国刑法教科书》，徐久生译，法律出版社 2000 年版，第 168 页。

② 李斯特也认可构成要件和违法性的严格划分，他认为，符合"犯罪构成"的行为并不就具有不法性，"因为还存在这样的可能性，即符合犯罪构成的行为因其正当的理由而被法律所允许（《刑法典》第 223 条规定的正当防卫而致他人身体受到伤害）。据此，有些符合犯罪构成的行为却不违法；有些违法的行为却不符合犯罪构成要件。"［德］弗兰茨·冯·李斯特:《德国刑法教科书》，徐久生译，法律出版社 2000 年版，第 168 页。

③ ［德］恩施特·贝林:《构成要件理论》，王安异译，中国人民公安大学出版社 2006 年版，第 4 页。

部分。"①贝林坚持认为，"杀人"这一谋杀的客观构成要件只是"谋杀概念"的组成部分，而不是"谋杀罪"犯罪类型的组成部分。"构成要件类型绝不可以被理解为犯罪类型的组成部分，而应被理解为观念形象，其只能是规律性的、有助于理解的东西"。②

贝林的意思是，构成要件既没有包括构成犯罪的所有要素，也不带有任何的评价成分，不是建立犯罪评价体系中的必要组成部分。其原因在于：首先，构成要件没有包括构成犯罪的所有要素，它只是在犯罪类型客观要素基础上建立起来的客观形象，不包括认定犯罪所必要的主观要素。对于建立犯罪的"观念形象"来说，主观要素是不必要的。主观要素是人的精神层面的存在，"主观性的认识明显来自于其客观方面"，它可以通过客观行为反映出来，构成要件行为所构建的"观念形象"能够反映行为的主观存在。所以，在"观念形象"中再加入主观要素，多此一举。而且，"如果硬要把'内在要素'从行为人的精神层面上塞入构成要件之中，那么就会陷于一个方法论的歧途"，构成要件作为犯罪和不法的客观"观念形象"就会被破坏殆尽。③在认定犯罪行为是否成立这一评价活动中，构成要件的角色只是为这一评价活动提供客观可视的评价对象，提供可以直接反映在感官上的客观"观念形象"，它并不提供不法侵害行为的整体形象。这种纯粹客观性的"观念形象"，认识者可以通过"五种感觉"，即视觉、听觉、嗅觉、味觉、触觉，④直观认知，不需要在价值和规范判断的基础上进行评价获取。

---

① ［德］恩施特·贝林：《构成要件理论》，王安异译，中国人民公安大学出版社 2006 年版，第 6 页。

② ［德］恩施特·贝林：《构成要件理论》，王安异译，中国人民公安大学出版社 2006 年版，第 5 页。

③ ［德］恩施特·贝林：《构成要件理论》，王安异译，中国人民公安大学出版社 2006 年版，第 16—17 页。

④ ［日］西原春夫：《构成要件的概念与构成要件的理论》，陈家林译，载《法律科学》2007 年第 5 期，第 63 页。

（二）客观记述性的构成要件

构成要件中全部是记述性要素，这些要素并不带有规范的评价性质。客观记述性的构成要件"具有非常中立的性质"，"不可能存在任何价值判断"。[①]贝林认为，刑法中是存在一些貌似要结合法规范进行判断的要素，如"他人"的财物、"合法"执行公务等，但是，只要这些要素是"有助于构成要件界定相关犯罪之行为，则仍不失其'记述性'"，"无关记述性行为的违法性问题"，是客观中立的，仍然可以被视为是非规范性构成要件要素。[②]

不过，犯罪认定却是一种评价活动，无论是行为不法性质的认定，还是责任性质的认定，都是评价性的。由此，在贝林的犯罪体系设计中，构成要件不是一个认定犯罪的评价阶层，构成要件只是为评价提供了一个千篇一律的"观念形象"。"杀人"的构成要件为"谋杀""伤害致死"和"过失杀人"提供了同样的"观念形象"，[③]这种客观的、不带任何评价成分的"杀人"只是犯罪评价的前提事实。

由此，在贝林看来，构成要件的前提性事实不可能是不法评价的组成部分，构成要件和不法评价没有关系。"如果说，违法性表达了法律对行为的不允许，是规范的（价值的）概念，那么法定构成要件的功能，就是那些描述性地勾勒出刑法中相关的客观事实。对行为的法律评价，不可能在法律上规定出来。"法律上规定的构成要件和不法评价之间，"正如相互分割的两个领域"。"需要特别说明的是，即使认定了某人行为已符合构成要件（如杀害了

[①]　郑军男：《德日构成要件理论的嬗变——贝林及其之后的理论发展》，载《当代法学》2009 年第 6 期，第 60 页。

[②]　［德］恩施特·贝林：《构成要件理论》，王安异译，中国人民公安大学出版社 2006 年版，第 14—15 页。

[③]　［德］恩施特·贝林：《构成要件理论》，王安异译，中国人民公安大学出版社 2006 年版，第 7—8 页。

某人），也决不能判定他已经违法地实施了该行为（如导致他人死亡的正当防卫），也有违法却未符合构成要件的行为（如现行法律中的盗窃习惯 furtum usus 就是这样，并不具备构成要件符合性特征）。"[①] 对于贝林的和不法没有关系的构成要件设计，苏联刑法学者采列捷里、马卡什维里评论道："资产阶级刑法学者柏林格和他的拥护者断言，犯罪构成是没有任何评价因素的单纯的事实总和。按照柏林格的意见，只是确定行为符合犯罪构成，根本就没有解决关于该行为的违法性的问题。犯罪构成是一种纯粹描述性质的抽象的法律上的结构。另外，柏林格和他的拥护者们断言，关于违法性的论断也不是以犯罪构成为转移的。"[②] 这里所称的"柏林格"即贝林，"犯罪构成"即"构成要件"。另一苏联刑法学者毕昂科夫斯基也认识到了贝林在对行为不法性质的评价中，将这一评价任务完全委任于违法性阶层，而撇开了构成要件阶层，毕昂科夫斯基说道，"照这种观点看来，犯罪构成只是行为诸事实特征的总和；说明每一犯罪的行为的违法性，乃是犯罪构成范围以外的东西；法律上所规定的一切犯罪构成，都带有纯粹描述的性质，其中并未表现出把行为当作违法行为的这种法律评价。谈到行为的违法性，它好像是属于原则上不同的另一方面，即'当为'的判断方面。"[③] 在贝林的设想中，构成要件只是一种与不法评价没有任何关系的客观叙事，苏俄刑法学者对贝林这一思想的把握是较为准确的。无论是采列捷里、马卡什维里，还是毕昂科夫斯基，都比较精确地解读了贝林对构成要件和不法之间关系的预设。

---

① ［德］恩施特·贝林:《构成要件理论》，王安异译，中国人民公安大学出版社 2006 年版，第 67—68 页。

② ［苏］采列捷里、马卡什维里:《犯罪构成是刑事责任的基础》，高铭暄译，载《苏维埃刑法论文选译（第一辑）》，中国人民大学出版社 1955 年版，第 64 页。

③ ［苏］毕昂科夫斯基:《社会主义法制的巩固与犯罪构成学说的基本问题》，孔钊译，载《苏维埃刑法论文选译（第一辑）》，中国人民大学出版社 1955 年版，第 77 页。

中国刑法名家陈兴良教授认为，苏俄刑法学者采列捷里、马卡什维里并没能准确把握贝林构成要件思想的精髓，"我们可以发现苏俄学者对贝林的三阶层的犯罪论体系是多么地无知，因而充满了误解与偏见"。[①] 笔者不认同陈兴良的看法，笔者认为对苏俄刑法学者的这种评价并不完全准确，一定程度上是有失公允的。苏俄刑法学者对贝林的构成要件理论难免存在某些"误解"，同时，注重意识形态的苏俄刑法学发展背景也注定了学术上会存在一些政治"偏见"，但是，事实上苏俄刑法学者对贝林的构成要件理论并不"无知"，而是有比较清楚的认知，苏俄刑法学者比较清楚地认识到贝林的构成要件是和违法性问题无涉的纯客观事实认定要件。苏俄刑法学者的这一解读，完全符合当代大陆法系刑法学者以及我国刑法学者对贝林构成要件思想的认识。比如，德国刑法学者阿恩特·辛恩就认为，"在贝林看来，'典型的''违法的'行为的观点是不正确的。构成要件的实现无论如何不能被认定与实现了不法联系在一起：'认定实现了构成要件本身并不能说明什么。'在构成要件中'看不到违法的意义'。因此，构成要件'不具有任何的违法性要素'"。[②] 我国刑法学者杜宇博士也认为，"贝林格的构成要件，不包含任何规范的、主观的要素，与违法性呈现出完全脱离的无涉状态"。[③]

正因为构成要件和不法评价没有关系，构成要件的认识过程不是不法认定过程中的评价程序，因此，贝林坚决反对那种将构成要件理解为"不法类型"的观点。他认为，像绍尔（Sauer）和梅茨格（Mezger）一样，"将法定

---

① 陈兴良：《四要件犯罪构成的结构性缺失及其颠覆——从正当行为切入的学术史考察》，载《现代法学》2009 年第 6 期，第 59 页。

② ［德］阿恩特·辛恩：《德国犯罪理论的发展与现状》，徐久生译，载《国家检察官学院学报》2009年第 1 期，第 16 页。

③ 杜宇：《犯罪论结构的另一种叙事——消极性构成要件理论研究》，载陈兴良主编：《刑事法评论》第 13 卷，中国政法大学 2003 年版，第 25 页。

构成要件理解为'不法类型'"，这是"不可能的"。构成要件只是表明一种评价的前提性事实，它只是"犯罪类型的轮廓，是个无独立意义的纯粹的概念，永恒、普遍而无相"，①它不带有任何评价性。如"杀害了一个人"是构成要件，而相应的不法表述应当是"违法地杀害了一个人"；又如"狩猎"是构成要件，而相应的不法表述应当是"违法狩猎"，"狩猎者并不因为是狩猎者而可以被确定为非法狩猎的人"。②构成要件"不含有任何的违法性要素，亦即根本不涉及任何违法性的问题"。③不带有法规范评价性的构成要件和带有法规范评价性的不法评价是截然不同的。一个符合构成要件的行为，并不会引起刑法的关注，只有当该行为进一步具有了违法性，"才引起刑法上的关注"。同时，"更进一步看，判断行为的可罚性有此违法性也就足矣。"④根据贝林的认识，刑法上违法性的判断，甚至可罚违法性判断，其唯一评价要素就是"违法"评价，构成要件不能作为评价要素之一参与这一评价过程。

以要素是否具有评价性为标准，贝林将构成要件和违法性严格地区分开来。作为客观、记述性的构成要件，它是独立于违法性评价之外的独立的犯罪的"轮廓"。由此，构成要件在犯罪论体系中具有了独立的地位，它作为"观念形象"与违法性、责任联系起来，成了"刑法总论的犯罪概念中心"。⑤

另有必要说明的是，贝林认为违法性评价是不法评价的唯一凭借和根据，他否定了构成要件对不法评价的意义。因此，贝林的不法评价方法根本不同于此后发展起来的将构成要件也作为不法评价根据的不法评价方法，相对而

---

① 参见刘宪权主编：《刑法学专题理论研究》，上海人民出版社 2009 年版，第 39 页。

② ［德］恩施特·贝林：《构成要件理论》，王安异译，中国人民公安大学出版社 2006 年版，第 12 页。

③ 陈志龙：《开放性构成要件理论——探讨构成要件与违法性之关系》，载《国立台湾大学法学论丛》第 21 卷第 1 期（1991 年 12 月），第 159 页。

④ ［德］恩施特·贝林：《构成要件理论》，王安异译，中国人民公安大学出版社 2006 年版，第 11 页。

⑤ 刘宪权主编：《刑法学专题理论研究》，上海人民出版社 2009 年版，第 39 页。

言，贝林的不法评价思路可暂简称为"一要素不法评价"，而此后将构成要件和违法性作为共同不法评价要素的不法评价思路可暂简称为"二要素不法评价"。

二、反映和评价不法的构成要件

贝林以构成要件的客观性、记述性展开了其不法评价理论。贝林的逻辑是，如果能够证明构成要件的确只是一个客观性、记述性的"观念形象"，那么，对这一客观"观念形象"的认定就不需要任何评价，构成要件的认定就和所有的评价活动无关，当然也和不法的评价无关。由此可见，突破贝林理论的前提是，必须证明构成要件不只是一个客观性、记述性的"观念形象"。如果能够证明构成要件不是一个所谓的客观性、记述性的"观念形象"，而是一个主观性、规范性的犯罪类型的"观念形象"，那么，人们对这种主观性、规范性的"观念形象"的认识就只有在评价的基础上得出。

（一）主观要素、规范要素的发现

和贝林同时代的德国刑法学者迈耶（Mayer）也关注了构成要件理论。首先，迈耶分析了构成要件中所包括的要素种类。他认为，构成要件要素分为两种：一是"与行为相关者"；二是"行为本身"，而行为本身又包括了"意思行为"。[①]"如果要研究意思行为，则需要明确将心理历程、意志、意义关联且具有一定动机的意志与外在的行为（事实）加以区分"。[②]尽管迈耶认为反映行为人内心世界的"意思"是主观的构成要件要素，但是，另一方面他又认为，"构成要件符合性概念通过法定构成要件的客观要件限定于行为的外在

---

① 马克昌主编：《近代西方刑法学说史》，中国人民公安大学出版社 2008 年版，第 313 页。

② 马克昌主编：《近代西方刑法学说史》，中国人民公安大学出版社 2008 年版，第 313—314 页。

方面",行为人的内在世界"只能通过其供述或行为的表达才得以推断出来","我们将构成要件符合性的概念限定于与法定构成要件的客观要件一致的行为的外在方面"。① 迈耶一方面认为存在主观构成要件要素;另一方面又否定在构成要件符合性判断中需要对主观构成要件要素进行判断。为了维持贝林构成要件是客观的"观念形象"的见解,迈耶不得已将这些主观要素定位为主观的违法要素,而不是主观的构成要件要素。②

其次,迈耶发现构成要件中存在需要进行规范判断、价值判断的要素,他将这些要素命名为"规范性构成要件要素"。③ 所谓"规范的构成要件要素,是指单独即具有规定价值的意义,乃符合构成要件结果的组成部分"。比如,对刑法上规定的"他人之物"的"他人"性应当如何理解?如果不将行为特征和民事法律的相关规定结合起来,就无法得出物之所有权的性质,就无法判定对象物到底是自己之物还是他人之物。所以,此类"他人"的构成要件要素正是规范要素,这些要素的"并不出现在外在世界中,而是发生于法律世界之中",④ 无法脱离法律得出正确的规范要素认识结论。尽管迈耶发现了规范的构成要件要素,他反对"价值中立的法定构成要件要素"概念,但是,他并不认为这些规范的构成要件要素是真正的构成要件要素,而是将之定位为"不真正的构成要件要素",是"真正的违法要素"。迈耶认为,这些要素虽说也有评价性,但是,它们是"评价与意思活动无关的结果"。⑤ 他甚至还认为,这种规范构成要件要素是"起草法律条文的'偶然的'产物,是可以

---

① 参见马克昌主编:《近代西方刑法学说史》,中国人民公安大学出版社 2008 年版,第 315—316 页。

② [日]西原春夫:《犯罪实行行为论》,戴波、江溯译,北京大学出版社 2006 年版,第 36 页。

③ [日]西原春夫:《犯罪实行行为论》,戴波、江溯译,北京大学出版社 2006 年版,第 38—39 页。

④ 参见马克昌主编:《近代西方刑法学说史》,中国人民公安大学出版社 2008 年版,第 316—317 页。

⑤ [日]小野清一郎:《犯罪构成要件理论》,王泰译,中国人民公安大学出版社 2004 年版,第 52 页。

消除的"。①

迈耶在构成要件中发现了一些非客观性、非记述性的东西，根据这个线索，他本应顺藤摸瓜，顺理成章地认为这些要素就是主观的构成要件要素和规范的构成要件要素，由此他就可以肯定构成要件具有主观性、规范性的一面。但这样一来，迈耶势必会连带否定贝林对构成要件是客观"观念形象"的假设。由于"在迈耶的见解中残留着贝林的思想"，②他还无法抛开贝林的客观"观念形象"的构成要件模型，因而，他不能否定贝林，他就只能反过来否定自己，他认为是自己搞错了，这些要素虽然从形式上看是构成要件要素，但实际上是"真正的违法要素"，不是构成要件要素。迈耶尽管没能否定和超越贝林，但是，他毕竟发现了构成要件中主观和规范要素的存在，"贝林的构成要件理论受到巨大震动"，③因而自他开始，离否定和超越贝林的假设，也就只有了一步之遥。

虽然迈耶发现了主观构成要件要素和规范构成要件要素，但并没有最终确认这就是构成要件的主观要素和规范要素。梅茨格在迈耶的基础上，大胆地承认了主观构成要件要素和规范构成要件要素的存在。

德国刑法学者梅茨格（Mezger）确认了某些犯罪类型的构成要件中存在"主观的构成要件要素"。这主要包括三种犯罪类型，即表现犯、倾向犯和目的犯。④就表现犯而言，它是因表现行为者的内心而成立的犯罪，如伪证罪，证人展示了和自己记忆不相一致的证言这种"内心表现"。对于这种犯罪，构成要件符合性的判断中，如果不将这种"内心表现"作为构成要件要素，就

---

① ［日］西原春夫：《犯罪实行行为论》，戴波、江溯译，北京大学出版社 2006 年版，第 39 页。

② ［日］西原春夫：《犯罪实行行为论》，戴波、江溯译，北京大学出版社 2006 年版，第 39 页。

③ ［德］阿恩特·辛恩：《德国犯罪理论的发展与现状》，徐久生译，载《国家检察官学院学报》2009 年第 1 期，第 16 页。

④ 王充：《论大陆法系犯罪论体系的实质化倾向》，载《浙江社会科学》2006 年第 2 期，第 76 页。

不可能得出正确的行为形象。就倾向犯而言，它是行为的违法性决定于一定内心倾向的犯罪，如猥亵罪，行为人以满足性欲的目的接触女性身体。构成要件符合性判断中，还不得不找出行为人存在这种满足性欲的内心倾向。就目的犯而言，如伪造货币罪，行为人必须具有"行使的目的"，才符合构成要件的规定。①

梅茨格也确认了构成要件中存在"规范构成要件要素"。迈耶所说的"不真正的规范构成要件要素""真正的违法要素"，实际上是"规范的构成要件要素"。这些要素不同于主观要件和记述性要件，在立法上并非"记述"的，在司法上也不能直观"认知"，"不能进行感觉的理解，只能进行精神的理解"。②"'规范'构成要件要素中，构成要件不法的前提条件是关键，该前提只有通过特殊的事实评价方能取得"。③并不存在纯客观中立的构成要件，构成要件"应含有与目的相关的价值性在内"。梅茨格这种"走出向来逻辑上形式观察的方法，着眼于构成要件就法益保护之规定，具有何种法律文化目的内容"的构成要件观念，被称为"目的构成要件学说（Teleologische Tatbestandslehre）"。④

（二）作为不法要素的构成要件

既然认为构成要件是不法类型，那么客观的构成要件理论"一方面强调构成要件的定型作用，另一方面却将行为的故意与过失的责任要素排除在这

---

① ［日］西田典之：《日本刑法总论》，刘明祥、王昭武译，中国人民大学出版社 2007 年版，第 65 页。

② ［日］平野龙一：《刑法总论》，有斐阁 1972 年版，第 168 页。

③ 参见马克昌主编：《近代西方刑法学说史》，中国人民公安大学出版社 2008 年版，第 331 页。

④ 苏俊雄：《刑法总论Ⅱ》，大地印刷厂股份有限公司 1974 年版，第 68 页。

之外",这种缺乏主观不法要素的构成要件,其定型作用自然会被虚置。[①] 主观构成要件要素的发现对贝林构成要件理论的影响是,构成要件不再是一个纯粹客观的"观念形象"。日本刑法学者小野清一郎认为,贝林最初的见解"所谓构成要件是'犯罪类型的轮廓',是非常正确的。构成要件就是把社会生活中的事实类型化,进而把它作为一种法律上的定型概念规定下来";[②] 构成要件当然可以作为一个"犯罪类型的轮廓",作为一个"观念形象",但是,在发现了主观构成要件要素之后,我们就没有办法再认为构成要件是一个单纯的、客观的观念形象了。构成要件可以是一个观念形象,但它是一个既具有客观性,又具有主观性的观念形象,它是犯罪类型所呈现的完整不法要素中除合法化事由之外的所有客观要素和主观要素的集合。

那么,进一步的问题是,虽然完整的构成要件应是主观要素和客观要素的结合,但这两种要素在具体认定中是否可以拆开独立进行评价,像贝林所做的那样,将客观构成要件要素从完整的构成要件中独立出来,单独将之作为犯罪类型的客观指导形象。德国刑法学者威尔泽尔(Hans Welzel)认为,"主观构成要件和客观构成要件是不可能拆开的,客观构成要件决定于主观的运作定律或至少与主观的运作定律有关"。认知心理学揭示了一个基本道理:"感觉、认识、思考和意欲的活动都是针对他们所投射的对象,在这些特定的心理经验和他们的对象之间有一种特别的'目的性'关系,它给予了所有心理经验所投射的对象一定的方向,而且也依照对象的结构引导活动的流程。换言之,目的性可以使感觉、认识、思考和意欲等心理活动,依心理作用对象的结构而活动。"只有依"目的性"所构造的行为,才是"能够被构成要件

---

① 陈世伟:《我国犯罪构成理论研究的方法初探》,载《犯罪论体系》,梁根林主编,北京大学出版社 2007 年版,第 140 页。

② [日]小野清一郎:《犯罪构成要件理论》,王泰译,中国人民公安大学出版社 2004 年版,第 7 页。

评价的行为构造"。[1] 威尔泽尔对这一理论的演绎结果，也即认为，只有意志支配下的行为才可能成为构成要件行为，才可能成为构成要件评价的对象；完整的构成要件必然是客观构成要件和主观构成要件的结合，客观构成要件和主观构成要件具有不可拆分的性质。

要想确认一个行为是否具有不法性，就要确认该行为是否具有刑法上的社会危害性。刑法上的社会危害性确认可以分为三部分，一是要确认该行为是否造成了客观危害事实；二是要确认行为人对该客观危害事实的形成是否有主观认知；三是确认行为人是否具有合法化事由。如故意杀人罪，要完整的确认有故意杀人的不法，就必须同时确认"行为人有故意剥夺他人生命的行为，而且该行为没有正当防卫、紧急避险等合法化事由"。在发现了主观构成要件要素后，故意杀人罪的完整构成要件就是，"行为人有故意剥夺他人生命的行为"。在对故意杀人不法性质的确认过程中，对"行为人有故意剥夺他人生命的行为"的确认，就属于构成要件符合性的判断，其中既包括"故意"的主观构成要件要素的确认，也包括"行为人剥夺他人生命"的客观构成要件要素的确认。由此可见，自从发现了主观构成要件要素，不法认定中包括两部分内容，即客观危害事实的确认和主观认知的确认，都由构成要件符合性判断环节来完成。

梅茨格对主观构成要件要素的认识还是存在局限性的，他只是认可了表现犯、倾向犯和目的犯中有主观要素。但是，随着目的行为论的提出，现在刑法学界在极为广泛的范围内承认了主观构成要件要素的存在。如今大多数的学者认为，故意、过失都是构成要件要素，由于所有犯罪行为的主观心态要么是故意，要么是过失，那么，这也就意味着所有犯罪类型的构成要件都具有主观构成要件要素，所有犯罪行为的构成要件都具有主观性的一面。由

---

[1] 许玉秀：《当代刑法思潮》，中国民主法制出版社 2005 年版，第 74—75 页。

此，所有犯罪行为的不法认定中，构成要件符合性的判断包括客观危害事实和主观认知的确认。

另外，规范构成要件要素的发现对贝林构成要件理论的影响是，构成要件不再是一种记述性的存在。记述性的要素可以为人们所直观认知，但是，规范要素却不然，对规范性要素的认识"必须斟酌四周的情况，被害者的理解方式、行为人的意图等，参照当时一般国民的感情，个别地、具体的决定。换言之，在做出'这一行为大体上是否为刑法所禁止'这种一般的违法性判断以前，大体上是不能确定构成要件符合性的"。[①] 规范性要素的确认必须结合法规范的评价和价值判断进行，规范性要素的认识过程是一种评价活动，而不是一种简单的观念直观反映。由于规范要素被包括在构成要件中，那么，我们对构成要件的认识就不应只是一种直观的观念反映活动，而应当和违法性判断一样，也是一种评价活动；构成要件判断和违法性判断就具有了相同的性质。对此，有学者提出了质问，"承认构成要件的规范性对犯罪论体系在结构上提出了新的问题，构成要件还能不能区别于违法性而具有犯罪体系意义上的独立性？"[②] 构成要件和违法性之间存在着难分难解的勾连，两者并不具有犯罪论体系上的独立性，就连坚持客观构成要件理论的三阶层犯罪论体系学者一般也会认为，"一个行为事实一旦满足了构成要件，亦即具备构成要件合致性时，即间接证明该行为事实具有不法"；[③] 如此，客观构成要件理论既将构成要件合致性设定为中性无色，而在违法性评价阶段又认为构成要件可以"间接证明该行为事实具有不法"，具有了不法评价意义，明显是自相矛盾的。这种矛盾性也正揭示了构成要件和违法性之间密切的关联性，无法将两

---

① ［日］西原春夫：《犯罪实行行为论》，戴波、江溯译，北京大学出版社 2006 年版，第 58 页。

② 李海东：《刑法原理入门（犯罪论基础）》，法律出版社 1998 年版，第 36 页。

③ 许玉秀：《当代刑法思潮》，中国民主法制出版社 2005 年版，第 65 页。

者分割开来。

和对主观构成要件要素的认识一样，梅茨格对规范构成要件要素的认识也是存在局限性的。梅茨格只是在一定范围内承认了规范要素的存在，他明显反对大范围的规范性构成要件要素陈列。他认为，构成要件"应尽可能地清楚表明刑法构成要件的'记述'部分，以此压缩那些具有不确定性的'价值评判'"，只有在"为获得构成要件行为而不可避免价值评判时，才'鼓起勇气评价'"，规范要素应尽可能少用。但是，梅茨格的谨慎态度并没有阻止规范构成要件要素在刑法中普遍存在的现状。何况，构成要件本来就是一种"法定"的存在，一种规范的存在，因此，构成要件要素必然是"全面地含有法规范的意义的"，[1]甚至那些"乍一看是记述的、客观的构成要件，其实在整体上也是规范性的、评价性的东西，它既把握了行为的客观方面，也把握了行为的主观方面"。[2]德国刑法学者沃尔夫（Erik Wolf）也认为，"即或是描述性的要素，例如'人'或'物'，如无法官的评价，则无可能予以确定，因而可以说所有的构成要件要素均为规范性的要素"。在全面地发现了构成要件完整的规范性之后，我们理所当然会发现，"事实的描述与事实的评价根本无从加以分离"，刑法上对构成要件符合性的确认，其实就完全是一种评价活动。由此，"构成要件不再是'评价的对象'，而是构成要件本身就包含有对于构成要件该当行为之直接的评价"。[3]

如上文所言，不法的确认可以分为三个部分进行。其中，对行为客观危害和主观认知的确认，是行为不法性质确认不可或缺的组成部分。因为构成要件完整地包括了行为的客观危害和行为人的主观认知状况，所以，对构成

---

① ［日］小野清一郎：《犯罪构成要件理论》，王泰译，中国人民公安大学出版社 2004 年版，第 52 页。

② ［日］小野清一郎：《犯罪构成要件理论》，王泰译，中国人民公安大学出版社 2004 年版，第 56 页。

③ 陈志龙：《开放性构成要件理论——探讨构成要件与违法性之关系》，载《国立台湾大学法学论丛》第 21 卷第 1 期（1991 年 12 月），第 164 页。

要件符合性的确认明显是为行为不法性质的确认服务的，构成要件符合性的评价是不法评价的组成部分。故此，构成要件是对行为不法性质的阐述，构成要件这个主客观一体的观念形象也部分反映了行为的不法状况。

行为的不法性质由客观危害、主观认知和合法化事由三部分表现出来，对这三个要素的确认就可以全面确定行为的不法状况。而客观危害和主观认知又共同归属于构成要件，可见，构成要件符合性和合法化事由状况是组成和确认行为不法性质两个基本要素。由于是否具有合法化事由的判断程序学理上一般表述为违法性判断，所以，组成和用以确认不法的两大要素一般又简称为构成要件和违法性。不法内容的情况，完全可以全面地从构成要件和违法性中反映出来，构成要件和违法性就共同反映和组成了不法类型。

承认主观构成要件要素和客观构成要件要素基础上发展起来的不法评价思路，将构成要件和违法性两者共同作为不法评价的基本要素，因而不妨暂简称为"二要素不法评价"。

三、作为"暂定的不法判断"的构成要件

（一）不准确的"不法类型"与"暂定的不法判断"

梅茨格看到了构成要件对不法的重要意义，他将构成要件和不法性之间的关系概括为，"构成要件是不法类型"。对此，梅茨格论述道："狭义的刑法中的构成要件，由于是通过规定不法来联结刑罚法规和刑法处罚，因此，构成要件是被'类型化了的不法'。基于这个原因，构成要件的实质意义就是描述不法，构成要件并非像很多论文所认为的那样，仅仅是违法性的认识

根据。"①

如果一种行为符合了构成要件，而同时又没有违法阻却事由，就可以确认不法成立。由此，在不法评价中，构成要件符合性的评价是从正面进行的，它扮演的角色是确认行为不法性质的存在，而违法性的评价则是从负面进行的，它扮演的角色是否认行为不法性质的存在。因此，作为组成和用以评价不法类型的两个要件，构成要件是正面的不法要件，而违法性则是负面的不法要件。不法类型是在构成要件评价和违法性评价的共同基础上得出的结论，构成要件和违法性的共同作用构成了不法类型，单纯的构成要件或违法性都不可能称为不法类型。梅茨格将构成要件看成是"不法类型"，以部分替代整体，并不正确。

其实，梅茨格也意识到了这个判断的片面性，看到了构成要件只是不法类型的组成部分，他不止一次地论述道："行为人实施该当构成要件的行为，除了存在违法阻却事由的情况，其他皆为违法行为。记述相关行为的刑罚法规中的构成要件，对于行为在刑法上具有违法性这一点具有重要的思考意义。也就是说，刑罚法规中的构成要件是违法性的效力根据、存在根据，当然，这样说是在行为不具有特别的违法阻却事由的情况下。如果存在特别的违法阻却事由，即便是行为该当构成要件也不具有违法性。"②他又补充论述道："在构成要件的文献中，例如那格拉以及迈耶都认为构成要件是作为违法性征表的特示。这个特示并不意味着构成要件是作为证明行为违法性的内容（即如果存在违法阻却事由的情况下，行为不构成违法），构成要件作为违法性的征表，与违法性的联系可能比作为认识根据更为紧密，除了在具有违法阻却

---

① 参见王充:《论大陆法系犯罪论体系的实质化倾向——以梅茨格犯罪论体系为视角》，载《浙江社会科学》2006 年第 2 期，第 75 页。

② 参见王充:《论大陆法系犯罪论体系的实质化倾向——以梅茨格犯罪论体系为视角》，载《浙江社会科学》2006 年第 2 期，第 75 页。

事由的情况以外，构成要件是积极地赋予不法理由的因素"。① 梅茨格以上所使用的"违法"一词，除"违法阻却事由"之外，其他都应解释为"不法"。② 由此，梅茨格的真实意思是，在有违法阻却事由的情况下，构成要件和违法性共同组成了不法类型；而在不具有违法阻却事由的情况下，仅考虑构成要件的内容就可以确认行为的不法性质，因此，该种情况下，构成要件看似是一肩承担了评价和呈现不法性质的任务。从形式上看，不具有违法阻却事由的情况下构成要件似乎就是不法类型。

尽管如此解释，但是，梅茨格的结论仍存在问题，在没有违法阻却事由的情况下，构成要件仍不能单独成为不法类型。按照梅茨格对传统构成要件的定位，"构成要件之核心乃是指对于外在世界之客观事物的描述"，那么，仅利用传统构成要件是否可描述出行为不法的全部特性？梅茨格清楚地指出，"要求构成要件本身能够被客观的（外在的）事物竭尽为不法之描述，且这些事物必须是纯粹的描述性质，则在实际上并无可能。"③ 行为不法性质的确认，缺少违法性判断则难以为继。在没有违法阻却事由的情况下，只能说是从表面形式上看，违法性评价对行为不法性质的确定似乎没有发挥什么作用。但是，这只是表象而已，实际上，违法性评价依然发挥了重要作用。因为如果违法性评价没有发挥什么作用，如果是这种情况下对不法性质的确认不需要考虑违法性的内容，那么我们是如何知道行为"没有违法阻却事由"的呢？这明显是在进行违法性评价之后得出的结论。因此，无论在何种情况下，不

---

① 参见王充：《论大陆法系犯罪论体系的实质化倾向——以梅茨格犯罪论体系为视角》，载《浙江社会科学》2006 年第 2 期，第 75 页。

② 笔者特以下画线予以标示。梅茨格并不严格区分"不法"和"违法"。有论著认为，梅茨格是在同等意义上使用"不法"和"违法性"概念，"同义使用，所以也不需要纠缠于其中任何一个概念"。马克昌主编：《近代西方刑法学说史》，中国人民公安大学出版社 2008 年版，第 330 页。

③ 参见陈志龙：《开放性构成要件理论——探讨构成要件与违法性之关系》，载《国立台湾大学法学论丛》第 21 卷第 1 期（1991 年 12 月），第 164 页。

管有无违法阻却事由存在，不法性质的评价都不可能缺少违法性评价这个环节；无论何种情况下，都是构成要件和违法性共同组成了不法类型。

或许梅茨格也意识到了他所谓"构成要件是不法类型"这一论断不够准确，因而他又提出了另一个论断，他强调说，"构成要件是违法性的存在根据，内含有暂定的不法判断。"[①]一个行为具有了构成要件符合性，只能说它就具有了被评价为不法的可能性，不法的可能性判断是一种"暂定的不法判断"，这个判断是不能作为最终结论的，是完全可以推翻的。作为组成不法的两大要素，一是构成要件；二是违法性；因此，一个行为，不管是具有了构成要件符合性，还是具有了违法性符合性，都能够暂时推定该行为具有了被评价为不法的可能性，这是不言自明的。我们既可以说构成要件"内含有暂定的不法判断"，也可以说违法性"内含有暂定的不法判断"。

（二）"暂定的不法判断"和"最终的不法判断"

在大陆法系，"今天的不法构成要件概念（狭义的构成要件概念）也是作为该暂定的不法判断以构成要件概念为基础的"。[②]大陆法系刑法通说认为，构成要件具有不法性推定功能，一个行为符合了构成要件，就可以推定该行为具有了不法性，只要在继后的违法性评价中被评价为没有违法阻却事由，这种推定就能最终得以成立。构成要件的不法性推定功能说，其实就是"暂定的不法判断"的翻版，说法不同，实质内容是完全一样的。

"暂定的不法判断"说正确吗？是正确的。如上所言，作为不法评价不可或缺的两大要素的构成要件和违法性，两者符合其一，即能得出"暂定的不法"结论。除此之外，构成要件是"暂定的不法判断"这一结论还揭示了构

---

① ［韩］金日秀、徐辅鹤:《韩国刑法总论（第十一版）》，武汉大学出版社2008年版，第122页。
② ［韩］金日秀、徐辅鹤:《韩国刑法总论（第十一版）》，武汉大学出版社2008年版，第122页。

成要件的一个重要特性，"构成要件不再是'评价的对象'，而是构成要件本身就含有对于构成要件该当行为之直接评价。构成要件乃是具有违法性判断在内，只不过亦具有保留（即在例外情形，有可能具有阻却违法事由）。"[1]"暂定的不法判断"揭示了构成要件也具有不法评价的特性，实质上属于不法评价要素。

构成要件符合性判断是一种"暂定的不法判断"，这种提法是否适当？这种说法并不完全适当。

首先，认为构成要件符合性判断是一种"暂定的不法判断"，难免引人费解和误解。台湾省学者陈志龙认为，"如果认为构成要件只是'暂时性的'非价判断，即只具有'部分的刑事不法'，并无法合理地解释为何在违法性层次则具有终极的、全部的刑事不法"。[2]同样是评价行为是否具有不法性的要素，为什么在构成要件评价中得出的是"暂时的""部分的"不法的结论，而违法性判断中得出的却是"终极的""最后的"不法的结论？这是否意味着，对不法判断而言，违法性判断才是决定性的要素，违法性判断比构成要件判断具有更重要的不法评价地位。正当行为，比如，无过当防卫情况下的故意杀人行为，在构成要件判断中，将这种行为定为违反了刑事法规范，具有"暂定的不法"性，这是否会让人认为此种行为"本来就是违法的行为"。[3]

其次，作为不法评价不可或缺的要素，我们可以说符合构成要件的行为具有了"暂定的不法"，我们也可以说符合违法性的行为具有了"暂定的不

---

① 参见陈志龙:《开放性构成要件理论——探讨构成要件与违法性之关系》，载《国立台湾大学法学论丛》第 21 卷第 1 期（1991 年 12 月），第 164 页。

② 陈志龙:《开放性构成要件理论——探讨构成要件与违法性之关系》，载《国立台湾大学法学论丛》第 21 卷第 1 期（1991 年 12 月），第 165 页。

③ 陈志龙:《开放性构成要件理论——探讨构成要件与违法性之关系》，载《国立台湾大学法学论丛》第 21 卷第 1 期（1991 年 12 月），第 165 页。

法"。符合构成要件的行为，只要没有违法阻却事由，这种"暂定的不法"结论就能最终得以成立；同样，符合违法性的行为，只要同时具有了构成要件符合性，这种"暂定的不法"的结论也能得以成立。由此，我们就可以认为，构成要件和违法性二者，不但构成要件具有不法性"暂定"功能，而且违法性也同样具有不法性"暂定"功能。既然如此，大陆法系的刑法理论中为什么单强调构成要件评价的不法性"暂定"功能，而完全忽视了违法性评价的不法"暂定"功能？如果认为"暂定的不法"这一提法对刑法理论具有重要意义，我们在刑法理论中，就应当同等强调构成要件评价和违法性评价的同样的不法性"暂定"功能。

但是，"暂定的不法"这一提法判断对刑法理论来讲是没有多大意义的。"暂定的不法"判断是一种可能的不法判断，它表明行为可能具有不法性。刑法上要得出的结论，刑法上要研究的，并不是"什么样的行为是可能具有不法性的行为"，而是"什么样的行为是具有不法性的行为"。更确切地讲，刑法上要得出的结论，是"什么样的行为是必然具有不法性的行为"。所以，刑法上有意义的不是"暂定的不法判断"，而是"最终的不法判断"。

四、整体不法评价的构成要件

（一）构成要件作为"不法类型"的初步实现

刑法上应当关注的是，什么样的行为才能形成"最终的不法判断"结论，什么样的行为才能形成不法类型，什么样的认定标准才能最终确认为不法类型。

梅茨格的理想是将构成要件设置为"不法的存在根据"，符合构成要件的行为就可以确认为是不法行为；在不法评价方法上，一个行为一旦符合了构成要件，就可以得出"最终的不法判断"结论。所以，根据梅茨格"构成要件是不法的存在根据"的阐述，可以知道，他的目的是将构成要件作为不法评价的唯一标准。但是，在当时的理论框架下，因为构成要件和违法性是不法类型的两大要素，同时符合构成要件评价和违法性评价的行为才能被确认为不法类型，才能形成最终的不法结论，单纯符合构成要件的行为只能被认定为是具有"暂定的不法"。因此，如果要维持自己"构成要件是不法的存在根据""构成要件是不法类型"的说法，梅茨格就必须对传统的构成要件理论进行改造。只有把不法评价的所有要素都纳入构成要件中，这样的构成要件才有可能是名符其实的"不法类型"和"不法存在根据"。因此，梅茨格理论的发展方向应当是扩大原来构成要件的内涵范围，将原来违法性的内容也纳入到了构成要件中。由此，新的构成要件既包括了原来的构成要件内容，也包括了原来的违法性内容，将所有能够反映和认定不法的要素统一囊括在新的构成要件中。实际上，梅茨格似乎也做了部分这种工作，至少他"认为构成要件方是违法性的存在依据，二者并非独立的两个阶层，应置同一阶层予以考察"。[①]

　　梅茨格的理论发展至此，离实现真正的"构成要件是不法的存在根据""构成要件是不法类型"，只有一步之遥。如果迈出了这一步，重新设置构成要件的内容，构成要件理论必将迎来新的纪元。但是，就笔者现在掌握的资料来看，梅茨格最终似乎并没有迈出这一步。他徘徊在新构成要件理论和旧构成要件理论之间，他一方面尝试着将构成要件与违法性合二为一；[②]但另一方面又认为只有在没有违法阻却事由的情况下，符合构成要件的行为才

[①]　靳宗立：《刑法总论》，集义阁出版社 2010 年版，第 141 页。

[②]　欧阳本祺：《德日刑法学目的犯理论之发展》，载《东南法学》2009 年第 1 期，东南大学出版社 2009 年版，第 105 页。

具有不法性。随之，他有的情况下认为"构成要件是不法的存在根据""是不法类型"，而有的情况下又回到了构成要件是"暂定的不法"的老思路上了，他并没有对构成要件的内容进行新的增补，而只是形式意义上的认为构成要件和违法性之间不应当是相互独立的两阶层。正因为梅茨格徘徊在"构成要件是不法类型"和"构成要件是暂定的不法判断"之间，他往往是站在"构成要件是不法类型"的立场，而解释的却是"构成要件是暂定的不法类型"的问题，因而他的理论架构表现得相当骑墙、摇摆不定和自相矛盾。因此，梅茨格的理论很容易引起读者的不解甚至是误会。

但在刑法学史上，梅茨格没有完成的工作，早就由其他学者尝试完成。有的学者已经实现了梅茨格没有实现的跨越，这就是负面构成要件要素理论（或称为消极构成要件要素理论）的提出。

负面构成要件要素理论的最大特色在于，它扩展了构成要件的范围，将原来属于构成要件和违法性的内容全部"统合"到构成要件中。新的构成要件虽然也称为构成要件，但已和旧构成要件概念具有了本质区别。因为新的构成要件包括旧构成要件的内容和违法性的内容，因而，新的构成要件包括不法的所有组成要素，仅仅根据新构成要件，就可以确认一个行为是否具有不法性质。不法的所有内容都呈现在新构成要件中，新构成要件成了真正的"不法类型"。根据新构成要件做出的不法判断结论，就不再是一个"暂定的不法判断"，而是一个"最终的不法判断"。在新构成要件中，原来旧构成要件内容称为"正面构成要件要素"，而违法阻却事由的内容则称为"负面构成要件要素"。由此，一个行为如果符合了正面构成要件要素而同时不符合负面构成要件要素，则是具有了构成要件符合性，因而具有了不法性；但如果符合了正面构成要件要素而同时又符合了负面构成要件要素，则不具有构成要件符合性，因而不具有不法性。

随着"负面构成要件要素理论"的提出，新构成要件取代了旧构成要件，旧构成要件的内容被融在新构成要件中。随着新构成要件理论的形成，可以说，旧构成要件作为一个独立的实体已不复存在了。西原春夫认为："回顾构成要件的发源地——德国学说的发展过程，就会发现：在此所表现出来的并不是构成要件论发展的历史，而是构成要件崩溃的历史。对于这一点，不止我一人，恐怕其他人也会有同感。"[①] 西原春夫此中所讲的"构成要件"，即旧构成要件。准确理解西原的话，应该认为，从构成要件的发展历史看，并不是"旧构成要件"理论发展的历史，而是"旧构成要件"崩溃的历史。西原的话一语中的，这既是西原对旧构成要件理论发展史的精辟概括和评述，同时也是西原对渐渐远去的旧构成要件理论送上的挽歌。但应当注意的是，"旧构成要件"崩溃的历史，并不等于构成要件崩溃的历史，虽然旧构成要件理论崩盘了，但是，构成要件理论并没有崩盘，构成要件理论在旧构成要件理论的基础上凤凰涅槃，实现了向新构成要件论的跨越。

（二）取消阶层区分的不法评价：整体不法评价

根据负面构成要件要素理论，不法的评价需要正面构成要件要素和负面构成要件要素同时具备，对不法的评价必然是在两者的基础上协同进行，因此，它是建立在两个要素基础上一步到位的不法评价方法。这和以往的不法评价思路完全不同。贝林的不法评价思路，完全将不法评价任务委诸违法性评价层次承担，不法评价成了和构成要件符合性的确认完全没有关系的活动。贝林之后的不法评价思路，包括梅茨格的不法评价方法，也是大陆法系现今较为流行的不法评价方法，认为构成要件有不法推定机能，不法评价应当分两步，第一步是利用构成要件推定行为具有了"暂定的不法"性；第二步是

---

① ［日］西原春夫：《犯罪实行行为论》，戴波、江溯译，北京大学出版社 2006 年版，第 56 页。

经违法性判断，得出"最终的不法"结论。

贝林的不法评价方法是"一要素不法评价"，这和负面构成要件理论显著有别。现流行的不法评价方法是"二要素不法评价"，包括构成要件确认和违法性评价，就这一点而论，和负面构成要件要素理论的不法评价方法并无不同，负面构成要件要素理论的不法评价方法也正是"二要素不法评价"。但两者的显著区别是，现行的不法评价方法是一种双层不法评价方法，它认为不法评价应当分为具有先后性的两个阶层进行；而负面构成要件要素理论则认为两个要素的评价应当同时进行，没有先后之分，并不是一定要先确认正面构成要件要素的存在，在第二步确认是否具有违法阻却事由的存在，而是应当两要素并举，协同进行。故此，和双层不法评价方法的最大区别是，负面构成要件要素理论的不法评价方法是一种整体性的不法评价方法。这种整体不法评价方法认为，不法表现在组成和反映它的相互渗透、相互补充的各个要素中，这些要素对不法性质的确认而言，同等重要，不分先后，缺一不可。

双层不法评价方法固守着构成要件具有第一位的不法评价优位性，其原因何在？

坚持构成要件具有第一位的不法评价优位性，这一思想具有贝林理论的思想传承。根据贝林的理论，构成要件是犯罪类型的客观"观念形象"，如"杀害某人""取走他人动产"这个观念形象，在刑法考察中，这是思考的起点，"如果人们愿意在刑法思考中进一步考察，那么就应该优先在指导形象集合中予以考虑"。[①] 作为观念形象，构成要件在"逻辑上先于其所属的犯罪类型"，在刑法思考中，"所有后续研究都有赖于该问题的解决，该问题本身相对其解决的答案则具有独立性。"故此，构成要件作为观念形象，既具有独立

---

① ［德］恩施特·贝林：《构成要件理论》，王安异译，中国人民公安大学出版社2006年版，第5—
6、9、30页。

性，又具有先在性，是必须放在第一位考虑的。

另外，贝林还认为，将构成要件放在犯罪论体系的第一位考虑，也符合法律和道德的区分。构成要件判断是一种客观的事实确认，要确认一个行为是否和法律规定的客观行为特征相符合，而违法性判断则是一种主观的道德评价。在犯罪判断中，"这种思考只有将'客观的要素'确定为已发生事象时才是清楚的。从主观到客观要素的适用，司法上并不是以此为基本考察，该考察虽符合对人们行为道德的考察，但不符合法律的本意，法律在社会生活中是直接规范外在要素，只是结合外在要素才间接考虑内在心理要素。"[1]犯罪的判断，必须优先考虑客观的观念形象。由于不法判断是犯罪判断的一个环节，在贝林理论基础上发展出来的双层不法评价理论认为，不法的判断也必须优先考虑客观的观念形象。

除贝林提供的理由外，现今刑法学说将构成要件符合性放在第一位考虑，主要是基于罪刑法定原则贯彻的考虑。因为只有具有构成要件符合性的行为才可能是不法行为，在不法判断的第一步就将不符合构成要件的行为排除，不将不具有可罚性的行为纳入不法评价范围，这就能够实现"法无明文规定不为罪"的理念。

但是，构成要件优位的说法并不合理，早在鲍姆加腾和绍尔的时代，他们就发现了构成要件和违法性之间具有一种"共生和相互渗透的关系"，[2]这一关系决定了构成要件优位考虑的设想既不合理，也不可能实现。

西原春夫在对构成要件的价值性特征进行深入研究的基础上，总结了四种情况：其一，构成要件要么是由规范构成要件要素，要么是由描述性构成要件要素组成，对于规范性构成要件要素的认定，必须以违法性的判断为前

---

① ［德］恩施特·贝林：《构成要件理论》，王安异译，中国人民公安大学出版社 2006 年版，第 31 页。

② ［德］恩施特·贝林：《构成要件理论》，王安异译，中国人民公安大学出版社 2006 年版，第 26 页。

提。而即使对于描述性要素，很多情况下也要进行缩小解释或者扩张解释，这种情况下，构成要件符合性的判断也是以违法性的判断为前提的。其二，对于社会相当行为，具有社会相当性也意味着要否定构成要件符合性，这种情况有必要以违法性判断为前提进行。其三，对于不作为犯，特别是不纯正不作为犯，在确定构成要件符合性之前，有必要事先确定行为人是否存在作为义务违反，这就有必要进行违法性判断。其四，对于过失犯，在确定构成要件符合性之前，要确定行为人是否具有注意义务，而注意义务实际就是一种违法性判断。至此，结论只能是，构成要件符合性的判断本来就是以违法性判断为前提的，或者至少应当说构成要件和违法性之间存在着一种"表里关系"。①

根据双层不法评价理论的见解，违法性的判断不能以缺少构成要件事实为前提，构成要件事实为进一步的违法性判断提供了评价对象和评价材料。而根据西原春夫等的研究可知，构成要件的判断也离不开违法性判断的协助，没有违法性判断，构成要件判断也就无法开展。所以，构成要件和违法性之间实际上存在一种相互交织、相互渗透、互为表里、相辅相成、相互为用的剪不断的关系。可以说，在不法判断中，脱离构成要件的违法性是没有意义的，而脱离违法性的构成要件也是无法存在的。也许我们可以抽象地从理论上为犯罪类型人为地营造一个客观的"观念形象"，设置以客观中立的特性。但是，就实际的来源而言，就构成要件和违法性背后存在的实体而言，这种客观的"观念形象"不可能存在；而且，实际应用和不法评价中，这种客观的"观念形象"也没有实践的价值。日本刑法学者小野清一郎认为，贝林所谓"观念形象"的构成要件概念，"多少已经堕入抽象性的、纯学术性的概念中去，从而失去了实定法的意义。我们的构成要件理论，并不是法实证主义

---

① ［日］西原春夫：《犯罪实行行为论》，戴波、江溯译，北京大学出版社 2006 年版，第 74—75 页。

的，但也不应该离开实定法的立场。构成要件概念一旦失去实定法的意义，构成要件理论就不再是实定法的理论，同时也无法保障作为它的特色之一的体系性结构的确定性。"①

所以，要保持构成要件在现实生活中的意义，要保持构成要件的实定法意义，就不能无视构成要件和违法性之间存在的特殊关系纽带。用负面构成要件要素理论的语言来讲，也就是以反映和评价不法为中心，不法不可或缺的两个要素，即正面构成要件要素和负面构成要件要素之间存在着一种相互交织、相互渗透、互为表里、相辅相成、相互为用的关系。正因为这种独特的"相互"关系存在，使得在不法的呈现和不法的评价中，正面构成要件要素和负面构成要件要素作为一个单独的实体都没有存在的意义。脱离正面构成要件要素的负面构成要件要素，是没有对象和缺乏基本素材的；脱离负面构成要件要素的正面构成要件要素，就缺少了判断的前提或至少是缺少了自我呈现的协助者。因此，正面构成要件要素和负面构成要件要素必须同时存在，你中有我，我中有你，作为一个不可分割的整体而存在。

负面构成要件要素理论正是抓住了正面构成要件要素和负面构成要件要素之间存在着的这种"天然的""相互"关系，因而在扩大构成要件概念的基础上，将两者统一纳入构成要件容器中，使两者结合为一个整体。

当然，在负面构成要件要素理论基础上建立起来的构成要件，已不再是原来那个剔除了合法化事由的构成要件，而是一个完整包容正面构成要件要素和负面构成要件要素的整体性的构成要件。应当说，负面构成要件要素理论"名"和"实"并非完全相符的，因为这一理论中，实际上既包括"负面构成要件要素"，也包括"正面构成要件要素"，单纯称之为"负面构成要件要素理论"或"正面构成要件要素理论"，都有偏废一方之嫌。之所以当时的

---

① ［日］小野清一郎：《犯罪构成要件理论》，王泰译，中国人民公安大学出版社2004年版，第16页。

理论倡导者在命名之时没有统筹兼顾，也许是因为他的目的在于强调违法阻却事由也是一种构成要件要素。但是，在这种命名中，至少可以看出当时的命名者的理论视野还不够开阔、圆融，缺少了一种更上一层楼的眼光，他没有从更高的层次上提炼自己的理论核心命题。负面构成要件要素理论的核心命题不应是在于强调违法阻却事由也是一种构成要件要素，而应是在于强调该种构成要件理论是一种具有"整体观"的构成要件理论，是将所有不法要素看作一个整体建立起来的整体不法评价理论。因此，相应的构成要件既不宜命名为"负面构成要件"，也不宜命名为"正面构成要件"，而应是"整体构成要件"。后来，德国刑法学者朗-欣里希森（Lang Hinrichsen）将该种理论正式命名为"整体构成要件（Gesamttatbestand）"理论。整体不法评价理论发展到今天，为了突出"整体构成要件"这一"构成要件"的任务是为了评价不法，有越来越多的学者便将"整体构成要件"称为"整体不法构成要件（der Gesant-Unrechtstatbestand）"。在提出"整体构成要件"之后，整体不法评价思想就找到了真正属于自己的核心概念，找到了自己灵魂的载体；而当提出了"整体不法构成要件"，这意味着整体不法评价思路进一步走向了深化并逐渐成熟。

五、整体不法评价理论的形成

以上是整体不法评价理论发展的基本路径推演，从中可以发现，构成要件理论经历了从客观的"观念形象"到正面不法要素，再到真正的不法类型的发展历程。当对构成要件的认识发展到了真正的不法类型这一步，就形成了整体不法评价理论。这一发展路径的推演，展示了整体不法评价理论形成的种种前提条件。当前面的各种要素齐备，后面就会自然而然地提出整体不法评价理论。因此，这一推演过程是以一种直线的方式勾勒了整体不法评价理论的大致形成规律。在这一推演过程中，我们策略性地暂时舍弃了一些整体不法评价理论发展的重要事实，以致从中看不到这一理论的历史渊源。笔者认为不应当吝惜笔墨，有必要简单阐述一下该理论的发展过程，给读者一个更清晰的印象。

简言之，整体不法评价理论经历了从负面构成要件要素理论到整体不法构成要件理论的发展过程。

（一）负面构成要件要素理论

在德国刑法学界，很早就产生了整体不法评价思想火花。19 世纪的德国刑法学者梅克尔（Adolf Merkel，1836—1896）首次倡导负面构成要件要素理论。他之所以倡导这一理论，是因为他发现在不法评价中，只有当构成要件所描述的形成不法要素和合法化事由所描述的排除不法要素交互作用，才能得出最终的不法判断结论。因而，他认为之所以刑法上将合法化事由规定在总则当中，而不规定在分则罪状所描述的构成要件当中，完全是出于立法技术上的理由。因为所有的不法行为，其合法化事由都是基本相同的，要么是正当防卫，要么是紧急避险或者是其他正当事由，将这些相同的合法化事由规定在刑法分则各条的罪状当中，只是一种简单重复，难免烦琐累赘，因而干脆统一规定于总则当中，这样就符合了立法的技术需要。但事实上，合法化事由和罪状中规定的其他不法特征一样，都属于构成要件的内容。[①]

梅克尔所提出的负面构成要件要素理论沉寂多年。"这一理论显得比较突出，是 1913 年鲍姆加腾在其教科书中明确采用这种理论之时。"[②]1913 年，德国刑法学者鲍姆加腾在其《犯罪论结构》一书中提出，构成要件既包括原来

---

① 林山田:《刑法通论（上册）》，北京大学出版社 2012 年版，第 162 页。

② ［日］西原春夫:《犯罪实行行为论》，戴波、江溯译，北京大学出版社 2006 年版，第 43 页。

属于构成要件的内容，同时也包括违法阻却事由的内容。[①]他认为，"构成要件的概念是与故意相关的全体犯罪要素，这里不仅包括记载于刑法典分则之中的犯罪要素，而且包括分则中并未规定的违法阻却要素。"[②]鲍姆加腾之所以提出这一观点，理由在于：其一，构成要件的内容和违法性的内容，本来都是表明不法属性的"同质性之事物"；其二，立法上之所以将构成要件的内容一般规定于刑法分则各条文，而违法性的内容一般规定于刑法总则之中，这完全是出于立法技术的需要；其三，如果"在构成要件之外，另外再承认有所谓的违法性之特殊要素"，"将会对于'犯罪'势必要'再额外的'复称之为'违法的'"；其四，将构成要件称为正面要素，违法阻却事由称为负面要素，"亦无不可相容"。因此，正面要素和负面要素完全可以"统合"到一个统一的构成要件中。[③]其中的"正面要素"，即为正面构成要件要素，"负面要素"，即为负面构成要件要素。

鲍姆加腾在其教科书中采用了负面构成要件要素理论，用以统一全书，这也就意味着负面构成要件要素理论初步实现了体系化，形成了完整的理论体系。但是，由于传统构成要件理论和违法性理论的统治地位，尽管部分学者对新近产生的负面构成要件要素理论表示了关注，更多学者还是选择了继续开发传统理论。因此，鲍姆加腾的消极构成要件要素理论在当时并"未得到学界的广泛赞同"，学者们一般还是拒绝将违法性阻却事由纳入构成要件中。[④]

是第二次世界大战后德国刑法学界一场关于容许构成要件错误性质归属

[①] 陈志龙：《开放性构成要件理论——探讨构成要件与违法性之关系》，载《国立台湾大学法学论丛》第21卷第1期（1991年12月），第160页。

[②] ［日］西原春夫：《犯罪实行行为论》，戴波、江溯译，北京大学出版社2006年版，第43页。

[③] 陈志龙：《开放性构成要件理论——探讨构成要件与违法性之关系》，载《国立台湾大学法学论丛》第21卷第1期（1991年12月），第160页。

[④] ［日］西原春夫：《犯罪实行行为论》，戴波、江溯译，北京大学出版社2006年版，第44页。

的讨论，燃起了对负面构成要件要素理论的争论之火。所谓容许构成要件错误，即行为人存在违法阻却事由错误，"假想阻却违法"，行为人自认为其行为并无不法，然而，事实上却不存在阻却违法的前提事实，如假想防卫就是一个例子。[①] 德国在错误论上流行将错误分为构成要件错误和禁止错误，[②] 构成要件错误阻却故意，而禁止错误则不阻却故意。因为德国刑法学界一般认为违法阻却事由事实前提的错误是阻却故意的事实错误，应当归属于构成要件错误。由此可见，违法阻却事由的不存在是属于构成要件的内容。另又由于违法阻却事由的不存在是一种消极的不法事实，它的作用是证明不法不能成立，因此，学界顺之就将违法阻却事由不存在称为消极构成要件要素。在实务界，德国第一刑事部 1952 年 6 月 6 日（BGHSt3-105）、7 月 1 日（BGHSt3-194）等的各个刑事判决，通过将容许构成要件错误解释为构成要件错误，从而在司法实务领域肯定了负面构成要件要素理论。在错误论领域，构成要件错误和禁止错误的分类方法是威尔泽尔在传统分类方法的基础上提出来的。威尔泽尔并不认同理论界和实务界将违法阻却事由错误归属于构成要件错误，而认为应当属于禁止错误。从而，他认为，违法阻却事由的不存在并非构成要件的内容，而应属于违法性评价的内容。威尔泽尔对负面构成要件要素理论也是持否定态度。[③]

（二）整体构成要件理论

在负面构成要件要素理论的基础上，德国刑法学者朗－欣里希森（Lang Hinrichsen）又向前迈了一步。朗－欣里希森在 20 世纪 50 年代认为："如果

---

① ［德］冈特·施特拉腾韦特、洛塔尔·库伦：《刑法总论——犯罪论》，杨萌译，法律出版社 2006 年版，第 198 页。

② 刘明祥：《刑法中错误论》，中国检察出版社 2004 年版，第 21 页。

③ ［日］西原春夫：《犯罪实行行为论》，戴波、江溯译，北京大学出版社 2006 年版，第 44 页。

构成要件能作为不法之根据，则必须含有全部的不法要素，而不能只有部分的不法要素。"[1] 朗-欣里希森提炼了一个能够同时包容正面构成要件要素和负面构成要件要素的扩展版的构成要件，这就是"整体构成要件"概念的提出。朗-欣里希森认为，只有那种能够同时包容反映和评价不法的所有要素的"整体构成要件"，才能真正实现"构成要件是不法的存在根据""构成要件是不法类型"的设想，因此，正确的构成要件应当包括所有决定不法的要素，而不只是包含其中的某一部分。[2] 他将分层不法论中的构成要件要素、构成要件的补充要素、行为义务要素、合法化事由要素，全部融入到"整体构成要件"中。[3] 在新的"整体构成要件"范围里，正面构成要件要素和负面构成要件要素都成了构成要件的下位概念，都只是整体构成要件的一部分。

德国刑法学者克劳斯·罗克辛（Claus Roxin）也曾是整体不法评价理论的支持者，他也曾倾向于构成要件阶层和违法性阶层合一。[4] 罗克辛认为，不法通过罪状反映于构成要件所阐述特征当中，构成要件是记述和反映不法的载体；对于不法的反映和评价而言，构成要件是不法类型。当然，展示构成要件内容的刑法规范不仅指刑法分则所规定的罪状内容，刑法分则所规定的罪状内容是不充分、不完整的构成要件；除此之外，构成要件的内容不仅包括了刑法分则未规定的保证人地位问题、违法阻却事由，甚至还包括了超法规的正当化事由。总之，所有能反映和说明不法的要素都应统一归于构成要

---

① 参见陈志龙：《开放性构成要件理论——探讨构成要件与违法性之关系》，载《国立台湾大学法学论丛》第 21 卷第 1 期（1991 年 12 月），第 165—166 页。

② 参见刘艳红：《开放的犯罪构成要件理论研究》，中国政法大学出版社 2002 年版，第 53 页。

③ 郑军男：《德日构成要件理论的嬗变——贝林及其之后的发展》，载《当代法学》2009 年第 6 期，第 68 页。

④ 许玉秀：《当代刑法思潮》，中国民主法制出版社 2005 年版，第 87—88 页。

件中。① 另外，从规范属性上讲，由于构成要件所代表的禁止规范和违法性所代表的容许规范，两者"并不是清晰干净地分布在构成要件和违法性上面，那么将这犬牙交错地相互嵌入的两个部分（构成要件和违法性）组合成一个概念——不法构成要件，就是合适的了"。因此，罗克辛表明其立场，"我是赞成朗－欣里希森（Lang-Hinrichsen）……的观点的，就像我在我的著作《开放的构成要件和法律义务要素》（*Offese Tatbestände und Rechtsplicht-merkmale*）……中所提出的那样"。②《开放的构成要件和法律义务要素》（*Offese Tatbestände und Rechtsplicht-merkmale*）一书，是罗克辛 1959 年完成的博士论文。以上引文中的"不法构成要件"，也即是"整体不法构成要件"。罗克辛在其博士论文中响应了"扩充的整体不法构成要件理论"，③但是，在其后来出版的德国刑法教科书中并没有坚持这一理论。④

据西原春夫所述，现在的德国，整体不法评价理论是一派兴旺气象，就大体趋势来看，学界"暂时倾向于承认"并"开始欢迎"这一不法评价方法。如施罗德（Schröder）、阿图尔·考夫曼（Arthur Kaufmann）、韦伯（Von Weber）、沙夫斯泰因（Schffstein）、恩吉施（Engisch）等学者都对这种理论表达了支持立场，都认为所有反映和评价不法的要素都应纳入构成要件中。⑤恩吉施"所持的构成要件概念已经能够作为'有责性判断的标的物'"，但是，

---

① 郑军男：《德日构成要件理论的嬗变——贝林及其之后的发展》，载《当代法学》2009 年第 6 期，第 68 页。

② ［德］克劳斯·罗克辛：《刑事政策与刑法体系（第二版）》，蔡桂生译，中国人民大学出版社 2011年版，第 32 页注。

③ ［德］许逎曼：《不移不惑献身法与正义——许逎曼教授刑事法论文选辑》，许玉秀、陈志辉合编，新学林出版股份有限公司 2006 年版，第 434 页。

④ ［德］克劳斯·罗克辛：《德国刑法学总论（第 1 卷）——犯罪原理的基础构造》，王世洲译，法律出版社 2005 年版，第 186—188 页。

⑤ ［日］西原春夫：《犯罪实行行为论》，戴波、江溯译，北京大学出版社 2006 年版，第 45—46 页。

什么样的构成要件才能称为"有责性判断的标的物"？犯罪是由不法和罪责两个层次构成，由此，作为"有责性判断的标的物"的构成要件必然包括了所有不法要素，既包括正面不法要素，也包括负面不法要素。"此种构成要件概念能够包括故意行为的不法要素外，并且对过失行为之不法要素等亦能作为基础"。[①] 韦伯和阿图尔·考夫曼"也基本同意"了恩吉施的看法，认为"构成要件在包含了全部的不法要素的意义上，应该成为有责性判断的标的物。"[②] 又据学界考察，德国学者弗朗克（Frank）也支持整体不法评价思路，他认为违法阻却事由是构成要件之一，是负面构成要件要素。该学说在日本得到了植田重正、中义胜等人的支持。不过，在德国该理论也有不少反对者，日本的通说也否定了该理论。[③] 据张明楷教授所述，整体不法评价理论的发展态势并不乐观，因为"消极的构成要件要素理论在德国走向衰退、消亡"。[④] 西原春夫持"欢迎"论，张明楷教授持"衰退、消亡"论，各持一端，那么，整体不法评价理论真正的发展态势到底如何？

同一评价对象，因为掌握资料的多寡有异，评价视角不同，对其发展态势的预测也会因人而异。对整体不法评价理论，有人持"欢迎"论，有人持"衰退、消亡"论，这都不足为怪。关键的是，有道理、合乎逻辑的科学理论自然会有长足的生命力，这样的理论，纵使今天只有一少部分人支持，而在明天也会迸发出蓬勃生机；而那些不合乎逻辑的科学理论终将会走向衰败，成为过眼云烟。深入研究整体不法评价理论，会发现这一理论是合乎道理、合乎不法评价基本逻辑的科学理论，因而是有进一步深挖价值的。

---

① 陈志龙：《开放性构成要件理论——探讨构成要件与违法性之关系》，载《国立台湾大学法学论丛》第 21 卷第 1 期（1991 年 12 月），第 161 页。

② 杜宇：《犯罪论结构的另一种叙事——消极性构成要件理论研究》，载陈兴良主编：《刑事法评论》第 13 卷，中国政法大学 2003 年版，第 29 页。

③ 赵秉志主编：《外国刑法原理（大陆法系）》，中国人民大学出版社 2000 年版，第 96 页。

④ 张明楷：《外国刑法纲要（第二版）》，清华大学出版社 2007 年版，第 77 页。

第三章　整体不法思想的犯罪论体系构架

一、二阶层体系框架构建

（一）逻辑起点和基本要求

在对行为的不法性质评价中，整体不法评价理论将构成要件判断和违法性判断融于一体，并分别将之改造为同等重要、互为表里、不分先后的不法正面构成要件要素和负面构成要件要素。在这种改造中，负面构成要件要素所承载的内容还是违法性判断的内容，此中需要评价的基本上还是古典犯罪论体系中所言的违法阻却事由或是合法化事由。但与此不同的是，正面构成要件要素所承载的内容并不同于古典犯罪论体系中构成要件的内容。古典犯罪论体系中，构成要件是客观记述性的价值中立的观念形象，其中不包含主观构成要件要素，而整体不法评价的正面构成要件要素却在古典构成要件的基础上，增添了主观构成要件要素的内容，正面构成要件要素是客观要素和主观要素的结合体。

整体不法评价方法的显著特点，一是不法评价二要素，正面构成要件要素和负面构成要件要素，同等重要，不分先后；二是正面构成要件要素由主观要素和客观要素合成。之所以能够如此，是因为整体不法评价理论的四个基本逻辑起点。

逻辑起点之一，整体不法评价理论认为：不包括主观要素的所谓客观构成要件不可能是反映和评价不法性质的实体，构成要件（正面构成要件要素）的内容应当是主观要素和客观要素的合体，客观要素和主观要素不可拆分。

古典犯罪论体系认为构成要件是犯罪类型的客观观念形象，该一观念形象完全由客观要素组成；作为犯罪轮廓的客观构成要件，[①] 它并不是反映行为不法性质的要素，它的作用只是为不法评价提供一个评价对象，符合构成要件的客观行为事实就是不法评价的对象。确认不法性质是一种评价性活动，而客观构成要件符合性判断程序则是一种直观的事实确认活动，不具有评价性；在构成要件为不法评价提供评价对象后，具体不法评价任务应当完全委诸违法性评价程序来完成。

但是，古典犯罪论体系对客观构成要件功能的假设存在明显问题，客观构成要件不能为不法评价提供完整的评价对象。比如，我国《刑法》第152条规定，"以牟利或者传播为目的，走私淫秽的影片、录像带、录音带、图片、书刊或者其他淫秽物品的"，是走私淫秽物品罪。根据古典犯罪论体系，走私淫秽物品不法行为的客观构成要件是"走私淫秽的影片、录像带、录音带、图片、书刊或者其他淫秽物品的"行为事实，这一行为事实就是不法评价的对象；如没有违法阻却事由，根据该一事实就可认定行为具有走私淫秽物品罪的不法性。纵使承认古典犯罪论体系所谓的构成要件是不法评价对象之观点，但按照《刑法》第152条的规定，走私淫秽物品罪的不法评价对象不应是"走私淫秽的影片、录像带、录音带、图片、书刊或者其他淫秽物品的"行为事实，而应是"以牟利或者传播为目的，走私淫秽的影片、录像带、

---

① 林东茂：《刑法综览（修订五版）》，中国人民大学出版社 2009 年版，第 38 页。

录音带、图片、书刊或者其他淫秽物品的"行为事实，古典犯罪论体系中的不法评价对象明显缺少了"以牟利或者传播为目的"这一法定的主观要素。所以，古典的客观构成要件只能为不法评价提供缺少主观要素的不完整评价对象。不法评价的完整对象，必须是客观要素和主观要素结合的完整行为事实。整体不法评价理论认为，如果要维持构成要件作为评价对象的地位，那么，符合这种要求的构成要件就应当是客观要素和主观要素的结合体。

而且，构成要件中的客观要素和主观要素具有不可拆分的性质。依照认知心理学的基本原理，意志支配了行为流程，行为意志是依照行为对象的构造而活动的，因此，不同活动状态的形成，不仅是行为本身作用的结果，而且是深入渗透在行为中的意志发挥作用的结果。在形成不法状态的过程中，各种力量都发挥了不可拆分的作用。如此，整体不法评价理论认为，对呈现不法状态的构成要件来说，构成要件特征的形成既包括客观构成要件要素的作用结果，也包括主观构成要件要素的作用结果；对于一个完整的构成要件，客观构成要件要素和主观构成要件要素是不可能被拆分的。贝林将客观构成要件要素从完整的构成要件中拆分出来，意图以之作为一个独立的存在实体，以之作为犯罪类型的指导形象，这既不科学，也不具有可能性。"主观构成要件和客观构成要件不能拆开的结论，表示不法不全然是客观的，行为的内在面也具有不法的特质，换言之，不法的评价对象也包括行为的内在（主观）面，而所谓客观构成要件决定于主观的运作，更是表明客观不法决定于主观不法"。① 罗克辛认为，"根据客观和主观的特征对犯罪因素所作的二分法，今天在德国，已经被放弃了"。将主观不法要素和客观不法要素拆分开来处理，具有显而易见的缺点，比如，刑法上"就不存在人们可以作为刑法性不法来标记的'客观的'盗窃。一个在主观上没有违法占有目的的拿走的行为，只

---

① 许玉秀:《当代刑法思潮》，中国民主法制出版社 2005 年版，第 74—75 页。

能单纯的使人失去占有，这在刑法上是没有意义的，也不是盗窃的不法。一个性强制，在行为人没有性动机时，就难以想象可以作为'客观上的性犯罪'。还有未遂的不法，在不考虑行为人主观上想要得到的是什么时，其客观方面也是不能被评价的。"①

逻辑起点之二，整体不法评价理论认为：构成要件和违法共同组成不法，一个是正面不法要素（正面构成要件要素），一个是负面不法要素（负面构成要件要素）。

任何不法状态，必然都是由确立不法的要素和排除不法的要素共同形成。排除不法的要素，也即是违法阻却事由；确立不法的要素，也即是能够证明不法存在的要素。在走私淫秽物品罪中，"以牟利或者传播为目的"的主观要素，以"走私淫秽的影片、录像带、录音带、图片、书刊或者其他淫秽物品的"客观事实，都能够证明不法存在的要素，因而该主观要素和客观要素都是确立不法的要素。而且，由于这些确立不法的要素的认定过程中，比如，对于什么是"牟利目的"，什么是"传播目的"，什么是"淫秽物品"的解释，无不需要规范评价的协助；因而，这种"确立不法"的过程，也即是评价不法的过程。确立不法的要素，就是能够反映不法并能用以评价不法的要素；确立不法的要素，也是不法评价要素。确立不法的要素和排除不法的要素都是不法评价要素，一个是正面不法评价要素，一个是负面不法评价要素，不法结论是建立在对这两个要素结合评价基础上的。确立不法的要素也即是包括主观要素和客观要素结合的构成要件，排除不法的要素也即是违法性，故此，构成要件和违法性共同组成了不法，一个是正面不法要素（正面构成要件要素），一个是负面不法要素（负面构成要件要素）。

---

① ［德］克劳斯·罗克辛：《德国犯罪理论的发展与现代趋势》，载《明德刑法学名家讲演录（第1卷）》，北京大学出版社 2009 年版，第 104 页。

　　逻辑起点之三，整体不法评价理论：构成要件符合性确认也是一种评价活动，构成要件评价和违法性评价无法区分、不分先后。

　　构成要件并非是客观记述性的，而是充满了价值性、规范性要素，如走私淫秽物品罪构成要件中的"牟利和传播目的""淫秽物品"无不需要联系法律规范和社会生活实际进行扩展理解。可以说，没有规范性理解，没有评价性把握，就不可能确认行为是否具有构成要件符合性，构成要件符合性的确认是一种评价性活动，构成要件的判断并不是单单根据直觉就可以确定的。规范性理解、借助法律秩序状况的协助，往往是构成要件符合性判断阶段的前提性要素。"对于规范的构成要件要素，必须以特定的违法性为导向进行判断"。[①]因此，构成要件为违法性判断提供了素材和对象，而违法性为构成要件的判断提供了规范和价值前提，不法评价中，构成要件和违法性无法区分、不分先后。

　　逻辑起点之四，整体不法评价理论认为，构成要件是不法类型，构成要件是主观构成要件要素和客观构成要件要素的结合体。

　　整体不法评价理论清楚地诠释了"构成要件是不法类型"的含义。整体不法评价理论扩张了原构成要件的含义范围，坚持认为构成要件是不法类型的全面记述，是不法类型的存在实体，是不法类型的载体和存在根据。因此，整体不法视角下的构成要件涵盖了所有能够说明不法和否定不法的内容。整体不法将所有确立不法和排除不法的要素都归纳到"整体（不法）构成要件"中，确立不法的要素是包括主客观要素的一般所谓构成要件（正面构成要件要素）的内容，而排除不法的要素是违法性（负面构成要件要素）的内容。考虑到传统的构成要件和违法性，一个是正面不法要素，一个是负面不法要素，因此，在"整体（不法）构成要件"中，分别称之为正面构成要件要素

---

① 张明楷：《规范性构成要件要素》，载《法学研究》2007年第6期，第88页。

和负面构成要件要素。在包揽了所有说明不法和否定不法的要素之后，"整体不法构成要件"就成了判断行为是否具有不法性的唯一标准。对此，约翰内斯·韦塞尔斯认为，"整体－不法构成要件试图把所有确立不法成立和排除不法的特征皆包揽其内。这个整体－不法构成要件概念的功能，被认为在于对具体案件完整地确立了合法与不法的界限"。①

根据这四个基本逻辑起点，我们可以得出整体不法评价理论的一些重要结论：其一，在整体不法评价视野，所谓客观的构成要件是不可能存在的；在"整体构成要件"语言体系中被称为正面构成要件要素的，应当是不可拆分的客观要素和主观要素的结合体；其二，不法评价中，构成要件评价和违法性评价，也即是正面构成要件要素的评价和负面构成要件要素的评价，是无法区分、不分先后的；其三，对于不法而言，单独的正面构成要件要素或单独的负面构成要件要素都不具有独立存在意义；正面构成要件要素和负面构成要件要素是共同说明不法的，其共同的上位概念是"不法"，只有相互融合在不法之中，正面构成要件要素和负面构成要件要素的无间结合才具有不法意义。

这几个重要结论正是整体不法评价理论对犯罪论体系建构提出的基本要求。根据整体不法评价思维，可以建立多种多样的犯罪论体系，但是，所有的整体不法评价体系必须符合这三个基本要求。只有符合这三个基本要求的体系，才可能是真正根据整体不法评价思路建立的犯罪论体系；反之，正如下文所批判的一样，那些表面上符合整体不法评价思路，而实际上却不符合这些基本要求的体系，就不是真正根据整体不法评价思路建立的犯罪论体系；在此基础上建立的貌似的整体不法评价方法，也实际上只是双层不法评价方法的翻版，而绝不是整体不法评价方法。

---

① ［德］约翰内斯·韦塞尔斯：《德国刑法总论》，李昌珂译，法律出版社 2008 年版，第 72 页。

（二）"不法（整体不法构成要件）－罪责"二阶层体系

对于一种行为是否构成犯罪的判断，是一个体系性的思考和评价过程，这一特殊的思考和评价刑法学理上称为"犯罪论"；这一思考、评价过程所呈现的结构，学理上又称为"犯罪论体系"。[①] 站在不同的视角和不同的理论立场，对犯罪的判断就会采用不同的思考、评价程序，这些不同的程序就形成了各不相同的犯罪论体系。纵观大陆法系刑法犯罪论发展史，基本的犯罪论体系可概括为古典犯罪论体系、新古典犯罪论体系和目的论犯罪论体系。[②] 自古典犯罪论体系的倡导者贝林和李斯特以来，三大基本犯罪论体系一般都认为，犯罪是"符合犯罪构成的，违法的和有责的行为"，[③] 相应的犯罪论体系一般就表述为"构成要件符合性－违法性－有责性"三阶层体系。

三大体系的三阶层犯罪论体系基本构架是相同的，不同点只在于认为组成各阶层要素具有不同。首先，古典犯罪论体系认为构成要件是客观中性的，不包括主观性、规范性要素，违法性评价也是客观的，只有责任评价是主观的。其次，新古典犯罪论体系则发现了在某些犯罪，如目的犯、表现犯、倾

[①]　林东茂：《刑法综览（修订五版）》，中国人民大学出版社 2009 年版，第 33 页。

[②]　林山田：《刑法通论（上册）》，北京大学出版社 2012 年版，第 112—116 页。也有学者认为，基本的犯罪论体系还有目的理性犯罪论体系。但笔者认为，目的理性体系只是对客观构成要件要素以及责任的认定方式有一些创新和补充，其目的论犯罪论体系并无本质不同。对客观构成要件要素的认识提出了客观归责理论，另在责任层次将"责任"概念扩展为"负责"。见［德］克劳斯·罗克辛：《刑事政策与刑法体系（第二版）》，蔡桂生译，中国人民大学出版社 2011 年版，第 22—48 页。林山田也认为，"犯罪理论的演进至目的犯罪理论，基本体系结构也已成熟定形，接下来学者的论述，只是对于枝节部分的修正或补充，主要的例如罗克辛提出的目的理性刑法体系，虽然对于目的犯罪理论有所创新，但是仍然不脱目的犯罪理论的体系与结构。"林山田：《刑法通论（上册）》，北京大学出版社 2012 年版，第 114 页注 [21]。

[③]　［德］弗兰茨·冯·李斯特：《德国刑法教科书》，徐久生译，法律出版社 2000 年版，第 169 页。

向犯中，具有主观违法要素，这些"主观不法要素是构成犯罪类型的类型要素，不能不认为属于构成要件"；新古典犯罪论体系同时也发现了构成要件中存在必不可少的规范性要素。因而，虽然不能说新古典犯罪论体系全面认可了"主观的不法构成要件要素"的存在，但是，该一体系对古典犯罪论体系认为构成要件是"中性""客观"的这一特质明显产生了合理怀疑。[①] 最后，目的论犯罪论体系认为人的行为具有其目的性，[②] 从而，该体系全面地认可了主观构成要件要素，并同时"将所有主观要素归入违法性，而罪责被大大地规范化，不再包含主观要素"。[③] 就体系构架来看，对于不法评价，三阶层体系，不管是古典三阶层犯罪论体系、新古典三阶层犯罪论体系，还是目的论三阶层犯罪论体系，都是将其分为"构成要件符合性－违法性"两个阶层进行。尽管贝林不承认构成要件有不法评价功能，但是，他承认了构成要件能够为不法评价提供对象和素材，因而这也等于变相承认了构成要件的不法评价功能。只要坚持三阶层犯罪论体系，对于不法评价必然是划分为构成要件符合性和违法性二阶层进行的。

对这种双层不法评价方法，整体不法评价论是持反对态度的。正如上文的结论所言，整体不法评价理论认为，对于不法而言，单独的构成要件判断或违法性判断，也即是单独的正面构成要件要素判断或单独的负面构成要件要素判断，都是没有意义的，都不能完整地说明不法的性质；正面构成要件要素和负面构成要件要素必须组合起来评价，才具有说明不法的可能性。因此，单独的构成要件概念或者违法性概念都不是具有不法评价体系意义的概念，正面构成要件要素和负面构成要件要素的结合才能说明完整的不法类型；

---

① 许玉秀：《当代刑法思潮》，中国民主法制出版社 2005 年版，第 66—67 页。

② Hans Welzel：《目的的行为论序说》，[日] 福田平、大塚仁译，有斐阁 1962 年版，第 1 页。

③ [德] 托马斯·李旭特：《德国犯罪理论体系概述》，赵阳译，载《政法论坛》2004 年第 4 期，第 56 页。

只有正面构成要件要素和负面构成要件要素共同组成的上位概念，即"不法"概念，才具有意义。因此，在犯罪论体系中，应当将构成要件和违法性统合于"整体不法构成要件"中，用整体不法构成要件概念取代原来的构成要件概念和违法性概念。整体不法构成要件即是不法类型，它来源于刑事不法并成了不法的载体，它完整地反映和说明了不法；不法评价中，直接根据整体不法构成要件就能说明行为的不法性质。将构成要件和违法性合二为一统归于整体不法构成要件之后，三阶层的犯罪论体系就应当变更为"整体不法构成要件－罪责"的二阶层体系。① 在体系表述上，学界一般习惯性地将"整体不法构成要件"简称为"不法"，因此，整体不法评价理论所坚持的犯罪论体系基本框架也称为"不法－罪责"的二阶层体系。

二、新古典二阶层体系

不法与罪责的二阶层犯罪论体系经历了不同的发展阶段。大体而言，与新古典犯罪论体系和目的论犯罪论体系的发展相似，二阶层犯罪论体系也经历了这两个发展时期。无论是新古典犯罪论体系还是目的论犯罪论体系，它们坚持的"基本"犯罪论体系构造是三阶层的"构成要件符合性－违法性－有责性"；但在"基本"犯罪论体系构造之外，还存在旁枝，这就是"非基本"的犯罪论体系构造，二阶层犯罪论体系即"不法－罪责"体系。首先介绍新古典二阶层犯罪论体系的基本体系构架和具体要素配置。

---

① 林钰雄：《构成要件之概念与学说》，载《月旦法学教室》第十期（2003 年 8 月），第 67 页。

（一）体系构架

"新古典犯罪构成理论只是一个概括的说法，在其内部，仍然有不同的分支。这种不同主要体现在判断犯罪成立的阶段是划分成两个阶层还是三个阶层。"[①] 古典犯罪论时期的理论发展，为新古典时期二阶层犯罪论体系的初步形成做了铺垫。古典犯罪论代表者之一的迈耶，[②] 发现了构成要件中存在一些主观要素和规范要素，出于维护古典犯罪论体系构成要件的客观性、记述性，迈耶并不承认这些要素是构成要件要素，但他却认可了这些要素是违法要素。到了新古典犯罪论体系时期，新理论的发现，为不法与罪责的二阶层犯罪论体系初步形成提供了理论基础支持。首先，新古典时期肯定了主观构成要件要素的存在，这就否定了构成要件单纯作为一个客观"观念形象"存在的可能性，构成要件应当是主观要素和客观要素的合体。其次，新古典时期肯定

---

① 车浩：《犯罪构成理论：从要素集合到阶层体系》，北京大学法学院刑事法学科群组编：《犯罪刑罚与人格：张文教授七十华诞贺岁集》，北京大学出版社 2009 年版，第 11 页。

② 关于迈耶是否为古典犯罪论体系的提倡者，学术上存在一定争议。有学者认为，迈耶发现了主观构成要件要素和规范构成要件要素，因而是新古典犯罪论体系代表；但也有学者认为，迈耶的理论实际上和贝林基本相同。见陈家林：《犯罪论体系之演变》，载《刑法论丛》2009 年第 3 卷，第100 页。笔者认为，迈耶虽然发现了主观构成要件要素和规范构成要件要素，但他认为这些要素是"非真正的构成要件要素"，而是"真正的违法要素"。因此，迈耶认为，构成要件依然是一个贝林时期的客观"观念形象"，在不法评价中，构成要件扮演的依然只有为不法评价提供材料和对象的角色。迈耶的构成要件不同于新古典时期学者对构成要件功能的预设，构成要件并不是不法的正面存在根据。因此，迈耶本质上还是一个古典犯罪论体系的代表者。大塚仁也认为，对构成要件和违法性关系的认识，迈耶的想法完全不同于新古典犯罪论体系的基本预设，"在麦耶的体系中，构成要件符合性和违法性分别作为犯罪成立的第一、第二要件，两者是并列的。而在梅茨格的体系中，在继行为之后被视为第二犯罪要件的'不法'的观念中包含着一体化了的构成要件符合性和违法性。"［日］大塚仁：《犯罪论的基本问题》，冯军译，中国政法大学出版社 1993年版，第 37 页。"麦耶"即"迈耶"，在看待构成要件和违法性的关系这个问题上，迈耶的想法和新古典犯罪论体系代表者梅茨格的想法是截然不同的，迈耶的想法基本上依然尘封在贝林的古典犯罪论体系时代。

了规范要素的存在，这就导致了对构成要件和违法性之间关系的新认识，构成要件和违法性之间存在着相互交织、互为前提的关系。最后，有学者提出了构成要件是不法类型的看法，试图扩大构成要件的内涵和外延，将构成要件改造为能够完全反映和说明不法的"整体构成要件"。在这种形势下，包含主客观构成要件要素的构成要件被认为是确立不法的正面构成要件要素，而违法性则被认为是排除不法的负面构成要件要素，正面构成要件要素和负面构成要件要素被整合在整体构成要件之下，共同说明不法。由此，新古典时期的部分学者将构成要件和违法性合并为不法阶层，用不法与罪责的二阶层体系代替了由构成要件、违法和罪责组成的三阶层体系。

但是，新古典时期的二阶层体系是具有极大局限性的。新古典犯罪论虽然在古典犯罪论的基础上迈出了一步，认为构成要件中存在着主观构成要件要素和规范构成要件要素，但是，它并没有肯定主观构成要件要素和规范构成要件要素存在的全面性和普遍性，而只是在一定范围内认可了构成要件中有这些要素的点缀。比如，主观构成要件要素，梅茨格主要是承认了表现犯的内心表现、倾向犯的内心倾向和目的犯的目的这些要素属于主观构成要件要素。另据学者叙述，梅茨格认为包含主观违法要素的并不止于此三种犯罪类型，他认为含有各种类型主观违法要素的构成要件是占绝大多数的。但同时，梅茨格还认为，虽然纯客观的构成要件只是少数，但也还是存在的。[1]又如，规范构成要件要素，梅茨格认为存在四种类型的规范性构成要件要素，一是需要依据经验和经验知识解读的"认知评价要素"；二是需要由法官来评判其意义内容的"法官把握意义的要素"；三是"需借助于法律评判

---

[1]　韩忠谟：《构成要件与刑法理论之体系》，载蔡墩铭主编：《刑法总纲论文选辑（上）》，五南图书出版公司 1988 年版，第 169 页。

的要素"，四是"需借助于文化评判的要素"。① 另一位德国刑法学者格林胡特（Grünhut）则认为，规范性构成要件要素可分为两种类型，一是物的他人性、缺乏狩猎权等"与实定规范秩序的思想相关的概念"；二是需要法官以生活经验、基本世界观原则协助理解的概念。② 作为新古典犯罪论体系坚持者的梅茨格和格林胡特，都认可了规范性构成要件要素的存在，但是，规范性构成要件要素的存在又是有限的，不是全面普遍的，并不是每一个犯罪的构成要件中都存在规范构成要件要素，也有些构成要件包含的只有记述性构成要件要素。

新古典犯罪论对主观构成要件要素和规范构成要件要素的保留会留下一些问题，从而导致不法与罪责二阶层犯罪论体系的建构无法彻底贯彻。一方面，因为还有一部分犯罪的构成要件是没有主观要素的，那么，也就意味着这些犯罪的构成要件是客观的。既然构成要件是客观的，也就意味着这些构成要件是可以作为犯罪类型的客观观念形象存在的。由此，作为客观观念形象的构成要件就不可能为不法评价提供完整的评价对象。另一方面，也有一部分犯罪的构成要件是没有规范要素的，其构成要件要素完全由记述性要素组成。如此又可以得出两个结论，一是此类犯罪的构成要件不具有评价性，构成要件符合性的确认凭借直观感觉即可完成；二是此类犯罪的构成要件确认不需要违法性评价的协助，因而构成要件和违法性之间没有一种相互交织、相互为用的关系，构成要件符合性的判断不需要以违法性作为前提条件。既然有一部分犯罪的构成要件可以作为客观观念形象，不具有评价性，那么，它就可以不参与不法评价而独立存在；既然有一部分犯罪的构成要件确认和违法性没有关系，那么，作为提供客观观念形象和判断材料的构成要件，就可以而且应当独立于违法性并

① 马克昌主编：《近代西方刑法学说史》，中国人民公安大学出版社 2008 年版，第 331—332 页。
② ［日］西原春夫：《犯罪实行行为论》，戴波、江溯译，北京大学出版社 2006 年版，第 39 页。

优先于违法性而存在。这样一来，在承认"不法－罪责"二阶层犯罪论体系之外，至少要认为对那些不具有主观构成要件和规范构成要件要素的犯罪，其犯罪论体系应当是"构成要件符合性－违法性－有责性"的三阶层体系。

所以，在新古典犯罪论时期，二阶层犯罪论体系还没有找到普及的理论基础，整体不法评价还只能针对部分犯罪设立，整体不法评价的二阶层犯罪论体系还只能适用于部分犯罪。

（二）具体要素配置

古典犯罪论体系是建立在这样的一种认识的基础上的："不法和罪责之间的关系就像犯罪的外部方面和内部方面的关系一样。根据这个认识，所有犯罪行为客观方面的条件，都属于行为构成和违法性，而罪责是作为所有主观方面的犯罪因素的总和而适用的。"① 古典三阶层的犯罪论体系中，坚守"不法是客观的，责任是主观的"的基本认识；不法结论，是在客观构成要件符合性判断提供不法评价对象的基础上，通过客观违法性评价得出的。构成要件和违法性中都不包含任何主观要素，构成要件中是清一色的客观构成要件要素，违法性中也不考虑行为人对违法阻却事由是否存在认识，具有客观不法性，有行为不法，不法即告成立。罪责认定中要考虑两方面问题，责任条件和责任形态，责任条件是看行为人是否具有责任能力，只有具有责任能力的人才有罪责；而责任形态则包括两种形式，一是故意责任；二是过失责任，只有具有故意或者过失的行为才需要承担责任。

在古典犯罪论的基础上，新古典犯罪论发现了一些能够说明不法性质和罪责性质的新的要素。将这些要素整合到犯罪论体系中，就形成了新古典犯

① ［德］克劳斯·罗克辛：《德国刑法学总论（第1卷）——犯罪原理的基础构造》，王世洲译，法律出版社2005年版，第121页。

罪论体系。

首先，如上文所述，在构成要件要素领域有了新的发现，除客观构成要件要素外，还存在着一些主观构成要件要素，这主要是目的犯中的目的、倾向犯中的内心倾向、表现犯中的内心表现，这些要素都具有主观性。

其次，在违法性领域发现并承认了超法规违法阻却事由。对超法规的违法阻却事由的承认是从超法规的紧急避险开始的。这源于德意志帝国法院1927年的一个判决。该案件中，被告人因婚外情而使患有抑郁症的妇女怀孕，该妇女因怀孕而有自杀的重大危险，为了保护妇女的生命，于是被告人请求医生为该妇女实施了堕胎手术。但在当时的德国堕胎是被禁止的，该妇女被以自己堕胎罪起诉，而被告人则是同意堕胎的间接正犯，也被起诉。因该堕胎行为的目的是为保护妇女的生命，那么，是否可以通过紧急避险免责？根据当时德国的刑法，作为责任阻却事由的紧急避险仅适用于陷入危险的本人或者本人的亲属，因此，孕妇可以适用这一规定而免责，但被告人则不适用这一规定。这具有明显的不合理性。于是，德意志帝国法院作出了一个具有重要意义的判决，判决认为，"刑法典中未规定的'作为违法阻却事由的紧急避险'，也即，超法规的紧急避险有被承认的余地"。这就通过判决的形式确认了紧急避险是超法规的违法阻却事由。

此后，通过民法典的利益衡量原则，超法规的违法阻却事由得到了较为普遍的承认。《德国民法典》规定，为了保护较大利益而牺牲较小利益的做法，可以通过利益衡量原理而获得正当化。因此，根据"法秩序的统一性要求"，"以刑法以外的法领域或者法秩序整体所承认的违法阻却事由也能够适用于刑法"领域，因此，利益衡量原则也应是刑法领域的超法规违法阻却事由。[①]

对于超法规违法阻却事由的正当性，学界是有争议的。超法规违法阻却事由并非刑法明文规定的正当化事由，适用这一法外的出罪规则是否违背罪刑法定原则。赞成论者认为，违法性判断不应仅作形式上的理解，而且应做实质的理解；不是只有那些具有法律形式的正当事由才可以阻却违法，任何不具有实质违法性的行为都应有阻却违法的效果。另外，"在罪刑法定原则之下，不可能依据实质违法性观察决定法律所未规定的不法行为，但是在违法性阶层的判断是负面的判断，系否定不法的判断，不会违背罪刑法定原则"。[②] 因此，在新古典犯罪论体系中，比较普遍地承认了超法规的违法性阻却事由。

最后，在罪责领域发现了期待可能性。古典犯罪论时期在罪责领域采取的是心理责任论立场，认为"责任具有心理性"，"在实施犯罪行为之际，行为者对于该犯罪行为具有故意或过失的心理上的关系和事实"，[③] "是进行责任谴责的基础"，故意和过失的心理状态就"直接是责任形式"。[④] 由此，"故意和过失是责任的种类，责任能力是承担责任的前提"，罪责的要素就是责任能力和责任故意、责任过失。新古典犯罪论采取的是规范责任论的立场。[⑤] 德国刑法学者弗兰克（Reinhard Frank）在 1907 年的论文中提出，"责任的本质是非难可能性"。另一位德国刑法学者施密特（Eberhad Schmidt）认为，有责也即是行为人违反了决定规范，而"决定规范是只在能够根据法的命令作出

---

① ［日］松宫孝明：《刑法总论讲义（第 4 版补正版）》，钱叶六译，中国人民大学出版社 2013 年版，第 81—82 页。

② 许玉秀：《当代刑法思潮》，中国民主法制出版社 2005 年版，第 68 页。

③ ［日］野村稔：《刑法总论》，全理其、何力译，法律出版社 2001 年版，第 279 页。

④ ［日］西田典之：《日本刑法总论》，刘明祥、王昭武译，中国人民大学出版社 2007 年版，第 161 页。

⑤ 林东茂：《刑法综览（修订五版）》，中国人民大学出版社 2009 年版，第 41 页。

意义决定的人违反期待作出了违法行为的决意时才成为问题。所以，行为人除了要具有责任能力外，还要具有表象符合构成要件的结果而且能够认识其社会危害性这种心理的要素和能够期待代替所实现的违法行为实施适法行为这种规范的要素时，才能够期待行为人作出实施适法行为的决意"。[①] 在责任能力和责任心理之外，规范责任论还创造了一个"非难可能性"的价值评价标准，能够期待行为人做出适法行为，而行为人的行为却没有符合这种期待，则具有责任；反之，当不能够期待行为人实施适法行为，则行为人则不应对其侵害行为承担责任。最终，规范责任论一般将罪责的要素定位为三个，其一个是作为责任前提的责任能力；其二是作为责任类型的责任故意和责任过失；其三"超法律的阻却罪责事由"[②] 就是期待可能性。

　　新的构成要件要素、违法性要素和罪责要素的发现，对古典犯罪论体系产生了巨大影响，这就是新古典犯罪论体系的形成。新不法要素和罪责要素的发现，反映在二阶层犯罪论体系当中，形成了如图 1 所示的新古典二阶层犯罪论体系构成要素配置情景：首先，在不法阶层即整体不法构成要件中，其正面构成要件（要素）包括主观正面构成要件（要素）和客观正面构成要件（要素），其中主要的主观构成要件要素是目的犯的目的、表现犯的内心表现和倾向犯的内心倾向；其次，在罪责中，责任条件是责任能力，责任类型包括两种情况，即责任故意和责任过失；最后，还存在一个超法规的责任阻却事由，即无期待可能性。

① ［日］大塚仁:《刑法概说（总论）》（第三版），冯军译，中国人民大学出版社 2003 年版，第 378—379 页。

② 林东茂:《一个知识论上的刑法学思考》，中国人民大学出版社 2009 年版，第 23 页。

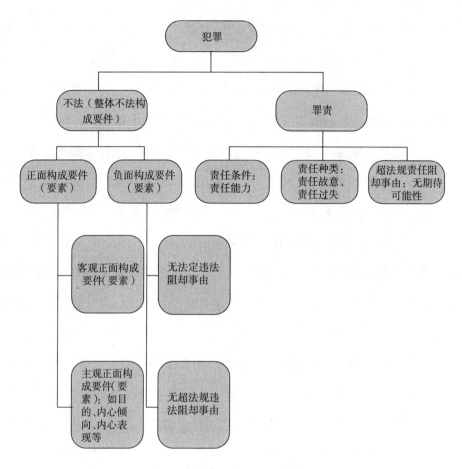

图1　新古典二阶层犯罪论体系

三、目的论二阶层体系

（一）体系构架

1. 客观不法和主观不法

威尔泽尔目的行为论的提出，揭开了犯罪论体系的新篇章。目的行为论认为，"行为概念是客观要素与主观要素的统一体，即因果像是被目的所包容和涵盖的。违法性是和由客观要素与主观要素所构成的统一体即行为联系在一起。于是，在违法性中要区别客观的构成要素与主观的构成要素。"① 引文中的"违法性"一词意义相当于不法性，威尔泽尔在此所讲的"违法性中要区别客观的构成要素与主观的构成要素"，也就是说，不法性中要区别客观的不法要素和主观的不法要素。故意作为支配行为的意志动力，属于主观行为要素，主观不法要素。由此，"目的行为概念导致了犯罪论体系的重大结构变化：故意不再是责任的内容，而成为行为的组成部分并归属于构成要件。"② 目的行为论导致了新的构成要件理论态势，故意被全面地作为主观构成要件要素，它是"构成主观方面不法构成要件的一般特征"。③ 承继威尔泽尔的影响，德国刑法学者韦伯（Weber）在他 1935 年出版的刑法总则教科书中，就将故意定位为主观构成要件，从而"开启了新古典暨目的论综合阶层体系的新纪元"。④

主观要素作为构成要件要素，这种理论态度不仅完全适用于故意领域，而且波及了过失领域。"今天我们认识到，违法并不仅仅是如古典学派认识的那样以符合构成要件的结果为基础，它同时也取决于行为人的行为无价值。这不仅适用于故意犯罪，也适用于过失犯罪：它虽然与行为的目的无关，但不控制行为本身却同样体现了违法的人格因素。"⑤ 有学者阐述了过失从作为责任要素到作为构成要件的发展历程，该学者认为，"所谓过失犯，是指不认识也不容忍构成要件的结果，由于不注意，即由于违反注意义务引起结果的犯罪。过失历来只作为责任要素来处理，没有把过失犯的构成要件该当性和违法性当作一个问题来看待，因为把刑法上的不法完全理解为侵害法益，并认

---

① Hans Welzel：《目的的行为论序说》，［日］福田平、大塚仁译，有斐阁 1962 年版，序言第 1 页。

② 李海东：《刑法原理入门（犯罪论基础）》，法律出版社 1998 年版，第 27 页。

③ ［德］约翰内斯·韦塞尔斯：《德国刑法总论》，李昌珂译，法律出版社 2008 年版，第 120 页。

④ 许玉秀：《当代刑法思潮》，中国民主法制出版社 2005 年版，第 75 页。

⑤ 李海东：《刑法原理入门（犯罪论基础）》，法律出版社 1998 年版，第 27 页。

为如果引起因果关系性质的结果即认为违法，作为对结果产生心理影响的故意和过失则是责任问题。这种思想由于主观的违法要素的发现，而在故意犯的领域里彻底宣告失败，而在过失犯的领域里也难以维持。首先发现这种要素的思想，它来源于所谓'被容许的危险'的思想。所谓被容许的危险，是指近代文明产生的各种事业必然会伴有一定程度的危险。由于考虑到事业的必要性和有用性对这类危险必须在一定限度内予以容许，从而指出过失犯的违法性并不完全是单纯的侵害（危害）法益，而在于违反其他本质要素，即违反'社会生活中必要的注意'。按着它针对目的行为论结果的不法而强调行为不法的重要性，从而明确了违反客观注意义务是以过失犯的行为不法为内容。这样一来，不注意以及违反客观注意义务，首先被看作是过失犯的违法要素。今天又进一步，已把不注意理解为过失犯的构成要件要素，把作为构成要件要素的过失叫做构成要件过失。"[①] 今天，虽然对过失中的主观内容是什么还存在争议，[②] 但是，承认了过失是一种有别于故意的主观构成要件要素则是一种较为普遍的情况。

刑法所规定的犯罪，要么是故意犯罪，要么是过失犯罪，自目的论犯罪学说提出以来，随着故意和过失的全面构成要件要素化，这也就意味着所有的犯罪的构成要件都逐渐被认为具有主观色彩，所有的构成要件不可能缺少主观构成要件要素。

2. 构成要件的全面规范构造

威尔泽尔还提出了开放的构成要件理论。开放的构成要件是相对封闭的

---

① ［日］福田平、大冢仁主编：《日本刑法总论讲义》，辽宁人民出版社 1986 年版，第 74 页。

② 有学者认为过失的主观内容是"不注意以及违反客观注意义务"。见［日］福田平、大冢仁主编：《日本刑法总论讲义》，辽宁人民出版社 1986 年版，第 74 页。也有学者认为，过失的主观内容应是"预见可能性"。见黄荣坚：《基础刑法学（上）》（第三版），中国人民大学出版社 2009 年版，第 242—255 页。各种观点争论较为激烈。

构成要件而言的，对于封闭的构成要件，由于行为具有构成要件符合性即可推定具有不法性，因而法官只需要通过"消极程序"查明是否具有违法阻却事由的情况；对于开放的构成要件，则是指仅有构成要件该当性尚不足以推定行为是否具有不法性，因而需要法官额外补充一些要素"积极查明"不法性的情况。"开放的构成要件最重要的特点是，因为构成要件对禁止要素规定的不完整性导致无法征表行为的违法性，从而还需要法官在从事合法化事由判断之前，寻找是否有其他违法要素的存在。构成要件规定的不完整性以及违法性判断的需要补充性，这才是开放的构成要件的本质"。[①] 比如过失犯，因为其构成要件中一般只规定了"因过失"这一指称，"裁判官对于具体的事案必须在很大程度上补充构成要件，这也是过失犯的构成要件被称为'开放的构成要件'的原因"。[②]"社会不相当性"就是开放的构成要件的一个额外补充要素。[③] 按照德国刑法理论的通说，具有社会相当性的行为，就阻却构成要件符合性，从而被评价的行为被认为是不符合构成要件的合法化行为。[④] 任何一个行为，在构成要件符合性判断时，都必须经过"社会相当性"的判断，社会相当性是"构成要件的一般归整原理"。从这个角度看，所有的构成要件都具有开放性的一面，都是开放的构成要件。[⑤] 根据威尔泽尔的看法，即或是封闭性构成要件，也会具有开放性的一面，具体运用中，也需要法官在违法阻却事由 / 合法化事由之外，更确切地讲是在审查合法化事由之前，先行进行社会相当性的审查。比如，非法拘禁罪，并不是具有构成要件符合性，就

---

① 刘艳红：《开放的犯罪构成要件理论研究》，中国政法大学出版社 2002 年版，第 9、15 页。

② ［日］高桥则夫：《规范论和刑法解释论》，戴波、李世阳译，中国人民大学出版社 2011 年版，第72 页。

③ 刘艳红：《开放的犯罪构成要件理论研究》，中国政法大学出版社 2002 年版，第 9、15、76 页。

④ 陈璇：《刑法中社会相当性理论研究》，法律出版社 2010 年版，第 27 页。

⑤ 刘艳红：《开放的犯罪构成要件理论研究》，中国政法大学出版社 2002 年版，第 172、167 页。

接着判断是否具有合法化事由；"在有些情形，如果合乎'社会相当性'，即此种行为仍为共同生活之社会伦理秩序所容，则虽有剥夺行动自由罪构成要件之该当性，但在此基于社会相当性而认为无从显示出'表征的'违法性。"[1]

行为是否具有社会相当性的判断，也即是从社会伦理的观点对行为所做的规范性评价，是一种违反规范的评价，属于违法性评价的范畴。当所有构成要件在进行符合性判断之时，如果都需要进行社会相当性判断，那么，也就意味着违法性评价是所有构成要件符合性判断不可缺少的组成部分，违法性判断是构成要件判断的前提。这正好符合了西原春夫的重要论断，"对于所谓的社会相当行为，因为否定构成要件是否妥当，因此，构成要件符合性的判断是以违法性的判断为前提的。"社会相当性概念的发现，"逐渐拉近了构成要件与违法性之间的距离"，"以至于最终使构成要件符合性与违法性完全合为一体了"。[2]

当社会相当性和开放的构成要件相结合，社会相当性就充当了一个构成要件符合性判断中不可或缺的总的构成要件要素，它是刑法罪状中没有叙明的额外的构成要件要素，不妨形象地称之为"超法规的"构成要件要素。这一构成要素导致了所有构成要件都被蒙上了规范评价性的色彩，使得构成要件符合性的判断和违法性判断再也难以分离、不分先后。

社会相当性和开放的构成要件相结合的理论，为构成要件和违法的不可区分先后和不可分离性提供了一个理论视角。与此同时，规范的构成要件要素理论领域也不断有新的发现。如德国刑法学者沃尔夫（Erik Wolf）认为，

---

[1]　Vgl. Welzel: *Das Deutsche Strafrecht*, 6. *Aufl.*, (1957), S.74. 转引自陈志龙：《开放性构成要件理论——探讨构成要件与违法性之关系》，载《国立台湾大学法学论丛》第21卷第1期（1991年12月），第167页。

[2]　[日] 西原春夫：《犯罪实行行为论》，戴波、江溯译，北京大学出版社2006年版，第61—66、74、42页。

那些看似纯粹的记述性构成要件要素，也必然存在规范性的边缘地带；构成要件是由记述性要素和规范性要素共同组成的，规范性是不可或缺的。"所有的构成要件要素都具有规范的性质，故所有的构成要件要素都是规范的要素"。① 沃尔夫举例说明，即使是那些看似完全记述性的概念如"自然人"或"财物"，因为在一些具体事例中不免具有规范性，因而必须结合违法性评价进行判断。对于所有构成要件要素都是规范要素的观点，学界不乏认同声音，如有学者认为，"对于这种观点的正确性是没有怀疑的余地的。例如，在哪一时点上开始称为胎儿绝不是由无价值的记述所能够解决的。反而，应该决定于从哪一时点上将对该生成中的生命的侵害评价为违法进而视为刑法上的保护对象。实际上，把受精卵接进子宫并着床后的阶段判断为胎儿就是一例。因为人的始期和终期也是法的评价的结果，所以已经视为人还是尚不视为人绝不是与规范的评价无关的。"因此，"构成要件是彻头彻尾的规范构造物"，具有"价值要素与存在要素的不可分的结合构造"。②

随着社会相当性作为阻却构成要件要素的引入和全面规范性构成要件要素的发现，构成要件和违法性就被黏合在一起，两者之间形成了一种完全二而一、一而二的关系。

3. 全面的二阶层犯罪论体系

构成要件既具普遍的主观性，又有普遍的评价性，这两个"普遍"结论为完整、"普遍"的"不法－罪责"体系提供了前提性理论支持。首先，随着构成要件的普遍主观化，也就意味着刑法上所规定的所有构成要件都不可能是客观的观念形象；同时，将所有主观要素和客观要素都归入构成要件，这也意味着除排除不法的负面构成要件要素之外，所有的确立不法的正面构成

---

① 张明楷：《刑法分则的解释原理（第二版）》（下），中国人民大学出版社 2011 年版，第 827 页。

② ［韩］金日秀、徐辅鹤：《韩国刑法总论（第十一版）》，武汉大学出版社 2008 年版，第 122—123 页。

要件要素都汇入了构成要件中。因此，构成要件结合违法性，也即是正面构成要件要素结合负面构成要件要素，两者的结合能囊括反映和评价不法所需要的所有要素。其次，随着构成要件的普遍规范化，所有构成要件都具有了规范性，所有构成要件符合性的确认活动都是一种评价活动；同时，在所有构成要件和违法性之间，也是在所有正面构成要件要素和负面构成要件要素之间，都具有了不可区分先后的关系。在此基础上得出的不法与罪责二阶层体系，就可以评价所有行为的不法状况。

（二）具体要素配置

目的行为论发现了故意属于构成要件要素，这一发现对犯罪论体系的建构产生了不可估量的影响。在目的行为论之前，学理上认为故意犯和过失犯在不法性质上并无区别，两者的区别在于罪责领域的责任形态不相同，一个是责任故意，一个是责任过失[①]。自发现了构成要件故意之后，理论上认为故意犯和过失犯的区分，不仅在于两者罪责领域有不同的要素表现，而且在于两者是两种根本不同性质的不法形态。[②] 因此，正如林山田所言，"故意犯的行为人系在知与欲的心态下，实现不法构成要件；而过失犯的行为人则在不知与不欲的心态下，实现不法构成要件。易言之，即过失犯对于刑法规范的禁止或诫命，并非有意违犯，只是因为疏忽不注意而触犯刑法。这两种截然不同的主观心态，而构成的犯罪，无论在不法内涵与罪责内涵，抑或在刑法学论理学上的犯罪结构，均有其差异的地方。"[③] 自目的行为论以来，鉴于故意犯和过失犯不法内涵和罪责内涵的重大差异，因而一般总是在不同的犯罪论

[①]　林山田：《刑法通论（上册）》，北京大学出版社 2012 年版，第 175 页。

[②]　许玉秀：《当代刑法思潮》，中国民主法制出版社 2005 年版，第 76 页。

[③]　林山田：《刑法通论（下册）》，北京大学出版社 2012 年版，第 96 页。

体系结构上谈论故意犯和过失犯。对二阶层犯罪论体系的阐述，目的论一般也是在区分故意犯和过失犯的基础上展开的，因此，我们不妨将二阶层犯罪论体系划分为目的论二阶层故意犯犯罪论体系和目的论二阶层过失犯犯罪论体系。

1. 目的论二阶层故意犯犯罪论体系

目的行为论给犯罪论体系的带来的改变首先是在主观构成要件中增加故意要素。目的、内心表现、内心倾向，是目的犯、表现犯、倾向犯这些特别的犯罪中才有的主观要素，相对于这些特别的主观不法要素而言，故意却是所有故意犯成立不法必备的主观要素，因而属于一般的主观不法要素。

承认故意属于构成要件带来的第一个问题是，故意是否有构成要件故意和责任故意之分？

对此，存在两种不同的看法。一种观点认为，故意只是一个不法要素，而非责任要素。因为"依照目的行为论者的观点，有责性判断就是一种纯粹的价值判断行为。至于行为人的故意过失状态，是一个事实状态，并且仅仅是做有责性判断的客体。因此故意的本身，根本不属于有责性的要素，而是属于不法的要素，因此在犯罪的结构上，主观上的故意或过失都是在不法构成要件的层次做检验，在罪责层次里则根本没有检验故意或过失的余地"。①另一种观点认为，故意具有"双重功能"，在犯罪结构中同时担任了两个角色，一是作为不法要素的构成要件故意；二是作为责任要素的责任故意。在不法评价阶段和责任评价阶段审查的是故意的不同内容，"在构成要件层次范围内的审查，如果说重要的只是把故意的实施方式区别于过失的举止，以及查明行为人的行为意志'是否'以实现所有的客观方面要件特征为目的，那么在责任范围内的审查所围绕的问题，则是为何会出现这个实现意志，行为

---

① 黄荣坚:《基础刑法学（下）》（第三版），中国人民大学出版社 2009 年版，第 395—396 页。

人对该意志的决定是否基于与法制秩序的价值评判相矛盾的法律上应当受到谴责的思想意识。"构成要件阶段审查的故意"通常称之为是'自然的故意',以区别于作为责任形式的故意"。[①] 对于故意的体系定位就形成了两种立场,一种立场是故意仅属于构成要件,而不属于罪责;另一种立场是故意属于构成要件,同时也属于罪责。由此,在犯罪论体系中,故意的体系定位是存在争议的。

在目的论犯罪论体系中,发现了新的主观犯罪要素。对负面构成要件的认识,也即是对违法阻却事由、超法规的违法阻却事由是否存在的认识,也是一个认定犯罪的主观要素。比如,某甲通过某乙家的玻璃窗朝放在桌子上的古玩开枪扫射,某乙以为仇家刺杀慌忙逃出家门。由于当时碰上某乙家房屋倒塌,某甲开枪的行为刚好救了某乙一命。则根据利益衡量的超法规违法阻却事由原理,某乙的行为具备了阻却违法的客观事实。按照新古典犯罪论学说,只要行为有违法阻却事由,就符合负面构成要件;负面构成要件是排除不法的要素,符合了负面构成要件就证明了行为不具有不法性。某乙的行为因为有客观违法阻却事实,满足了负面构成要件的要求,因而不具有不法性。但按目的论犯罪论学理,完整的负面构成要件应当是客观要素和主观要素的结合。仅有客观违法阻却事实,而无对此事实的相应认识,不能满足负面构成要件的要求;只有当行为既具有违法阻却事实,而同时还存在相应的对该事实的认识,才能满足负面构成要件的要求,行为的不法性才能被排除。故此,按照目的论犯罪论,某乙行为是否能被作为正当化事由处理,还要考虑行为人对该违法阻却事由的存在是一种什么样的心理状态。只有某乙清楚地知道有该违法阻却事由存在,才能认为某乙的行为满足了负面构成要件,因而才能正当化;倘若某乙对违法阻却事由的存在根本没有认识,只是偶然

---

① ［德］约翰内斯·韦塞尔斯:《德国刑法总论》,李昌珂译,法律出版社 2008 年版,第 85—88 页。

碰上房屋倒塌这种情况，则某乙的行为只满足了客观负面构成要件，而没有满足主观负面构成要件，因而，从整体的负面构成要件来看，负面构成要件并没有得到满足，不法性不能排除。该种对客观负面构成要件的主观认识，行为人正当防卫的意思、紧急避险的意思、对被害人承诺存在的认识这种意思，叫作主观正当化要素。[①]有客观负面构成要件，同时也存在认识客观负面构成要件的主观正当化要素，负面构成要件即可成立，即可排除不法。在负面构成要件中，主观正当化要素充当了主观负面构成要件的角色，客观负面构成要件和主观负面构成要件合成了完整的负面构成要件。这正如台湾学者余振华所言，"阻却违法事由之确立，其有如在不法阶层里创设另一个消极之不法要件，倘若此消极要件存在，行为之行为即被法律所容许，而此消极不法要件又称'容许构成要件'或'合法化构成要件'。必须容许构成要件之客观及主观要素同时存在始能产生阻却违法之法律，例外的构成法律所容许之行为。例如，防卫者于进行正当防卫之际，因防卫行为造成攻击者身体受伤，其必须客观存在防卫情状，且行为人主观上有防卫意思，才可使原本该当于伤害罪构成要件之行为因成立正当防卫而阻却违法"。[②]

当然，关于在违法性阻却事由中是否需要主观正当化要素，存在对立看法。有学者认为："与依据客观的犯罪构成要件实现足以满足禁止的认识相同，在容许规范中主观正当化要素是不必要的。"[③]另有学者认为，为使构成要件该当的行为合法化，仅仅存在客观的违法阻却事实是不够的，"行为人必须认识到合法化状况的存在，以便行使因该状况的存在而赋予他的权利，或者，

---

① ［韩］李在祥：《韩国刑法总论》，［韩］韩相敦译，中国人民大学出版社 2005 年版，第 192 页。

② 余振华：《刑法违法性理论》，元照出版有限公司 2001 年版，第 41—42 页。

③ ［韩］李在祥：《韩国刑法总论》，［韩］韩相敦译，中国人民大学出版社 2005 年版，第 192 页。

履行因此而要求他应当履行的义务。"① 韩国学者李在祥认为，韩国刑法中所规定的各种违法阻却事由，例如，正当防卫、紧急避险、被害人承诺等，都是刑法明文规定"要求主观正当化要素"的。② 当今的刑法理论，广泛地承认了主观正当化要素，那种"要全面否定主观的合法化要素的立场，已经难以维持"了。③

此外，学理上发现了不法意识要素也是一个犯罪要素。所谓不法意识，又叫违法性认识，从形式上讲，不法意识是行为人对自己行为是否符合构成要件的认识；从实质上讲，不法意识是行为人对自己行为造成可能利益侵害的认识。④ 对于不法意识的体系定位，目的论学说上存在较大争议；大致有两种看法，一是故意理论；二是罪责理论。故意理论认为，故意的构造中包括了认知、意欲和不法意识三个要素，缺少其中一个要素，则故意不能成立。⑤ 由此，无论是坚持故意属于不法要素的立场，还是坚持故意同时属于不法、罪责要素的立场，都会共同认为无不法意识时，构成要件故意不能得到满足而被阻却。所以，构成要件故意中包含了不法意识，如台湾省刑法学者许玉秀认为："构成要件的故意不可能因为认识一个中性事实而具有不法，故意所认识的是构成犯罪的事实，这个事实之所以具有不法特质，是因为它受到规范的不法评价。故意所认识的不是一个单纯的事实，而是一个不法的事实，

① ［德］汉斯・海因里希・耶塞克、托马斯・魏根特：《德国刑法教科书》，徐久生译，中国法制出版社 2001 年版，第 394 页。

② ［韩］李在祥：《韩国刑法总论》，［韩］韩相敦译，中国人民大学出版社 2005 年版，第 193 页。

③ ［德］汉斯・海因里希・耶塞克、托马斯・魏根特：《德国刑法教科书》，徐久生译，中国法制出版社 2001 年版，第 395 页。

④ 黄荣坚：《故意的定义和定位》，载《国立台湾大学法学论丛》1998 年第 1 期，第 144—145 页。

⑤ ［德］汉斯・海因里希・耶塞克、托马斯・魏根特：《德国刑法教科书》，徐久生译，中国法制出版社 2001 年版，第 539 页。

这是故意之所以能成为主观不法要素的理由。"① 罪责理论认为，故意由认知和意欲两个要素组成，并不包括不法意识要素，不法意识是一个独立的罪责要素。② 如此，纵使行为人缺乏不法意识，但构成要件故意还是能得以成立，因此不法意识缺乏不阻却不法，只阻却罪责。③ 如韦塞尔斯认为："谁明知和依意志地实现不法构成要件，同时并不认为具备有使得行为正当化的情势，作为责任能力者他通常是知道自己在实施不法。这个不法意识构成一个独立的责任要素，并列于举止的责任形式。"④ 所以，站在故意理论立场，不法意识是一个构成要件阻却要素，而站在罪责立场，（没有）不法意识则是一个法律没有明文规定的"超法规罪责阻却事由"。

随着构成要件故意和不法意识要素的发现，犯罪论体系的基本要素重新配置，因此犯罪论体系又发生了新的变化而进入了目的论犯罪论体系时期。自此，二阶层犯罪论体系也有了新的要素配置图景，就故意犯而言，其要素配置大体情况如图 2 所示。其一，犯罪论体系的基本构造是"不法（整体不法构成要件）－罪责"二阶层。其二，不法由正面构成要件（要素）和负面构成要件（要素）组成。其三，正面构成要件包括客观构成要件要素和主观构成要件要素，而主观构成要件要素由一般主观要素和特别主观要素组成。其四，在负面构成要件要素中，原来的违法阻却事由、超法规违法阻却事由被定位为客观负面构成要件（要素），同时增添了相应的主观负面构成要件（要素），即主观正当化要素。其五，出现了故意体系地位争议，有学者认为故意是不法要素，而非罪责要素，只有构成要件故意，而无责任故意；另有学者

---

① 许玉秀：《当代刑法思潮》，中国民主法制出版社 2005 年版，第 46 页。
② ［韩］金日秀、徐辅鹤：《韩国刑法总论（第十一版）》，武汉大学出版社 2008 年版，第 375 页。
③ ［德］汉斯·海因里希·耶塞克、托马斯·魏根特：《德国刑法教科书》，徐久生译，中国法制出版社 2001 年版，第 539 页。
④ ［德］约翰内斯·韦塞尔斯：《德国刑法总论》，李昌珂译，法律出版社 2008 年版，第 231 页。

认为，故意既是不法要素，也是罪责要素，既有构成要件故意，同时也有责任故意。其六，出现了不法意识的体系地位争议，有学者认为，不法意识是故意的要素，属于构成要件故意的组成部分；另有学者认为，不法意识是罪责的要素，无不法意识，阻却罪责。其七，作为责任条件的责任能力和作为超法规责任阻却事由的期待可能性是无争议的罪责要素，而责任故意和不法意识则是尚存在争议的罪责要素。

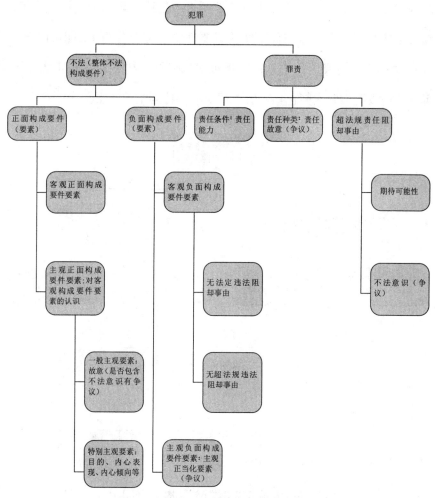

图 2 目的论二阶层故意犯犯罪论体系

在目的论二阶层故意犯犯罪论体系中，可以划分出目的论对于故意犯的整体不法体系构造。目的论学说对于故意犯的整体不法构造，也可以用图3的结构形式予以表示。其一，因为在故意犯中，无论正面构成要件还是负面构成要件，都同样含有客观构成要件要素和主观构成要件要素，所以，可以将整体不法构成要件分为客观整体不法构成要件和主观整体不法构成要件。其二，在客观整体不法构成要件中，可以分为客观正面构成要件要素和客观负面构成要件要素；客观负面构成要件要素包括违法阻却事由和超法规违法阻却事由。其三，在主观整体不法构成要件中，可以分为主观正面构成要件要素和主观负面构成要件要素；主观负面构成要件要素即主观正当化要素，主观正面构成要件要素则包括一般主观要素和特别主观要素。

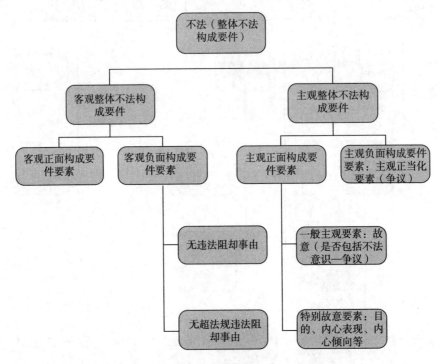

图3 目的论故意犯整体不法（构成要件）体系

2. 目的论二阶层过失犯犯罪论体系

根据古典犯罪论学说，故意犯和过失犯在不法构造上并无不同，两者的差异仅在于罪过形式的分辨，一是责任故意；二是责任过失。新古典犯罪论虽然在不法领域发现了特别的主观要素，但是该发现依然没有动摇故意和过失的体系地位，故意犯和过失犯的区别依然主要是罪责形式的相异性。由于德国刑法学者恩吉施（Engisch）、威尔泽尔等人的学术贡献，到目的论犯罪学说流行阶段，终于实现了故意、过失体系定位的历史性转变，故意、过失从罪责要素转变为组织构成要件的不法要素。在此前的犯罪论中，某甲相约某乙在某地见面，某乙在该地偶然被崩塌的山石砸死，某甲具有了杀人的不法性，只是由于缺乏过失的罪责而不受惩罚。到了目的论犯罪学说阶段，"在原因人造成的一种完全没有争议的举止行为中，并没有满足过失杀人的行为构成"。[①] 某甲的行为不是因为没有罪责而不受惩罚，而是因为根本不符合过失不法的构成要件。自此，故意犯和过失犯的区别，不仅在于两者具有不同的罪责构造，更在于两者具有不同的不法构造，因此，应当在不同犯罪构造体系中阐述这两种截然不同的犯罪类型。

根据客观注意义务违法说和主观注意义务违反说的不同，过失不法犯罪论体系可划分为：客观注意义务违反的过失不法犯罪论体系和主观注意义务违反的过失不法犯罪论体系。

（1）客观注意义务违反的过失不法犯罪论体系

过失犯是指应当预见到自己的行为可能发生危害社会的结果，但由于疏忽大意而没有预见，或者已经预见但轻信能够避免的情况。根据目的行为论，故意不法的构成要件是在行为人目的支配下实现的。但是，过失犯的情况下，

---

① ［德］克劳斯·罗克辛：《德国刑法学总论（第1卷）——犯罪原理的基础构造》，王世洲译，法律出版社2005年版，第713页。

行为人的行为欠缺这种目的支配性，过失不法的构成要件是在行为人未尽到应尽的注意义务的情况下实现的。过失犯是一种义务犯，客观注意义务的违反是其核心不法要素。① 据此，过失犯是那些被赋予了避免形成危害结果这种注意义务的行为人，在有可能避免结果发生的情况下，却由于违反了注意义务，因而造成危险结果的情况。学说上一般认为，过失犯的构成要件要素，除了行为、结果、行为和结果之间的因果关系外，还包括违反客观注意义务要素和结果避免可能性要素。

那么，过失犯是否有主观构成要件要素，从违反客观注意义务中是否可以解析出部分主观要素。对此，学理上存有争议观点，"比较多数的看法将违反注意义务归类为客观构成要件要素，而认为过失犯无主观不法构成要件"。少数见解中，施特林泽（Struensee）② 从目的行为论的观点，将过失犯的主观不法构成要件解释为"对不受容许风险的认识"。③ 施特林泽（Struensee）认为，过失犯情况下，行为人从出现结果的条件中，认识了一种对构成要件成立具有重要意义的东西，这个东西就是根据法律制度评价为不能容忍的危险。比如，行为人闯红灯，或者行为人在无法看清前方情况的弯道上超车，行为人就是有意识地在制造法所不容许的风险，这种在意识条件下制造风险的行为就成了过失。④ 这种意识就是过失不法的主观不法要素。罗克辛则采取了折中的态度，认为在有意识过失和无意识过失这两种过失形态中，对有意识过失"承认一种主观行为构成是适当的，这种主观行为构成存在于对所有构成行为情况的想象中，例如，想象到一种不许可的危险和相信行为构成的实现

---

① 许玉秀：《当代刑法思潮》，中国民主法制出版社 2005 年版，第 78 页。

② 即德国刑法学者施特林泽（Struensee）。——引者注。

③ 许玉秀：《主观与客观之间——主观理论与客观归责》，法律出版社 2008 年版，第 140 页。

④ ［德］克劳斯·罗克辛：《德国刑法学总论（第 1 卷）——犯罪原理的基础构造》，王世洲译，法律出版社 2005 年版，第 729 页。

会不发生。因为这种想象在间接故意中是与故意配对存在的，并且说明了这个相互非常接近的界限，就像主观行为构成的两个形式一样"。而对于无意识过失，则"缺乏一种主观的行为构成，因为行为人在自己的想象中正好没有接受客观行为构成的特征和条件"。①

过失犯是否存在违法阻却事由，也就是问过失犯是否有不法的负面构成要件。传统上认为过失犯不存在违法阻却事由，因为过失犯不可能有主观正当化要素，比如，正当防卫的意思、紧急避险的意思、对被害人承诺的认知。因此，过失犯不具有成立正当行为的主观前提条件。但现在德国通说的观点认为，过失犯构成要件的符合，不需要有主观构成要件要素，因此，在违法阻却事由上也不需要有主观正当化要素存在，过失犯中可以存在违法阻却事由。②罗克辛则认为，过失犯中，主观正当化要素既是存在的，同时也是必要的。比如，在正当防卫中，防卫者用拳头击打侵害者的胳膊，结果却过失地击中了侵害者的下巴，导致了对方脑震荡。对导致对方脑震荡的伤害，防卫者的行为是可以正当化的，因为防卫者是在一种防卫的想象中过失致对方受到伤害，这种防卫的想象就是主观正当化要素。主观正当化要素的情形，也适用于紧急避险，在行为人认识到紧急状态下自己所追求利益具有重大优势时，行为人的行为就具有了主观正当化要素而能够被正当化。③可见，理论上对过失不法的负面构成要件，不管是客观负面构成要件要素还是主观负面构成要件要素，都还存在着一定争议。

过失理论中将注意义务划分为客观注意义务和主观注意义务，两者相对

① ［德］克劳斯·罗克辛：《德国刑法学总论（第 1 卷）——犯罪原理的基础构造》，王世洲译，法律出版社 2005 年版，第 729 页。

② 许玉秀：《主观与客观之间——主观理论与客观归责》，法律出版社 2008 年版，第 78 页。

③ ［德］克劳斯·罗克辛：《德国刑法学总论（第 1 卷）——犯罪原理的基础构造》，王世洲译，法律出版社 2005 年版，第 736—737 页。

存在，组成了过失的内容。传统学说上一般认为，关于不法，是对客观注意义务的违反问题，而关于责任，则是对主观注意义务的违反问题。因此，构成要件过失的内容是客观注意义务违反，而责任过失的内容则是主观注意义务违反。如日本刑法学者大塚仁认为，"在论及构成要件符合性、违法性时，在判断的性质上，首先是以社会的平均人、一般人为标准来确定能否遵守其注意义务，进而在考虑责任时，是按照该行为人自身的能力论定是否违反同一注意义务"。[①] 所以，只有当行为人违反了主观注意义务，才有罪责可言；主观注意义务违反是追究责任的前提条件。

但是，什么样的人才有可能违反主观注意义务。这就要求"行为人的个人能力必须足以认识其负有客观必要的注意义务，且有能力履行注意义务，以避免构成要件该当结果的发生者，始具备主观义务违反性"。[②] 没有客观注意义务的认识能力和履行能力，行为人对自己过失所造成的结果就不可能有罪责，所以，客观注意义务的认识能力与履行能力是罪责要素。此外，在过失结果犯的情况下，主观注意义务也要求行为人对构成要件结果以及发生结果的因果历程存在认识能力和避免能力，只有行为人存在这样的认识能力，才能赋予行为人以避免相应结果发生的义务。因此，对结果与因果历程的主观预见能力也是罪责要素。[③] 客观注意义务的认识能力和履行能力、结果和因果历程的主观预见能力，这些要素都和行为人的个人能力有关，因而也统合简称为个人行为能力。[④]

除个人能力和责任过失两个要素外，主流观点认为，过失犯的罪责评价体系构造"与故意犯不存在结构上的差异"，都需要具备责任能力、不法意识

---

① ［日］大塚仁:《犯罪论的基本问题》，冯军译，中国政法大学出版社 1993 年版，第 243 页。

② 林山田:《刑法通论（下册）》，北京大学出版社 2012 年版，第 123 页。

③ 林山田:《刑法通论（下册）》，北京大学出版社 2012 年版，第 124 页。

④ 许玉秀:《主观与客观之间——主观理论与客观归责》，法律出版社 2008 年版，第 147 页。

和期待可能性要素；而且对这些要素的判断方式和故意犯也没有太大差异。①
当然，在这一罪责体系中，同时包含了个人行为能力要素和责任能力要素，
两者到底是什么关系，责任能力是否包含个人行为能力？有观点认为，责任
能力不同于个人行为能力，责任能力是认识和控制行为的能力，"不能将认
识和控制能力，与有目的性的行为能力加以混淆"；对于个人行为能力，"较
小的儿童也具备这种能力，而且他不会因为精神障碍而立即被排除"。因此，
"保安处分措施是为缺乏责任能力而非为缺乏行为能力而设定的。"②按理说，
个人行为能力是指客观注意义务的预见、认识能力和履行能力，结果和因果
历程的主观预见能力，其中的履行能力是履行义务的能力，履行义务的能力
当然包括了控制能力，由此观之，个人行为能力也是一种认识能力和控制能
力，应属于责任能力之一种。因此，学理上主流观点是采取不区分个人能力
和责任能力的态度。

故此，根据主流观点，从客观注意义务违反说的视角，目的论过失犯二
阶层体系要素的具体配置情况就大略如图4所示。其一，整体不法构成要件
中包括正面构成要件（要素）和存在争议的负面构成要件（要素）。其二，正
面构成要件包括客观正面构成要件（要素）和存在争议的主观正面构成要件
（要素）。其三，负面构成要件包括存在争议的客观负面构成要件（要素）和
存在争议的主观负面构成要件（要素），客观负面构成要件（要素）也同样包
括违法阻却事由和超法规违法阻却事由。其四，罪责体系中包括责任能力、
责任过失、期待可能性要素；此外，还包括存在争议的个人行为能力和不法
意识要素。

---

① ［德］冈特·施特拉腾韦特、洛塔尔·库伦：《刑法总论——犯罪论》，杨萌译，法律出版社2006
年版，第413页。

② ［德］冈特·施特拉腾韦特、洛塔尔·库伦：《刑法总论——犯罪论》，杨萌译，法律出版社2006
年版，第216、414页。

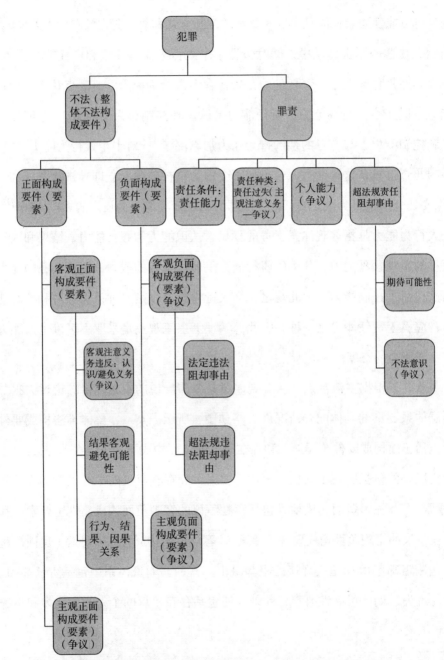

图4 目的论二阶层过失犯犯罪论体系（客观注意义务违反说）

（2）主观注意义务违反的过失不法犯罪论体系

所谓过失即是违反注意义务的状态，过失的注意义务有客观注意义务和主观注意义务之分，传统主流过失学说将过失所违反的客观注意义务认定为不法的内容，而将主观注意义务的违反认定为责任的内容。但是，近来有许多学者否定传统观点，认为客观注意义务并非过失犯特有的不法内容。如根据客观归责理论，"对构成要件的实现，行为人在客观上是预见可能时，就能够将危险的创出归属于在法上不被容许的危险之中。"因为"客观预见可能性"是客观注意义务的组成要素之一，故此，客观注意义务就有可能成为判断是否制造了法所不容许的风险的"客观归属尺度"。根据该理论，无论是故意犯还是过失犯，其不法的成立都需要行为人创造法所不容许的风险，因此，客观注意义务就成了"故意犯与过失犯中所共同的一般的客观归属的尺度"。由此可知，客观注意义务并不是说明过失状态的要素，而是犯罪的共通要素。作为注意义务违反的过失不法，其核心不是在于客观注意义务的违反，而是在于主观注意义务的违反，主观注意义务违反就是过失犯的主观不法要素，是"过失犯的主观的构成要素"。[①]

过失犯不法的成立是否需要有主观不法要素作为基础？按照威尔泽尔提倡的人的不法理论，"不法，并非是和行为者相分离的惹起结果（法益侵害）的内容，行为只有作为一定行为者的行为才是违法的行为。行为者通过何种客观行为来实现设定的目的活动？行为者是以何种心情来实施这一行为？当时行为者是否存在某种义务？所有的这些要素都和可能产生的法益侵害一起共同决定着行为的不法。违法性，通常是对和一定的行为者相关联的行为的评价。不法是和行为者相关联的人的行为不法。"[②] 因此，不法必定是行为人本

---

① ［韩］金日秀、徐辅鹤：《韩国刑法总论（第十一版）》，武汉大学出版社 2008 年版，第 423 页。

② Hans Welzel：《目的的行为论序说》，［日］福田平、大塚仁译，有斐阁 1962 年版，第 40 页。

人的作品，不论是故意不法还是过失不法，其成立必然要求一定的主观要素存在。"如果过失犯没有主观不法，不知该如何确定过失犯的罪责？一个完整的归责系统，必然包含行为人和行为，如果过失也是人的作品，而归责以人的作品为对象，则若没有主观不法，即无法将过失评价为人的作品而予以归责。"① 缺少主观不法，过失不法无法成立。

那么，违反主观注意义务的过失犯的主观不法要素，其表现形式是什么？

德国刑法学者雅科布斯（Jakobs）认为，行为即是意义表达，故意犯是意义表达，过失犯也是意义表达。所谓过失，即"个体的回避可能性"，只有当行为人自己而不是所谓的"标准人格体"能够避免结果发生时，他才可能具有过失。如当行为人对结果的发生持无所谓的不谨慎态度，在这种场合，行为人就设想了一个场景，在这个场景里，行为人觉得不值得将可能发生的结果考虑到行为的代价之中来。这种不加考虑的轻视，就是一个态度决定，即是一种主观心态，是导致结果的主观意志。也许，行为人可能对发生的结果具有排斥的心理。这种情况下尽管对行为人要求其加以注意的观念构造是可能的，但是，他却选择了那种不注意的观念构造。行为人通过允许注意力分散而错误地进行了动机赋予。在此，他虽然没有对损害表示明确的主观态度，但却分散了注意力，同时，行为人也在这种动机赋予中表达了自己。② 因此，从存在构造上看，过失似乎是欠缺行为的主观面；但是，在规范构造上，过失表现出了和规范所期待的行为人的主观心态不一致的状况。行为人因为注意力分散或者估计错误，而造成了构成要件结果，这种行为意思，就规范而言，是一种错误、偏差的行为意思。借由这种有瑕疵的行为意思所支配的行

---

① 许玉秀：《主观与客观之间——主观理论与客观归责》，法律出版社 2008 年版，第 156 页。

② ［德］雅科布斯：《行为 责任 刑法——机能性描述》，冯军译，中国政法大学出版社 1997 年版，第 80—81 页。

为，才具有了行为不法。[①] 在雅科布斯看来，对规范的轻视、错误的行为意思、偏差的行为意思就是过失犯的主观不法要素，是过失犯的主观构成要件要素。

主观注意义务的违反，是指行为人存在避免结果发生的能力，这种能力既包括危险预见、认识能力，又包括危险避免能力，行为人在能尽能力的情况下却没有尽到该种能力。[②] 在雅科布斯看来，主观注意义务的赋予是以行为人的个人能力为前提的。只有当行为人对具体的情况存在"个体的回避可能性"，这样的个体才能被赋予相应的注意义务。"不可回避性不属于人进行动机赋予的处理内容，在这个限度内人不能做出态度决定。"所谓的客观注意义务说设想每一个人都是在一个模子里装着的"标准人格体"，所以，对根本不同的个体赋予相同的规范义务要求，但这是不现实的。[③] 必须根据个人能力设置其认识危险和避免危险的法规范义务状态，如果具体的个人并不具有认识危险和避免危险的能力，他没有能力使自己的行为符合法规范的要求，因此，"对规范而言，行为人并没有忘记规范的告诫，或高估自己让规范满意的能力，行为人的行为意思不具有和规范抵触的不法特质，由这种行为意思所支配的行为也不会具有行为不法"。个人能力是设置行为人注意义务的前提条件，是主观不法要素的存在基础，没有个人能力就没有主观不法，因此，"行为人的个人能力是架构行为的不法要素"。[④] "个人行为能力因此应该可以脱离责任能力，划归不法阶层。"[⑤]

根据主观注意义务是过失的主观不法基础，因而认为个人能力属于不法

---

① 许玉秀:《主观与客观之间——主观理论与客观归责》，法律出版社 2008 年版，第 156—157 页。

② 许玉秀:《主观与客观之间——主观理论与客观归责》，法律出版社 2008 年版，第 146—147 页。

③ ［德］雅科布斯:《行为 责任 刑法——机能性描述》，冯军译，中国政法大学出版社 1997 年版，第 80 页。

④ 许玉秀:《主观与客观之间——主观理论与客观归责》，法律出版社 2008 年版，第 157 页。

⑤ 许玉秀:《当代刑法思潮》，中国民主法制出版社 2005 年版，第 35 页。

要素，那么，个人能力是属于不法的客观构成要件要素还是主观构成要件要素？许玉秀认为，"个人行为能力是故意犯和过失犯的共同主观不法要素"。根据客观归责理论，我们检验行为人是否是在故意的主观意志下制造了法所不容许的风险，在此我们所检验的行为人有无认识，其实已检验了行为人有无认识能力；因为，"行为人必定被假设成有认识能力，才可能认为他应该对可能实现构成要件的风险有认识"。通说认为故意的要素包括认识和意欲，当检验行为人有无意欲，如果现实中行为人欠缺行为能力，那么作为形成意欲前提的行为决定也是有瑕疵的，因而可以否定故意的存在。只是，"这种检验故意犯而推翻故意认定的程序，往往隐藏在行为能力欠缺而否定过失的检验程序当中，因为连过失都没有，当然也就没有故意。"因此，给人们的印象是，检验故意时不必检验行为人的行为能力，因为这一程序在作为前提的过失检验阶段已经完成。但是，"这并不表示行为人的行为能力在故意犯的不法构造上毫不重要"。[①] 由此可见，许玉秀是认为在考虑行为人主观心态的过程中必须考虑行为人的个人能力，因此，个人能力是主观心态的组成要素，因而个人能力是主观不法要素。

但是，从存在论角度而言，个人能力是一种客观存在，在主观不法的形成过程，它只是扮演了一个客观的协助者的角色，主观不法状态的形成是个人能力和外界环境等多种客观要素综合作用的结果。多种客观要素的组合作用所形成的结果是主观的，这并不代表作为来源的客观要素本身是主观的。因此，个人能力是否应作为主观构成要件要素存在，是不无疑问的。况且，如果认为个人能力是主观不法要素，那么，作为同等或上位概念的责任能力是否也是主观罪责要素？

过失不法的核心不是客观注意义务违反，而是主观注意义务违反，根据

---

① 许玉秀：《当代刑法思潮》，中国民主法制出版社 2005 年版，第 35 页。

这种观点，个人能力就成了不法的构成要件要素。如此一来，会引起罪责领域的惊天地震。首先，如果认为行为能力等于罪责能力，那么，不法和罪责分离的学说传统必然面临崩溃的危险。其次，如果认为行为能力是罪责能力的组成要素，那么，缺少了行为能力的罪责能力领域还留下了哪些组成部分？许玉秀认为，如果将个人能力理解为个人预见能力，"个人能力（个人的预见能力）成为构成要件要素之后，罪责要素中即剩下认识行为不法的能力，即认识规范的能力，以及依其认识而行为的能力。"[①] 但如果将个人能力理解为个人预见、认识能力和履行能力，则个人能力就替代了责任能力。当前的大陆法系刑法学说是多元而百家争鸣的，既有构成要件、违法、责任分离的学说，也存在构成要件、违法合一的学说；根据主观注意义务违反说，甚至还存在一种新的思潮，该种潮流认为不法和罪责并无区分，构成要件、违法、罪责三种有可能合而为一。

根据这种主观注意义务违反的观点，过失犯的犯罪论体系构造有形成了别开生面的具体图景，如图 5 所示。其一，与图 4 相比，正面构成要件增加了个人能力要素和对规范的轻视、错误的行为意思、偏差的行为意思等主观要素；主观要素无疑应当归属于主观正面构成要件要素，而对个人能力要素的定位尚存争议，一种观点认为其应属于主观要素，归属于主观正面构成要件要素，而另有观点认为其应属于客观要素，归属于客观正面构成要件要素。其二，负面构成要件要素和图 4 无异。其三，在罪责领域，对责任能力要素的地位归属尚存争议，一种观点认为责任能力即行为能力，因此罪责要素就只剩下了作为超法规责任阻却事由的期待可能性要素和不法意识要素；另一种观点认为，责任能力不同于行为能力，因此组成罪责的三要素是责任能力、期待可能性和不法意识。

---

① 许玉秀：《主观与客观之间——主观理论与客观归责》，法律出版社 2008 年版，第 149 页。

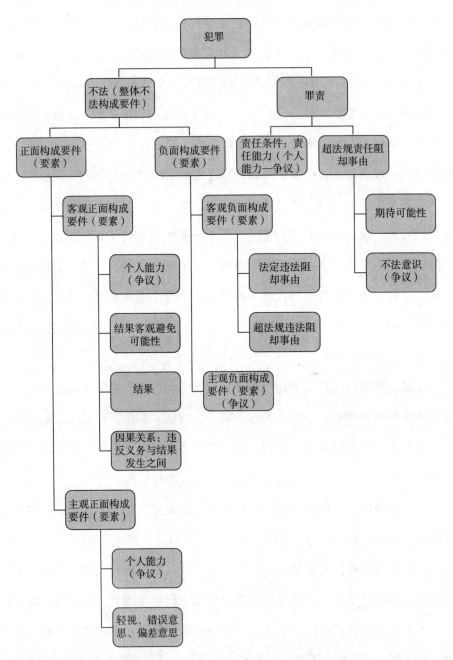

图5　目的论二阶层过失犯体系（主观注意义务违反说）

四、整体不法视角的二阶层犯罪论体系检验

（一）对新古典、目的论二阶层犯罪论体系的检验

新古典二阶层犯罪论体系、目的论二阶层故意犯犯罪论体系、目的论二阶层过失犯犯罪论体系，都是坚持"不法（整体不法构成要件）－罪责"二分的犯罪论体系，都是建立在整体不法思路基础上的。理论上，犯罪论体系建立在整体不法思路基础上，必然要满足整体不法理论对犯罪论体系构建的种种基本要求。如本文第一部分所言，这些基本要求包括：第一项要求，构成要件的主观和客观不可拆分性；第二项要求，正面构成要件评价和负面构成要件评价相互交织、不分先后的一体性；第三项要求，正面构成要件和负面构成要件相互融合并共同隶属于不法（整体不法构成要件）之中。只有符合这些基本要求的犯罪论体系，才是真正在整体不法理论基础上发展起来的二阶层体系，也才可能是真正的二阶层犯罪论体系。我们不妨以这些基本要求为标准，检验新古典二阶层犯罪论体系、目的论二阶层故意犯犯罪论体系、目的论二阶层过失犯犯罪论体系，是否真正符合整体不法理论的基本要求。

首先，检验新古典二阶层犯罪论体系。其一，该体系承认了目的、内心表现、内心倾向等特别主观要素，但没有承认正面构成要件中存在一般的主观要素。这就意味着构成要件的主观面和客观面的不可拆分性只在需要特别主观要素的犯罪中实现了；而不需要特别主观要素的犯罪中，构成要件依然是客观的，构成要件依然是一个贝林古典犯罪论时期的客观观念形象。其二，该体系在较为广泛的范围内承认了规范要素的存在，但它还没有承认规范构成要件要素存在的全面性和普遍性。因而，在承认规范要素的构成要件中，正面构成要件和负面构成要件是相互融合、不分先后的；而在不承认存在规

范要素的构成要件中，正面构成要件和负面构成要件却是相互分离、区分先后的。故此，新古典犯罪论体系只在一定范围内实现了整体不法理论的第一项和第二项要求。没有第一项要求和第二项要求的全面实现，新古典二阶层犯罪论体系就只能适用于部分犯罪。所以，新古典二阶层犯罪论体系还是一个具有相当局限性的犯罪论体系，不能算是二阶层犯罪论体系的成熟形态和典型形态。

其次，检验目的论二阶层故意犯犯罪论体系。其一，该体系将主观要素分为一般主观要素和特别主观要素，所有故意犯罪的构成要件的符合都需要以一般主观要素为前提；部分学者甚至认为负面构成要件中，主观负面构成要件要素也是必不可少的。该体系在构成要件中将所有能说明不法的要素都兼收进构成要件中，比较全面地实现了构成要件主观面和客观面的不可拆分性。其二，该体系比较全面地承认了规范构成要件要素存在的普遍性，因而较为全面地承认了正面构成要件和负面构成要件相互交织、不分先后的一体性。其三，正面构成要件和负面构成要件共同融合于不法（整体不法构成要件）当中。由此可见，目的论二阶层故意犯犯罪论体系比较全面地实现了整体不法理论对构建犯罪论体系的三项基本要求，它可以适用于任何故意犯罪，该体系从而也成了具有典型性意义的故意犯"不法（整体不法构成要件）-罪责"二阶层犯罪论体系。

再次，检验客观注意义务违反的目的论过失不法犯罪论体系。其一，该体系对过失犯的构成要件中是否存在主观要素的问题，理论上存在争议，形成了主观要素不存在论和主观要素存在论的对立。主观要素存在论者认为过失犯的主观要素是对不受容许风险的认识。其二，该体系对规范构成要件要素的认识，同于目的论二阶层故意犯犯罪论体系。其三，该体系正面构成要件和负面构成要件共同融合于不法（整体不法构成要件）当中。检验该体系，对于主观要素存在论，可以说是维护了构成要件的主观面和客观面的不可拆分性，因而较为全面地实现了整体不法理论的三项基本要求，符合该理论对犯罪论体系建构的基本规则，是符合要求的"不法－罪责"二阶层犯罪论体系。对于主观要素不存在论，因为不承认构成要件存在主观面，因而构成要件依然是一个贝林古典犯罪论的客观观念形象，因而不符合整体不法理论的基本要求，不能算是真正意义上的"不法－罪责"二阶层犯罪论体系。

最后，检验主观注意义务违反的目的论过失不法犯罪论体系。其一，该体系全面地承认了过失犯存在主观不法要素，过失犯构成要件的主观面和客观面具有不可拆分性。其二，该体系对规范构成要件要素的认识，同于目的论二阶层故意犯犯罪论体系。其三，该体系正面构成要件和负面构成要件共同融合于不法（整体不法构成要件）当中。检验该体系，它全面地实现了整体不法评价理论提出的建构犯罪论体系的三项要求，因而也是具有典型性意义的过失犯"不法（整体不法构成要件）－罪责"二阶层犯罪论体系。

（二）两种存在疑问的二阶层体系

1."古典·目的论"二阶层犯罪论体系

以上认为主观要素不存在的目的论过失犯二阶层犯罪论体系，提供了一种值得进一步探讨的二阶层犯罪论体系建构方法。该建构方法的基本特征在于：其一，承认正面构成要件和负面构成要件融合于不法（整体不法构成要件）当中；其二，承认规范构成要件要素的全面性，从而承认正面构成要件评价和负面构成要件评价相互交织、不分先后的一体性；其三，该理论同时又承认了构成要件主观面和客观面的可拆分性，只拆出构成要件的客观面作为不法要素，认为过失犯不存在主观不法要素。该体系的建构思路符合整体不法理论体系建构思路的第二项、第三项要求，但不符合第一项要求。那么，在这一思路上建构起来的犯罪论体系依然算是二阶层犯罪论体系吗？

首先，该体系承认了规范构成要件要素的普遍性。构成要件具有全面的规范性，因此构成要件和违法性一样，都是一种具有评价性的不法认定程序。同时，因为构成要件符合性的判断离不开联系法规范进行的评价的协助，因而构成要件符合性的判断往往是以违法性判断为前提的，构成要件符合性判断为违法评价提供材料，而违法评价为构成要件符合性判断提供规范基础；因而代表正面构成要件的构成要件符合性和代表负面构成要件的违法性，可以融为一体，共同存身于不法（整体不法构成要件）当中。因此，该体系符合目的论二阶层体系对构成要件规范性、正面构成要件和负面构成要件相互融合性的基本要求，具有目的论二阶层体系的部分内涵。

但与目的论二阶层体系不同的是，该体系认为构成要件是客观的，构成要件是一种客观的观念形象。因而在构成要件客观性上，它既不同于目的论犯罪学说对体系建构的基本设想，也不同于新古典犯罪论对体系建构的基本设想，而是和古典犯罪论对构成要件的想法趋同，具有较为鲜明的古典犯罪论体系胎记。因此，我们不妨将这一杂糅了古典犯罪论和目的论犯罪学说融为一体的犯罪论体系称之为古典·目的论二阶层犯罪论体系。

但是，古典·目的论二阶层犯罪论体系是否具有科学性呢？

整体不法理论的最大特点就在于取消了构成要件和违法性之间的界限区分，将两者糅合为一个互相交织、相互为用、不分彼此的整体性存在。在这一整体中，构成要件和违法性皆不具有独立存在意义，两者只有血脉相连依附于不法整体才有存在意义，这就像人的肢体只有附和在身体上才具有存在意义是一样的。可是，古典·目的论二阶层犯罪论体系在强调构成要件的客观性后，构成要件作为一个客观观念形象，就具有了独立的存在意义，它可以不依附于不法整体而独立作为犯罪类型的指导形象而存在。

根据古典·目的论二阶层犯罪论体系，意味着在整体不法构成要件中，单独以客观构成要件要素组成正面构成要件；另外在负面构成要件中，因为负面构成要件是由违法阻却事由组成，主流理论上也反对存在所谓主观合法化事由，如此一来，这一整体不法构成要件就完全是由客观要素组成的构成要件，其中不存在任何主观要素。由此，古典·目的论二阶层犯罪论体系给犯罪类型提供的依然是一个客观观念形象，只是将原来由单纯客观正面构成要件要素反映的观念形象，改造成了由客观正面构成要件要素和客观负面构成要件要素合成的观念形象。但是，考究整体不法理论的来源史，整体不法理论是在反对客观构成要件、反对所谓客观观念形象论的基础上发展起来的；而古典·目的论二阶层犯罪论体系正是建立在该理论自己亲手摧毁和否定掉的贝林时期的客观构成要件基础上，因而将面临着否定整体不法理论发展历史的嫌疑。否定了自己的发展历史，古典·目的论二阶层犯罪论体系也就面临着否定整体不法理论的危险。而否定了整体不法理论，古典·目的论二阶层犯罪论体系也就无从生根了。

除此之外，古典·目的论二阶层犯罪论体系的更大问题是，所谓完全由客观要素组成的整体不法构成要件，是否还可以称得上是"整体不法构成要件"？整体不法的最大特色就在于将所有能够说明不法性质的要素兼收并蓄全部囊括到构成要件中来。而根据刑法规定，能够说明不法性质的要素既包括了主观要素，也包括了客观要素，主观要素和客观要素都是说明不法性质不可或缺的要素。故意杀人罪，其不法要素既包括在没有合法事由情况下剥夺他人生命这一客观要素，也包括在没有合法意念情况下故意为之这一主观要素，只有客观要素和主观要素结合，才能得出完整的整体故意杀人不法形象，这才是真正的故意杀人罪的整体不法构成要件。单纯具有在非合法客观事由情况下剥夺他人生命这一客观要素，单纯的客观不法，还不符合完整的故意杀人罪的整体不法构成要件。所以，单纯用客观要素来组建整体不法构成要件，这是不符合整体不法要求，同时也不符合"整体不法构成要件"的真实含义。

故此，古典·目的论二阶层犯罪论体系不承认主观构成要件要素，单纯以客观构成要件要素组装整体不法构成要件，是不符合整体不法基本理念的。这一不符合整体不法理念基础上发展起来的犯罪论体系，不可能是真正的"不法（整体不法构成要件）-罪责"犯罪论体系，应当将这种体系排除在"不法（整体不法构成要件）-罪责"犯罪论体系之外。

2."古典"二阶层犯罪论体系

我国刑法学名家张明楷教授也提倡二阶层犯罪论体系。该理论的基本特色是：其一，犯罪论体系设置为"违法构成要件-责任"两个阶层。其二，其中"违法构成要件"是整合构成要件与违法性两要素"不法要件"。所谓"违法构成要件"，"是表明行为具有法益侵害性（违法性）的要件，其中讨论违法阻却事由"。张明楷教授在其教科书中阐明，"如果像德国刑法理论那样，将'不法'作为构成要件与违法性的上位概念，那样，本书所称的违法构成要件可谓'不法要件'"。[①] 由此，该一体系也可表述为"不法-责任"体系。张明楷教授还认为，该不法要件是整合了构成要件和违法阻却事由的实体，也可以称之为"构成要件"，是一个扩大化了的、同时包含构成要件和违法性的"构成要件"。[②] 进入整体不法理论的话语体系，该构成要件实际上也就是同时包含了正面构成要件和负面构成要件的"整体不法构成要件"。

因此，秉承整体不法思路，张明楷教授也认为，不法评价应当是一种整体性评价。不法评价结论应当是在同时考虑构成要件和违法阻却事由的基础

---

① 张明楷:《刑法学（第四版）》，法律出版社 2011 年版，第 105 页。

② 张明楷:《刑法学（第四版）》，法律出版社 2011 年版，第 105、108 页。

上得出。"符合构成要件的行为具有违法性，正当防卫、紧急避险等行为不是所谓形式上符合构成要件，实质上没有法益侵犯性的行为，而是孤立的判断具有构成要件符合性的假象，但整体的判断不具有构成要件符合性，因而不具有违法性的行为。"张明楷教授在这段话中四次使用了"构成要件"一词，根据其教科书的表述，第一次、第二次、第四次使用时该词意义相同，这一"构成要件"即是"违法构成要件"；第三次所使用的"构成要件"意义有所不同，该"构成要件"是不包括违法性评价在内的构成要件。进入整体不法理论的话语体系，第一、第二、第四次使用的"构成要件"，是包括正面构成要件和负面构成要件在内的"整体不法构成要件"；而第三次使用的"构成要件"，是单指正面构成要件。由此，张明楷教授补充认为："如果像德国刑法理论那样，将符合构成要件的违法称为'不法'，或许可以认为，虽然孤立地判断时，正当防卫、紧急避险符合构成要件，但整体地判断，正当防卫、紧急避险行为并不具有违法性，因而不是'不法'的。"这段话中的"构成要件"是不包括违法阻却事由的正面构成要件。不法判断结论不能仅根据正面构成要件这一要素做出判断，而应结合负面构成要件进行整体判断。在将构成要件和违法性融合于一体之后，从一个整体不法的视角来分析正当防卫和紧急避险等合法化事由，张明楷教授进一步认为："（1）应当认为，刑法在规定故意杀人、故意伤害等罪的构成要件时，事实上已将正当防卫、紧急避险等正当化事由排除在外。（2）当行为人实施正当防卫等行为致人伤亡时，如果不考虑其保护了更为优越或者同等法益的一面，可能认为其符合杀人罪、伤害罪的构成要件，但这种结论是片面的。如果考虑其保护了更为优越或者同等法益的一面，则应最终从整体上认为正当防卫等行为不符合杀人罪、伤害罪的构成要件。（3）由于构成要件具有法益侵害的实质内容，而正当防卫等行为保护了更为优越的法益，所以，正当防卫等行为也不具备构成要件的实质。

（4）那些孤立地判断时具备符合构成要件，也没有保护更为优越或者同等法益的行为，则最终符合构成要件，因而具有违法性。"[①]这段话中，画横线的"构成要件"即"整体不法构成要件"之意。本段中笔者所引张明楷教授的论述，较为充分地展示了张明楷教授的整体不法评价思想。

由此，至少从形式上看，张明楷教授是将构成要件和违法性整合进了"整体不法构成要件"当中，在此基础上建立了"不法－罪责"犯罪论体系。因此，从形式上看，张明楷教授的体系具备了整体不法理论支撑下的二阶层犯罪论体系的外形。整体不法二阶层犯罪论体系有建基的三项基本要求，该体系至少符合其第三项要求，因为它是将正面构成要件和负面构成要件融为一体，进而形成一个整体不法构成要件的犯罪论体系。但是，该体系是否也同时符合整体不法评价理论建基的第一项和第二项要求呢？

首先，该二阶层体系不符合整体不法评价理论建基的第一项要求。

张明楷教授虽然也谈"违法构成要件""整体不法构成要件"，但是，该整体不法构成要件是只包括客观构成要件要素的构成要件。张明楷教授在其教科书中申明："有的学者认为目的犯中的目的（包括未遂犯的故意）、倾向犯的内心倾向亦即表现犯中的内心经过或者表现是主观的违法要素；有的学者认为，只有目的犯的目的是主观的违法要素；有的学者完全否认主观的违法要素。本书将故意、过失、目的、动机等主观要素归于表明非难可能性的责任要素。"为什么将所有主观要素均排除于"违法构成要件"之外，只保留客观构成要件要素呢？张明楷教授坚持绝对的客观违法性论和结果无价值论，"构成要件是违法行为类型，是表明法益侵犯性的要件；作为构成要件实质的法益侵害与危险，是指客观的侵害与客观的危险性，其有无与强弱，应基于

---

① 张明楷:《刑法学（第四版）》，法律出版社 2011 年版，第 130 页。

行为的客观要素进行判断"。① 违法是客观的，所以作为"违法行为类型"的构成要件也是客观的，不包含主观要素。正面构成要件中既不包括故意、过失这些一般主观要素，同时甚至也不包括目的、内心倾向、内心表现等特殊的主观要素。而在负面构成要件中，也不承认主观负面构成要件要素，不承认存在主观正当化要素。张明楷教授在其教科书中坦言："本书否认主观的正当化要素。当一种行为客观上没有侵犯法益，或者在损害法益的同时保护了另一同等或者更为优越的法益时，这种行为便没有客观的违法性。即使行为人在实施这种行为时具有所谓犯罪的故意，也不能仅仅根据其故意内容认定犯罪。换言之，基于事后的判断，如果没有发生违法结果的危险性，客观上又存在正当化事实时，因为缺乏法益侵害及其危险，而不能认定为犯罪"。② 不法判断是纯粹客观要素基础上的结论，不法只是客观不法，不存在主观不法。在否认存在客观构成要件要素之后，整体不法构成要件就完全是客观的整体不法构成要件，所以，张明楷教授指明，"本书在等同意义上使用构成要件、违法构成要件、客观构成要件三个概念"。③

客观的构成要件，构成要件是作为犯罪类型的一个客观指导形象，张明楷教授也将构成要件建立在贝林古典犯罪论基础上。古典的客观构成要件加上古典的罪责基础上建立的二阶层体系，不妨暂称为古典二阶层体系。但是，在引进客观构成要件之后，该理论和古典·目的论二阶层犯罪论体系一样，既否定了整体不法理论的发展历史和整体不法理论本身，也否定了自己。另外，和古典·目的论二阶层犯罪论体系一样，该客观不法理论，将客观不法要素从整体不法构成要件中拆分出来，完全抛弃主观不法要素的不法说明作

---

① 张明楷：《刑法学（第四版）》，法律出版社 2011 年版，第 133 页。

② 张明楷：《刑法原理》，商务印书馆 2011 年版，第 180—181 页。

③ 张明楷：《刑法学（第四版）》，法律出版社 2011 年版，第 108 页。

用，试图单纯根据客观不法说明整个不法的内涵。但是，作为不法之一面的客观不法并不能代表整体不法的全部内涵，该种客观不法论调实际上不能称之为"整体不法"，由单纯客观不法要素组装起来的"不法要件"也绝不是"整体不法构成要件"。

其次，该二阶层体系也不符合整体不法理论建基的第二项要求。

张明楷教授虽然也将构成要件和违法性全部囊括进了违法构成要件当中，但是在这一整体不法构成要件中，构成要件和违法性两者之间是一种什么关系呢？张明楷教授认为："采取两阶层体系，并不是将三阶层体系中的构成要件符合性与违法性完全一体化，而是强调以违法性指导构成要件解释，在违法构成要件阶层依然要分别讨论构成要件符合性与违法阻却事由。换言之，在三阶层体系中，构成要件与违法性处于两个阶层；在二阶层体系中，构成要件与违法性处于同一阶层。在三阶层体系中，先判断构成要件符合性（第一阶层），然后判断是否存在违法阻却事由（第二阶段），最后判断责任。在二阶层体系中，第一阶层仍然是先判断构成要件符合性，然后判断是否存在违法阻却事由，第二阶层则是责任判断。"[1] 在此，张明楷教授表明了他对构成要件和违法性两者关系的三点判断：其一，构成要件和违法性共同隶属于不法这一上位概念，因而同属于不法（违法构成要件／整体不法构成要件）阶层；其二，在这一整体不法构成要件中，构成要件和违法性两者是相互独立的；其三，不法判断分两步进行，第一步是构成要件判断，第二步是违法性判断。

由此可见，在张明楷教授的违法构成要件中，作为整体不法正面构成要件的"构成要件"和作为负面构成要件的违法性之间，不存在一种相互交织、相互为用、共生共存、不分先后的整体关系，两者能够相互独立，在不法体

---

[1] 张明楷：《刑法学（第四版）》，法律出版社 2011 年版，第 107 页。

系各担当了不同任务，扮演了不同角色，各具有独立存在意义，因而也是并应当区分先后的。在不法判断中，第一步要进行构成要件符合性的判断，第二步是进行违法阻却事由的判断，构成要件符合性的判断独立于违法性判断之外，不需要违法性判断提供规范基础，不需要违法性判断协力支撑。由此，张明楷教授不法体系中的构成要件和违法性两者之间的关系，和三阶层体系中构成要件和违法性的关系并无二致。构成要件和违法性两者各自独立，各司其职。只是张明楷教授将两者进行了简单相加，然后再原封不动地装进另一个容器"违法构成要件"或称"整体不法构成要件"中。这就如同油水混合后，油还是油，水还是水，虽然同置于一瓶，但没有实现水乳交融。而在真正的整体不法构成要件中，油与水早已高度融合，浑然一体，不分彼此。虽然张明楷教授声称，"笔者提倡的体系，并不是简单的合并了客观构成要件与违法性两个阶层，也不是所谓将第一道门禁与第二道门禁合并"，[①] 但在如此高程度地保持了构成要件和违法性的各自独立性，保持了构成要件和违法性的先后顺位，保持了构成要件和违法性原来的种种特色之后，构成要件还是三阶层体系基础上的构成要件，违法性还是三阶层体系基础上的违法性，这种构成要件和违法性的关系处理方式不是简单合并又是什么。

不过，张明楷教授还是认为，"在三阶层体系中，构成要件与违法性处于两个阶层"，而在自己的二阶层体系中，"构成要件与违法性处于同一阶层"。但是，这种形式上处于同一阶层，而实际上还是要分为构成要件符合性阶层、违法性阶层二步走的套路，实际上仍然是一种双层不法评价方法，而不是整体不法评价方法。而在此基础上建立的所谓"不法－罪责"犯罪论体系，实际上还是古典的"客观构成要件符合性－违法性－责任"的三阶层犯罪论体系。张明楷教授也曾自我表白，"笔者主张的体系，可谓德日的三阶层体系与

---

① 张明楷：《犯罪构成体系与构成要件要素》，北京大学出版社 2010 年版，第 111 页。

两阶层体系的融合，或者说是三阶层体系的翻版。"① 在笔者看来，张明楷教授的犯罪论体系实际上谈不上是"三阶层体系与两阶层体系的融合"，因为该体系根本和两阶层体系、整体不法思想搭不上关系，因而实际上还是应当属于贝林时期的古典三阶层体系，完全是"三阶层体系的翻版"。

有学者反对张明楷教授的二阶层犯罪论体系，认为张明楷教授的将构成要件和违法性合为一体后，会忽略构成要件在犯罪论体系中的地位，会弱化构成要件作为犯罪类型"观念形象"的形式意义。比如，周光权教授认为，"在张明楷教授的理论体系中，客观要件讨论实质违法性，主观要件讨论责任，构成要件符合性的观念在理论体系上被忽略"。② 邓子滨教授也认为，当建立二阶层犯罪论体系后，构成要件就具有不法评价意义，它不再是犯罪类型的指导形象，因而，张明楷教授的体系"将犯罪构成符合性的形式意义降低到最低限度"。③ 这种批评显然是不完全符合实际的，张明楷教授的犯罪论体系实质上和古典三阶层犯罪论体系并无实质区别。在这一体系中，构成要件依然保持了独立的品格，不法判断中，第一步判断的依然是构成要件符合性；第二步才是违法性。因此，正当防卫、紧急避险等正当行为，依然是具有构成要件符合性的行为，只是在进一步的违法性判断中，才排除了这些行为的不法性。正如上文所引证，张明楷教授认为，正当行为是"孤立地判断具有构成要件符合性的"的行为，只是"整体地判断不具有构成要件符合性"；其意是指，正当行为符合了刑法所规定的构成要件，具有构成要件符合性，只是没有同时满足构成要件和违法性，因而不是不法行为。第一个构成要件是指贝林意义上的形式的构成要件；第二个构成要件是指"违法构成要

---

① 张明楷：《犯罪构成体系与构成要件要素》，北京大学出版社 2010 年版，第 109 页。

② 周光权：《犯罪论体系的改造》，中国法制出版社 2009 年版，第 259 页。

③ 邓子滨：《中国实质刑法观批判》，法律出版社 2009 年版，第 189 页。

件"，是形式构成要件和违法性结合意义上的所谓构成要件。故此，难怪张明楷教授无法接受周光权、邓子滨二位教授的批判，张明楷教授明确表示自己并"没有否认构成要件符合性所具有的法律形式意义"，因此，"难以接受批判者所称的'将犯罪构成符合性的形式意义降低到最低限度''构成要件符合性的观念在理论体系上被忽略'的结论"。①

在检验出不符合整体不法理论建基的两项要求之后，就应当否定张明楷教授的不法评价方法源于整体不法评价理论。其至张明楷教授自己也曾在教科书中表明，"本书没有采用消极的构成要件要素理论"。整体不法构成要件理论来源于消极构成要件要素理论，消极构成要件要素理论即是整体不法构成要件理论。但他同时又认为，他的不法评价体系"与消极的构成要件要素理论似乎没有本质区别"。②事实上，张明楷教授的不法评价体系和整体不法构成要件理论、消极构成要件要素理论是存在本质区别的，其本质区别在于两点：其一，他的体系从整体不法中拆分出客观不法要素，从而建立了古典的客观不法体系；但整体不法理论坚持了主观不法要素和客观不法要素的不可拆分性，并在此基础上建立了包括主观不法和客观不法的整体不法评价体系。其二，张明楷教授的体系认为构成要件和违法性两要素之间存在相互独立、区分先后的关系，但整体不法理论将构成要件和违法性融化于不法之中，两者相互为用、共生共存，不分先后。

---

① 张明楷:《犯罪构成体系与构成要件要素》，北京大学出版社 2010 年版，第 111—112 页。

② 张明楷:《刑法学（第四版）》，法律出版社 2011 年版，第 131 页。

第四章 中俄四要件犯罪论体系的整体不法评价

一、中俄刑法理论中的不法评价

（一）不能缺位的不法状况查明

"各种刑法理论最终要解决的问题，都是归责问题"。[①] 只有确定责任归属，刑法才能实现对社会秩序的调整。因此，对行为人的行为进行刑事归责，是运用刑法要完成的最终任务。但是，这一任务必须分两步来完成，第一步是必须确定行为人实行了刑法所不允许的社会危害行为；第二步是在此基础上对行为人进行责任非难和谴责。这两步的归责过程，也就是时下大陆法系较为流行的犯罪分析流程，第一步确定行为人行为的不法状况，第二步查明行为人的罪责状况；查明了不法和罪责，对行为人的刑事归责任务即能完成。由此两步走的犯罪分析模式，形成了"不法－罪责／责任"的二阶层犯罪论体系。

中俄刑法理论奉行四要件犯罪论体系，刑事归责任务并不是分为两步走模式来完成的，而是在四要件中一步完成的。当所有四个要件同时具备，犯

---

① 许玉秀：《主观与客观之间——主观理论与客观归责》，法律出版社 2008 年版，第 3 页。

罪即告成立；当四个要件缺一，犯罪就不能成立。因此，中俄刑法理论不需要将刑事归责的过程分为不法状况的查明和罪责状况的查明两部分进行，该理论中不存在不法与罪责的区分。由此，中俄刑法理论中并不存在也不需要存在"不法"概念。

但是，刑事归责是建立在查明行为人实行了刑法所不允许的社会危害行为的基础上，即归责的前提是必须存在需要归责的事实，需要归责的事实就是不法事实。不能查明不法状况，对行为人的刑事归责也就无从谈起。这一刑法理论常识没有时空，没有国界，通行于古今中外的刑法适用过程。一个犯罪论体系中也许没有独立、专门的不法事实认定程序，但是作为归责的前提，任何体系都不能缺少不法事实认定的功能。只追究行为人以死刑的责任，而不查明其行为所形成的不法状况，这样的刑法无异于是不问青红皂白。故此，中外刑法体系和相应的犯罪论体系都从不缺少不法状况的认定功能。

（二）承担"不法"查明功能的"社会危害性"评价

有刑事责任追究就必有不法查明需要，有犯罪认定体系存在就必有不法观念，有犯罪论体系存在就必有不法功能，尽管各体系可能表述方法不同，组成要素有别，实现程序各异。那么，中俄四要件犯罪论体系中，其不法状况的查明功能是由什么程序完成的，又是如何完成的呢？

对于违法或不法的实质意义，大陆法系理论上存在形式违法性和实质违法性的不同解释，"形式违法性乃依构成要件该当性判断而确认的范围内之'类型的违法性'，而实质违法性为'以全法律秩序之理念为背景之具体或内容的违法性'"。[1] 故此，所谓不法，从形式违法性的视角认为是违反现行法律规范的命令或禁止的行为，而从实质违法性的视角则是所有违反社会伦理规

---

① ［日］川端博：《刑法总论二十五讲》，余振华译，中国政法大学出版社 2003 年版，第 155 页。

范的法益侵害行为。① 德国刑法理论和实务普遍承认"实质性不法原则"即实质违法性论，根据这一原则，德国的"科学界和司法判决在几十年以前，就发展出了在当时还没有加以规定的所谓超法规紧急状态的正当化根据。"② 在形式违法性的不法评价之外，实质违法性承担了从实质的社会危害性衡量角度，对形式的不法评价进行实质性补充评价的任务；形式违法性论和实质违法性论是分别从"法"和"超法"的角度"互补"说明不法的。③ 形式不法的实质是实质不法性，而实质不法性是行为具有社会危害性，所以不法的根据即是社会危害性，不法评价实质上也即是社会危害性评价，查明不法状况也即是要查明行为的社会危害情况。中国刑法学名家陈兴良教授认为，"三阶层犯罪论体系的违法性，不是指违反刑法，即刑事违法性，而是指实质违法。实质违法是与形式违法相对的，形式违法是通过构成要件而确认的；凡是具备构成要件该当性的行为，当然就具有形式违法性。因为构成要件本身就是违法行为类型。而实质违法则与之不同，它是指对法益的危害。""对于违法性之违法，不能从规范上加以考察，而应当从实质上加以界定。它是指违反法秩序，其根本性质在于对法益的侵害。"④ 陈兴良教授将违法性限定于"实质违法性"，认为形式违法性不应属于违法性的内容，而应属于构成要件该当性的内容，此观点尚有可商讨的空间；但是，陈兴良教授的观点正确地指出了违法性的根本内容即是实质违法性，不法的判断实际上就是实质违法性的判断，也是法益侵害性或者说是社会危害性的判断。

德日犯罪分析中的不法状况评价就相当于中俄刑法理论的社会危害性评

---

① ［日］大谷实：《刑法讲义总论（新版第 2 版）》，黎宏译，中国人民大学出版社 2008 年版，第 214 页。

② ［德］克劳斯·罗克辛：《德国刑法学总论（第 1 卷）——犯罪原理的基础构造》，王世洲译，法律出版社 2005 年版，第 391 页。

③ ［日］川端博：《刑法总论二十五讲》，余振华译，中国政法大学出版社 2003 年版，第 156 页。

④ 陈兴良：《犯罪论体系的位阶性研究》，载《法学研究》2010 年第 4 期，第 107 页。

价。陈兴良教授认为，中俄的"犯罪构成论中，并不存在违法性要件，所谓违法性要件的功能基本上是由社会危害性这一概念承担的"，[①]"社会危害性的功能与实质违法性的功能实际上是完全相同的"。[②] 这一观点是合理的。在不法判断中，中俄刑法理论一般既承认形式违法性标准，同时也承认实质违法性标准，如高铭暄教授在谈到应当如何认定正当行为时认为，"我国刑法中只对正当防卫、紧急避险两种正当行为加以规定，其他正当行为如执行命令、执行职务、执行业务、经权利人同意以及自救行为等，在有的教科书中有所论述。只要有相关的法律、法规可资依据，就都是正当合法行为。如果法律、法规没有规定，但依据公序良俗、道德规范可以给予肯定评价或不应给予谴责的，这就是德日违法论中所谓超法规的正当行为，那么根据我国刑法中的社会危害性理论和社会主义法治理念，也不会把它作为犯罪来论处。"[③] 其实，形式违法性的根据是实质违法性，实质违法性的法律表述则是形式违法性；不具有形式违法性和实质违法性的行为，根本原因都在于其是不具有社会危害性的行为，即正当行为；反之，具有社会危害性的行为就是不法行为。

（三）不法的查明方法

甘添贵教授也认为，和德日刑法理论一样，中国刑法理论中并不缺乏对行为不法性的评价。两种不法理论最大的区别并不是有没有的区别，而只是放在犯罪论体系的什么位置进行评价的区别：中国刑法理论将不法性放诸犯罪概念（即社会危害性概念）中说明，而德日刑法理论则将之放诸犯罪成立

---

①　陈兴良：《构成要件论：从贝林到特拉伊宁》，载《比较法研究》2011 年第 4 期，第 83 页。

②　陈兴良：《四要件犯罪构成的结构性缺失及其颠覆——从正当行为切入的学术史考察》，载《现代法学》2009 年第 6 期，第 59 页。

③　高铭暄：《对主张以三阶层犯罪成立体系取代我国通行犯罪构成理论者的回应》，载《刑法论丛》2009 年第 3 卷，第 9 页。

要件中说明。① 甘教授认为中国刑法理论中也存在不法评价，这当然是正确的。但是，他认为中国刑法理论的不法评价不是在犯罪成立要件中完成的，而是在犯罪成立要件之外完成的，这个观点却是存在问题的。

根据四要件犯罪论体系思想，中国刑法的犯罪成立要件是对犯罪概念（即社会危害性概念）的说明，中国刑法理论是用四要件来说明行为的社会危害性的，四要件"对行为的性质及其社会危害性具有决定意义"，② "是行为的社会危害性的法律标志"。③ 因此，中国刑法理论在四要件中展开对行为不法性的认定，四要件同时具备，行为的不法性才得以认定。根据甘添贵教授的见解，其言语之间，似乎只有德日刑法理论是在犯罪成立要件中查明行为的不法状况，而中俄刑法理论却不是这样，中俄刑法理论是在犯罪成立要件之外查明行为的不法状况，这明显是一种误解。不法状况的查明是对行为归责的前提条件，不在犯罪成立要件中查明社会危害性和不法状况，而将该一程序设置于犯罪构成要件之外，这种查明活动有何实益？和德日刑法学理论一样，中俄刑法理论也是在犯罪成立要件之中查明行为的不法状况，四要件犯罪论体系就是查明行为不法状况的唯一工具。④ 对于不法状况的查明，中俄刑

---

① 甘添贵：《学术报告：刑事违法性的概念与内涵》，载贾宇主编：《刑事违法性理论研究》，北京大学出版社 2008 年版，第 419 页。

② 高铭暄主编：《刑法学原理（第一卷）》，中国人民大学出版社 2005 年版，第 445 页。

③ 高铭暄主编：《新编中国刑法学（上册）》，中国人民大学出版社 1998 年版，第 90 页。

④ 早在苏联时期，对所谓四要件体系是在犯罪构成之外以社会危害性与违法性作为认定犯罪补充标准的观点，刑法学者就已予以了驳斥。犯罪构成是由说明社会危害性的各个特征组成的，犯罪构成是对不法的完整表述，符合了犯罪构成就具有不法性，就构成了犯罪。因此，认定犯罪，并不需要在犯罪构成之外增补社会危害性标准；社会危害性是在犯罪构成中予以表现，而不是在犯罪构成之外。毕昂特科夫斯基认为，"在我们的法学书籍中，相当普遍地存在着一种观点，认为行为的违法性（社会危害性）并不是犯罪构成的特征，而是犯罪构成以外的东西，行为的违法性好像是处在犯罪构成以外的惩罚的基础、前提和条件。"毕昂特科夫斯基等苏联刑法学者明确反对这种观点。[苏] 毕昂特科夫斯基：《社会主义法制的巩固与犯罪构成学说的基本问题》，孔钊译，载《外国刑法研究资料（第二辑）》，北京政法学院刑法教研室 1982 年编，第 128 页。

法理论与德日刑法理论的差别倒不是是否在犯罪成立要件中查明的区别，其区别只是犯罪成立要件中是否存在专门的独立的查明程序的区别。德日刑法理论中存在着专门的独立的不法状况查明程序，而中俄刑法理论对不法状况的查明则是分散在四要件中进行，没有设立专门的独立的查明程序。

中国刑法理论中犯罪成立要件即犯罪构成，犯罪构成中包括四个要件，犯罪客体要件、犯罪客观方面要件、犯罪主体要件、犯罪主观方面要件。[①]"犯罪构成是由各个单独的因素组成。法律规定，这些因素的总和构成危害社会的、犯罪的行为。同没有构成便谈不上犯罪一样，没有法律规定的全部因素，也就谈不到构成。"[②] 四要件是确定犯罪是否成立的唯一标准，符合了四个要件的行为即成立犯罪，是刑法上禁止的不法且有责的行为；不符合四个要件的行为即不成立犯罪，不是刑法上禁止的行为，该行为不具有不法性和有责性。不法、罪责和犯罪，一在俱在，一无俱无；不存在像德日刑法理论中那种有不法但无罪责、无犯罪的情况。具体操作中，组成四个要件的具体要素一经查明，不法状况即告查明，行为人的罪责也已确定。因此，四要件体系中，不法和罪责状况的确定统属于四要件查明过程中。这一四要件查明程序中，并不存在独立专门的查明不法状况的子程序，也不存在独立专门的查明责任状况的子程序。另外，不法和罪责状况的查明也不是分别进行的，而是混合进行的。确定不法状况的同时也就是在确定罪责状况，确定罪责状况的同时也就是在确定不法状况。

俄罗斯的一份法律文件《俄罗斯联邦最高法院全体会议关于法院适用刑法实践》提出，"犯罪的社会危害性程度取决于犯罪意图的实现程度、犯罪实

[①] 高铭暄主编:《刑法专论（第三版）》，高等教育出版社 2006 年版，第 138 页。

[②] ［苏］特拉依宁:《正确理解犯罪构成的因素是巩固社会主义法制的必要条件》，卢优先译，载《苏维埃刑法论文选译（第 3 辑）》，中国人民大学出版社 1957 年版，第 21 页。

施的方法、危害结果的范围或严重程度以及犯罪的一些其他主客观特征。"① 比如，要认定一个剥夺他人生命的行为是否具有社会危害性和不法性，就必须确认以下构成要件事实完全具备：其一，行为人已满 14 周岁且具备刑事责任能力；其二，主观上具有杀人故意；其三，客观上实施了非法剥夺他人生命的行为；其四，侵犯的是他人的生命权利。② 某甲存在非法杀人事实、杀人意志、杀人能力（责任能力），故意或过失杀人的不法才能告以成立；而当行为人甲缺少其中任何一个要素，不具有杀人意志或杀人能力（责任能力），杀人的不法不能成立。从刑法角度判断，缺少任一构成要件的行为都不是不法行为，而是刑法上不禁止的行为。我国刑法理论中的不法状况查明体系，其要素配置如图 6 所示。③

值得注意的是，四要件的不法状况查明过程，既要查明确定不法存在的要素，也要查明说明不法不存在的要素。对于故意杀人行为，根据四要件程序，必须查明行为人的行为属于"非法剥夺他人生命的行为"，而不是合法剥夺他人生命的行为。如果行为人是出于正当防卫、紧急避险、执行任务等正当理由合法剥夺他人生命，则不符合"非法剥夺他人生命"的犯罪各要件要求，因而不是不法行为。四要件程序的不法查明过程，既要查明确立不法的积极不法要素，也要查明排除不法的消极不法要素。故此，"行为符合犯罪构成，就表明了行为完全具备了成立某种犯罪的全部主观要件和客观要件、积极要件和消极要件、形式要件和实质要件，用不着在此之外还要考虑是否存

---

① ［俄］伊诺加莫娃—海格主编：《俄罗斯联邦刑法（总论）第二版（修订和增补版）》，黄芳、刘阳、冯坤译，中国人民大学出版社 2010 年版，第 30 页。

② 高铭暄主编：《新编中国刑法学（上册）》，中国人民大学出版社 1998 年版，第 91 页。

③ 该图根据中俄通说刑法理论所绘制。参见［俄］伊诺加莫娃—海格主编：《俄罗斯联邦刑法（总论）第二版（修订和增补版）》，黄芳、刘阳、冯坤译，中国人民大学出版社 2010 年版，第 42—44 页。

在正当防卫、紧急避险、行为人是不是具有违法性意识等排除责任事由。换言之，在犯罪构成之外，再也没有其他决定或者制约犯罪成立的要件或者因素，也不允许存在符合犯罪构成而不成立犯罪的情形。"①

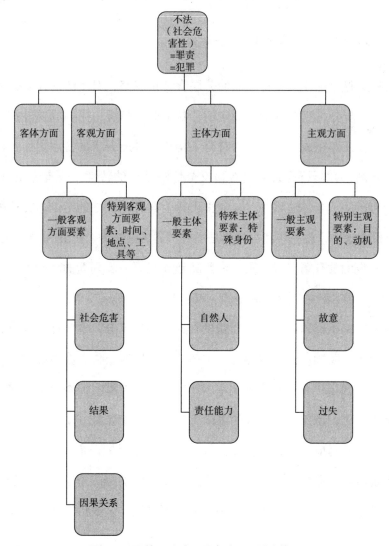

图6 四要件不法论／罪责论／犯罪论体系

---

① 黎宏:《我国犯罪构成体系不必重构》，载赵秉志主编:《改革开放30年刑法学研究精品集锦》，中国法制出版社2008年版，第673页。

二、四要件的整体不法评价方法

建立在四要件犯罪论体系基础上的四要件不法评价方法，其理论特色鲜明。特别是在与双层不法评价方法的比较中，该方法的特点显得尤为明显。

（一）不法要素同等重要、无固定顺序

三阶层犯罪论体系坚持不法的分层次评价思路，对不法的评价分为两步进行，第一步分析行为和刑法规定的罪状的吻合情况，是构成要件符合性判断；第一步任务完成，确定行为符合了构成要件所要求的特点之后，再启动第二步判断，判断行为是否具有违反全体法秩序的特性。只有走完第二步，确认行为违反了全体法秩序，才能得出行为具有不法性的结论。在这种双层不法评价方法中，第一步和第二步是一种"递进式结构"，[①] 层层推进的关系，没有第一步就没有第二步，第二步判断建立在第一步判断的基础上；第二步判断和第一步判断的顺序是固定的，没有互调的余地。

四要件犯罪论体系的不法判断没有这种层次区分，各要件之间没有一种谁先谁后的判断顺序。主观要件、主体要件、客观要件、客体要件处于同一个层面上，四要件是一种平行关系。[②] 当一个案件事实侦查完毕，移交检察机关审查起诉，承担控诉任务的工作人员并不会按照某一个固定顺序分析与该案件事实相对应的各种要件，比如，第一步分析是否有某一构成要件相对应的客观事实；第二步分析该一构成事实相对应的构成意志；第三步分析该一事实是不是出于正当防卫而实现，完全不是这样。控诉工作人员在阅卷的

---

① ［西］弗朗西斯科·穆尼奥斯：《建立一个全球统一的刑法体系之可能性》，张小燕译，载何秉松主编：《新时代曙光下刑法理论体系的反思与重构：全球性的考察》，中国人民公安大学出版社 2008 年版，第 137 页。

② 王志远：《犯罪成立理论原理：前序性研究》，中国方正出版社 2005 年版，第 14—15 页。

过程中，只要发现有和不法相关的要素，就会马上将这些要素收集进自己对该案件的不法评价系统；由此，如果首先进入视野的是行为人的主体年龄、身份等相关信息，这些信息就会立刻优先于尚未发现的其他信息，成了判断是否存在不法的首位要素；同理，如果首先进入视野的是行为事实信息，则这些信息就优先于其他信息，成了判断是否存在不法的首个要素。因此，在四要件不法判断体系的具体运作中，各种不法要素的排列顺序可能完全是随机的、偶然的。或者还有可能是因人而异的，比如，有的控诉人员习惯于先审查犯罪嫌疑人的个人信息，主体要件就成了首位不法要素；有的控诉人员习惯于先审查案件事实，客观要件就成了首位不法要素；有的控诉人员习惯于先审查行为人对案件的主观设计，主观要件就成了首位不法要素。因此，不法要素的排列顺序与控诉人员的办案风格的思维习惯有很大关系。在具体办案的过程中，对行为不法性质的分析，所有司法环节大概都是这么一个情况，检察环节如此，辩护环节如此，审判环节也是如此。评价不法的过程，各要素可按个人的逻辑自由组合，"因此，要件的排列顺序似乎也并不重要，从客观到主观者有之，从主观到客观者有之，主客观要素混杂者有之。"① 这种要素的自由搭配情况，就如双层不法评价方法在对构成要件符合性进行判断时，可以对组成构成要件的行为、结果、行为主体、行为对象等要素进行无固定顺序的自由组合一样；只要能得出是否具有构成要件符合性的结论，在这一具体判断过程中，哪个要素排前，哪个要素归后，只是个人思维习惯而已。陈兴良教授也认为四要件对各种不法要素并无严格顺序要求，他认为"在定罪活动中，各个犯罪构成要件之间的位阶关系是根本不存在的。一般是按照人们的思维习惯，有哪个要件，就先肯定哪个要件。因此，定罪过程是一个寻找犯罪构成要件的过程。如果犯罪构成四个要件都找到了，犯罪

---

① 张明楷：《犯罪构成理论的课题》，载《全球法律评论》2003 年秋季号，第 263 页。

就足以成立。如果犯罪构成要件不齐备，除非犯罪的未完成形态，否则不构成犯罪，定罪过程即告终止。至于这些犯罪构成要件之间的先后顺序在定罪过程中是不予考虑的。"[1] "我国现行的犯罪构成要件之间根本就不存在位阶关系。"[2] 陈兴良教授的这一观点是符合四要件犯罪论体系的实际运作情况的。

当然，四个要件之所以呈现出这种无先后顺序之分，主要是因为四个要件之间存在着不可拆分的相互勾连，如责任能力是主体要件要素，但是这一主体要件要素是行为人自由意志的前提条件，没有责任能力就没有自由意志，从而也不可能具有刑法意义上的主观故意和过失，主观要件无法得以成立；"犯罪主体条件的具备，是行为人具备犯罪主观要件的前提"。[3] 反之，"意识与意志是正常人的精神活动不可缺少的两个要素"，[4] 没有刑法意义上的意识和意志，没有刑法意义上的主观故意和过失，也就表明了行为人行为时不存在归责所需要责任能力状态，主体要件不能成立。同样，没有责任能力或没有主观意志，行为人也就不可能实施刑法意义上的危害行为，不可能造成刑法意义上的社会危害结果，不可能符合犯罪客观要件和客体要件。而与此同时，"没有犯罪行为的实施无所谓犯罪，当然也就无所谓犯罪主体，犯罪主体的存在以行为人实施了犯罪行为——危害社会的行为为前提。"[5] 由客观要素和主观要素组成的四个要件是相互联系的，"这种有机联系表现在：一方面，人的客观上危害社会的活动，只有受到主观上故意或者过失的心理态度支配和决定时，才是刑法中的犯罪行为；另一方面，人的危害社会的故意或过失的犯罪心理态度，永远表现在刑法所禁止的危害社会的行为当中。总之，在犯罪

---

① 陈兴良：《论犯罪构成要件的位阶关系》，载《法学》2005 年第 4 期，第 5 页。

② 陈兴良：《刑法教义学方法论》，载梁根林主编：《刑法方法论》，北京大学出版社 2006 年版，第 32 页。

③ 高铭暄主编：《新编中国刑法学（上册）》，中国人民大学出版社 1998 年版，第 141 页。

④ 薛瑞麟：《昨天·今天俄罗斯刑法中的罪过学说》，中国政法大学出版社 2013 年版，第 26 页。

⑤ 赵秉志主编：《海峡两岸刑法总论比较研究（上卷）》，中国人民大学出版社 1999 年版，第 125 页。

构成中，犯罪的客观要件与主观要件是有机结合在一起的，离开任何一个方面都不复存在，这样也就没有了整体犯罪构成的存在"。① 所以，四要件之间具有一种环环相扣、相互交织的关系网络，各要件之间互为前提，相互依存；在对行为不法属性的判断中，各要件既都不具有单独存在的意义，同时也无法确立谁对谁具有优先地位，因而，也就不可能确立谁先谁后的判断顺序。

在认识了四个要件之间存在着难分难解的勾连之后，中俄刑法理论中为什么还是要将统一的不法判断体系区分为主观要件、客观要件、主体要件、客体要件呢？王勇博士认为，有四个要件统一断定的不法的确是"客观要件和主观要件的统一"，是"有机结合、不可分割的整体"，但理论上之所以将这个"统一"的"整体"一分为四，主要是"为了便于司法人员的掌握和理论工作者的研究"。当然，这种划分是纯理论性的，是相对的，实际上被划分的各个要件并不具有独立意义。以犯罪客体要件举例而言，"我们把被犯罪行为所侵害的社会主义社会关系称为犯罪客体，但犯罪客体是不可能脱离其他要件而独立存在的。只有当有刑事责任能力的行为人在故意或过失的心理状态支配下实施了一定的犯罪行为，我们才能把被侵害的社会关系称为犯罪客体。"② 犯罪客体要件和其他要件只有存身于犯罪构成所描画的整体不法框架内，才具有刑法意义。

四要件犯罪论体系的不法判断，四个要件平行排列，同等重要，③ 且缺一不可。④ "从各要件有机统一共同反映行为的社会危害性这一点来说，任何要

---

① 高铭暄主编：《刑法专论（第三版）》，高等教育出版社 2006 年版，第 244 页。

② 王勇：《定罪导论》，中国人民大学出版社 1990 年版，第 81 页。

③ 周光权：《犯罪论体系的改造》，中国法制出版社 2009 年版，第 299 页。

④ ［俄］伊诺加莫娃—海格主编：《俄罗斯联邦刑法（总论）第二版（修订和增补版）》，黄芳、刘阳、冯坤译，中国人民大学出版社 2010 年版，第 35 页。

件的地位都是平等的。"① 特拉伊宁认为，"在法律规定的构成因素中，没有
'选择性'的因素，没有比较重要的或不太重要的因素，没有主要的和次要的
因素。具体的犯罪构成必须具备形成它的全部因素，缺少任何一个因素，犯
罪构成便不存在，因此无论哪一个环节发生破裂，整个链条也就松散。从这
种（只有从这种）意义上来讲，同一个犯罪构成的一切因素都是同等的，它
们都是为成立具体的犯罪构成所必要的。"② 组成犯罪构成的四个要件是一个
完整的整体性的存在，不存在所谓"简短"的犯罪构成，"缺乏这些条件之一
即不能构成犯罪。只要具备了一切要件那就永远是'完备''完整'的犯罪构
成。不完备的、部分的和简短的犯罪构成是不可能存在的。"③ 得出的具体不法
结论，是建立在对各个不法要素结合判断的基础上，是各个不法要素合力的
结果。对于不法的成立与否这个结论而言，四个要件单纯哪一个要件都不具
有独立的不法评价意义，都不能单独说明行为的不法性质；而且，四个要件
都必须同时存在，缺少了其中一个就不能说明行为的不法性质。只有共生于
不法这一整体的评价体系之中，各要件才具有不法评价意义；脱离了不法的
整体评价体系，各个要件则"皮之不存，毛将焉附"了。不法不能脱离各个
要件的合力，各个要件也不能脱离不法而单独具有不法评价意义。不法将四
个要件集合为一个整体，而四个要件组成了完整的不法状态。

---

① 赵秉志：《论犯罪构成要件的逻辑顺序》，载《刑法论文选萃》，中国法制出版社 2004 年版，第
　　325 页。

② ［苏］特拉依宁：《正确理解犯罪构成的因素是巩固社会主义法制的必要条件》，卢优先译，载《苏
　　维埃刑法论文选译（第 3 辑）》，中国人民大学出版社 1957 年版，第 22 页。

③ ［苏］盖尔青仲：《苏维埃刑法中的犯罪概念》，甘雨沛译，法律出版社 1956 年版，第 65 页。

（二）主观不法和客观不法

古典犯罪论体系奉行"违法是客观的，责任是主观的"主客观二分理念，只承认客观不法，而不承认主观不法；因此，该理论认为说明不法的要素全部是客观要素，而将所有主观要素排除不法体系之外。新古典犯罪论体系基本上还是坚持客观的不法思想，此外，还例外地承认了个别主观不法要素，如目的犯的目的、倾向犯的内心倾向、表现犯的内心表现这些特别主观不法要素；新古典犯罪论体系初步实现了客观不法和主观不法的结合。目的论犯罪论体系则在此基础上迈进一步，全面地承认了主观不法要素的存在，既基本上无争议地承认故意是一般主观不法要素，又承认了目的、内心倾向、内心表现这些特别主观不法要素；目的论犯罪论体系全面地实现了主观不法和客观不法的结合。[①] 目的论认为不法是主观不法和客观不法的结合，客观不法必须以主观不法为指导，[②] 于是，主观不法和客观不法具有了不可拆分性，无法从主客观结合的整体不法中拆分出客观的构成要件，分层不法分析方法正式向整体不法分析方法方向推进。

和目的论犯罪论体系对不法要素的要求基本相同，四要件犯罪论体系的不法要素也是主观不法要素和客观不法要素的结合。四要件犯罪论体系认为，"主观恶性与客观危害的统一，就是社会危害性"，[③] 就是不法。社会危害性和不法性在犯罪论体系的载体就是犯罪构成，而犯罪构成又是"由主观要件和

[①] 说明：因为不法是构成要件和违法性的上位概念，所有构成要件要素和违法要素都是不法要素。因此，无论是主观构成要件要素还是主观违法要素，可以统称为主观不法要素；客观构成要件要素和客观违法要素，可统称为客观不法要素。德国刑法理论和台湾刑法理论多有此一称谓。

[②] 许玉秀：《当代刑法思潮》，中国民主法制出版社 2005 年版，第 75 页。

[③] 陈兴良：《刑法哲学（第二版）》，中国政法大学出版社 2000 年版，第 157 页。

客观要件的总和组成的一个整体"。① 所以，苏联刑法学者特拉伊宁认为，"犯罪构成乃是苏维埃法律认为决定具体的、危害社会主义国家的作为（或不作为）犯罪的一切客观要件和主观要件（因素）的总和。"② 不法就是主观不法和客观不法的结合。从一个日本学者的视角，中俄不法理论是如何论证主观不法和客观不法的结合原理的呢？日本学者上野达彦注意到，根据马克思列宁主义的基本原理，特拉伊宁认为，一切现象都是客观存在，行为事实是一种客观存在，行为主体及其支配行为的主观意志也是一种客观存在；在一个行为中，行为事实、行为主体、行为意志都同时客观存在。人的一切行为，特别是犯罪行为，都不可能丧失其主观意志支配的性质，主观性质是人类行为的基本标志。"不能像刑事古典学派那样认为行为是失去主观色彩的'纯粹的'客观的东西，因而不能成为犯罪构成要件赖以形成的基础。否则，就意味着把行为与行为者两种紧密联系的现象割裂开来。"中俄的刑法理论从马克思列宁主义的基本原理出发，主张将主观不法因素和客观不法因素辩证地统一起来，"而近代资产阶级的犯罪构成要件论，却总是纠缠在究竟犯罪构成要件的两种结构——客观结构与主观结构，当中何者占居优势地位的问题上，这就是两者的不同点。"③

中国刑法理论中，通说将"犯罪主体要件和犯罪主观方面的要件统称为主观要件，将犯罪客体要件和犯罪客观方面的要件统称为客观要件。主观要

---

① ［俄］伊诺加莫娃—海格主编：《俄罗斯联邦刑法（总论）第二版（修订和增补版）》，黄芳、刘阳、冯坤译，中国人民大学出版社 2010 年版，第 37 页。

② ［苏］特拉伊宁：《犯罪构成的一般学说》，薛秉忠等译，中国人民大学出版社 1958 年版，第 43 页。

③ ［日］上野达彦：《批判资产阶级犯罪构成要件论——从批判资产阶级犯罪构成要件论向苏维埃犯罪构成要件论的转变过程》，康树华译，载《外国刑法研究资料（第二辑）》，北京政法学院刑法教研室 1982 年编，第 178 页。

件和客观要件的有机统一，就形成犯罪构成"。① 当然，笔者所讲的主观不法、客观不法并不是和主观要件、客观要件相对应的概念，主观不法是由主观构成要件要素组成，客观不法则由客观构成要件要素组成；如通说将主体要件归入主观要件中，而这些主体要素是属于客观构成要件要素，属于客观不法要素。因此，中俄刑法理论中的主观不法要素即是犯罪主观方面要件的内容，而客观不法要素则是犯罪主观方面构成要件以外的构成要素。所有主观不法要素和客观不法要素的结合都说明了行为的不法属性，"组成犯罪构成要件的各因素对于说明行为的社会危害性及其程度都具有决定性的作用。例如，犯罪客体直接体现了犯罪所侵害的社会关系，是犯罪的社会危害性的主要表现；犯罪的客观方面，即犯罪行为（包括犯罪的方式方法、时间、地点等）、犯罪结果等，则体现了犯罪行为对社会进行危害的过程及其具体危害后果；犯罪主体和犯罪的主观方面则表现了犯罪社会危害性在主观上的特征之——主观恶性或主观危害性。"同时，正如主观要件、主体要件、客观要件、客体要件对不法评价的不可或缺一样，主观不法或者客观不法对不法的评价而言也是缺一不可，"没有主观恶性的纯客观的社会危害性不是刑法意义上犯罪的社会危害性"，② 缺少主观不法的纯客观不法不是刑法意义上的不法，缺少客观不法的纯主观不法也不构成刑法上的不法。如甲意图对被害人乙进行抢劫，却向丙谎称乙欠其赌债，让丙帮忙追债。丙信以为真，伙同甲殴打和威胁乙后，当场抢走乙的现金和手机。本例中，丙虽有抢劫的客观不法，但无抢劫的主观不法，因而乙的行为不具有抢劫罪的不法性。

---

① 高铭暄主编：《新编中国刑法学（上册）》，中国人民大学出版社 1998 年版，第 90—91 页。

② 王勇：《定罪导论》，中国人民大学出版社 1990 年版，第 82 页。

（三）不法判断的唯一根据是犯罪构成

不法是在综合确立不法要素和排除不法要素基础上得出的判断结论。双层不法评价中，将不法判断分为构成要件符合性判断和违法性判断两个阶段，构成要件判断阶段判断是否存在确立不法的要素，排除不法要素的判断则在违法性判断阶段完成。因此，在该判断体系中，构成要件并不包括不法评价的所有内容，而只包括不法的正面构成要件要素。

与双层不法评价方法不同，中俄刑法理论则用一个犯罪构成包括了不法评价的所有要素，通过犯罪构成建构了不法评价的完整体系。苏联刑法学者毕昂特科夫斯基认为，"每一犯罪构成，都是这一犯罪的法律概念。法律把一定的法律后果——使某人负刑事责任、确认某人有罪及判罪，同确定某人行为中的犯罪构成特征联系起来。犯罪构成包含着某一犯罪行为的一切本质的特征。在每一犯罪行为中，对于说明该罪的客体和客观方面、主体和主观方面的各个特征，都加以描述。"[①] 犯罪构成是判断行为是否具有社会危害性的充足要素，行为符合犯罪构成就具有社会危害性，就具有不法性，也就构成犯罪。[②] 苏联刑法学者采列捷里、马卡什维里也认为："苏维埃刑事立法在制定各种犯罪构成时，是从许多生活关系中选出一定的事实来加以综合，并将这些综合起来的事实与刑罚的威胁联系起来，因而，苏维埃立法认为，某些特征的这种总和正是社会危害性的体现者。同时，每一犯罪构成的成立，也就是承认法律中确切规定的某种行为，是刑法意义上的违法行为。"正因为犯罪构成是对具有社会危害性行为的主要特征的概括，犯罪构成是社会危害性的

---

① ［苏］毕昂特科夫斯基：《社会主义法制的巩固与犯罪构成学说的基本问题》，孔钊译，载《外国刑法研究资料（第二辑）》，北京政法学院刑法教研室 1982 年编，第 124—125 页。

② ［苏］特拉伊宁：《犯罪构成的一般学说》，薛秉忠等译，中国人民大学出版社 1958 年版，第 48—49。

完整表现形式，因此，"'证明某人的行为中有法律所规定的犯罪构成的一切因素，同时也就是证明这些行为的社会危害性。'除了证明犯罪构成的一切特征以外，无须再另外证明行为的社会危害性及违法性。此外，犯罪构成不仅是社会危害性存在的表达者，而且也是要求相当刑罚的这种危害性的一定程度的表达者。"①

中俄刑法理论中的犯罪构成既包括确立不法的要素，也包括排除不法的要素，因而是反映和表现不法的完整载体。通说认为，不法评价之际，犯罪构成是说明不法存在与否的唯一根据，不需要在犯罪构成之外增补证明不法存在与否的要素。当然，通说之外，也有个别学者认为犯罪构成和不法之间不具有这种对应关系，犯罪构成不是评价不法的唯一根据。如采列捷里、马卡什维里就认为，"可以提出以下原理作为一般规则：人的行为中具有刑法典分则条文所载的犯罪构成的各特征时，也就意味着这一行为具有危害社会的和违法的性质。"但是，有犯罪构成就有不法，这只是犯罪构成和不法性关系的一般规则，"没有例外的规则是没有的"，一般规则之外，犯罪构成和不法性的例外关系表现在，有些行为形式上符合犯罪构成但却没有不法性。对这一"例外关系"观点，采列捷里、马卡什维里引用了《苏俄刑法典》的相关规定予以论证，如《苏俄刑法典》第6条的附则规定："行为在形式上虽符合本法典分则某一条文的特征，但由于显著轻微且无损害结果而丧失社会危害性质的，不是犯罪行为"；又如，《苏俄刑法典》第13条规定，出于正当防卫或紧急避险造成损害的，对行为人不适用刑罚。因而，采列捷里、马卡什维里认为，"在某种例外的场合，某人所实施的行为，虽然形式上也符合刑法典所载的犯罪构成的各项特征，但是由于特殊情况的存在，它就不再是危害社

---

① ［苏］采列捷里、马卡什维里：《犯罪构成是刑事责任的基础》，高铭暄译，载《苏维埃刑法论文选译（第一辑）》，中国人民大学出版社1955年版，第67页。

会的及违法的行为了。在这种场合，符合犯罪构成的诸事实特征的综合，就成为一种不能作为刑事责任基础的空洞的形式。"由此，不法的评价，在犯罪构成之外还要增补社会危害性作为补充判断标准。[①]

中俄刑法理论中的通说观点坚决驳斥了采列捷里、马卡什维里的说法，如毕昂特科夫斯基就指出了该观点存在的问题。毕昂特科夫斯基以正当防卫为例，认为正当防卫行为是一种权利行为；在某些情况下，该种行为甚至也可以说是一种保护国家、集体和他人的义务行为。认为正当防卫行为是一种符合犯罪构成的行为的观点，是与事情的本质和基本法律意识相抵触的。这就好比认为，"在医生的外科手术中和在消灭苏维埃祖国敌人的战争中，形式上也是有'犯罪构成'的，因为这些行为都包含着肉体伤害或剥夺生命的事实特征。如果将行为的违法性放在犯罪构成的范围以外，那么，苏维埃公民的许多有益于社会的行为都不得不认为具有形式上的'犯罪构成'了，例如，法律咨询处主任由于给质疑者以解答而收受报酬的行为，就具有形式上的'受贿行为'的构成；检察长批准任一拘捕，就具有形式上的'剥夺他人自由'的构成"。因此，"为了替犯罪构成的错误观念作辩护而把苏维埃公民的许多合法行为说成'犯罪'，这是不应该的"。[②]

采列捷里、马卡什维里的观点，在犯罪构成之外另需补充社会危害性要素作为不法判断根据；首先以犯罪构成形式上判断行为是否具有犯罪构成符合性，然后再从实质上判断行为是否具有违法性也即是社会危害性，这就导引中俄刑法理论对不法的认定走向了分层不法认定方法。因此，采列捷里和马卡什维里的观点就有将不法划分为构成要件阶层和违法性阶层的倾向。对

---

① ［苏］采列捷里、马卡什维里：《犯罪构成是刑事责任的基础》，高铭暄译，载《苏维埃刑法论文选译（第一辑）》，中国人民大学出版社 1955 年版，第 67—69 页。

② ［苏］毕昂特科夫斯基：《社会主义法制的巩固与犯罪构成学说的基本问题》，孔钊译，载《外国刑法研究资料（第二辑）》，北京政法学院刑法教研室 1982 年编，第 129—130 页。

于采列捷里和马卡什维里的这一理论倾向，苏联刑法学者契柯瓦则评论道："把行为的社会危害性和违法性置于犯罪构成之外，是意味着掩盖犯罪构成的本质，使犯罪构成变为失去社会 - 政治内容的空洞的概念。""缺乏社会危害性和违法性就没有也不能有犯罪构成。"就正当防卫行为而言，"合理的正当防卫的行为不具备犯罪构成，因为在正当防卫的情况下实施的行为不具有危害社会的性质，而且从苏维埃刑法的观点看来是合法的行为。"① 据此，中俄刑法理论的通说观念认为，所有说明不法的要素都被包括在犯罪构成之中，仅根据犯罪构成，此外无需填补任何其他要素，即可得出行为不法性质的结论；犯罪构成是判断行为是否具有不法性的唯一根据。

（四）用整体不法评价理论基本要求检验

当前大陆法系刑法学界赞成的不法评价主要有两种，一是三阶层犯罪论体系所坚持的双层不法评价方法，该种评价方法在构成要件和违法性两个区分先后的阶层或层次判断行为的不法性质；二是二阶层犯罪论体系坚持的整体不法评价方法，该评价方法将所有说明行为不法性质的要素放在一个判断系统，组成一个扩大化的整体不法构成要件，不法评价之际，根据所有说明不法的要素不分先后的判断行为的不法性质。

中俄四要件犯罪论体系，并不将不法评价分为不同的层次分步进行，因而和三阶层犯罪论体系的双层不法评价方法具有显而易见的区别。那么，四要件犯罪论体系的不法评价和二阶层犯罪论体系的整体不法评价方法是否更为接近，是否可以说也是一种整体不法评价方法？我们不妨利用组建整体不

---

① ［苏］契柯瓦则：《苏维埃刑法中犯罪构成的概念和意义》，宋金波译，载《苏维埃刑法论文选译（第三辑）》，中国人民大学出版社 1957 年版，第 15—17 页。

法评价方法的几项基本要求，[①] 对四要件犯罪论体系的不法评级方法进行检验。

其一，就整体不法评价方法所要求的说明不法的要素来讲，不法判断体系中必须同时囊括了主观构成要件要素和客观构成要件要素。初级的整体不法评价方法，即新古典时代的整体不法评价方法，只承认了特别主观构成要件要素，如目的、内心倾向等；而成熟阶段的整体不法评价方法，即目的论的整体不法评价方法，不但承认了特别主观构成要件要素，而同时也承认了一般主观构成要件要素，如故意，甚至还包括过失。四要件犯罪体系将所有说明社会危害性、说明不法的要素全部收集进了不法评价体系中，这些要素既包括说明不法的全部主观要素，也包括说明不法的全部客观要素；作为不法评价体系的犯罪构成绝不是一个古典犯罪论体系意义上的客观"观念形象"，犯罪类型的"轮廓"，不法评价体系应是主观不法要素和客观不法要素的结合体。四要件犯罪论的不法评价体系对不法要素的要求，和整体不法评价理论是一致的。

其二，整体不法评价方法要求，不法评价中，各说明不法的要素之间是相辅相成、相互为用的关系，各要素没有固定顺序、不分先后。双层不法评价方法分两步审查行为的不法性质，首先审查确立不法的要素，然后审查排除不法的要素。基于各要素之间的相互依存关系，整体不法评价方法没有这一顺序要求，对说明不法的各要素的审查可以同步进行。和整体不法评价方法相同，四要件犯罪论体系也没有区分各不法要素的先后顺序，可以根据个人思维习惯和其他原因，灵活地安排不法要素的审查顺序。

其三，整体不法评价方法要求，将说明不法的各要素集中于一个统一的整体不法评价系统中，在同一个系统内审查各要素与整体不法构成要件的符合程度。双层不法评价方法将不法要素划分为两个不法评价系统，一是构成

---

① 具体见第三章"整体不法思想的犯罪论体系构架"第一部分的相关内容。

要件符合性评价系统；二是违法性评价系统。整体不法评价方法则只有一个
评价系统，即整体不法构成要件，日本刑法学者松宫孝明称之为"全构成要
件理论"；[①] 行为符合整体不法构成要件的，即具有不法性，反之则否。四要件
犯罪论体系也是将说明不法的各要素集合在一个评价系统中，这个评价系统
不称为"整体不法构成要件"，而称为犯罪构成；符合犯罪构成的行为即具有
不法性，反之则否。

　　整体不法评价方法之所以叫作"整体"方法、"整体不法构成要件"，其
原因有三个，一是该不法评价方法坚持了评价要素的整体性，将说明不法的
所有主客观要素全部揽进了不法评价系统中。二是该评价方法坚持认为各不
法要素之间存在着一种整体性关系，是不能区分先后的。三是建立了一个整
体性的不法评价系统，在同一个系统中对各不法要素进行审查。和整体不法
评价方法相同。四要件犯罪论体系也坚持了不法评价的整体性原则，既将所
有说明不法的主客观要素兼收并蓄，强调了各不法要素之间不分先后的整体
性关系，同时又建立了一个统一的不法评价系统。由此可见，中俄四要件犯
罪论体系所坚持的不法评价方法，也是一种整体性不法评价方法。松宫孝
明认为，中国刑法和苏俄刑法采取的就是"消极构成要件要素理论"的立
场。[②] "消极构成要件要素理论"即负面构成要件要素理论，整体不法评价方
法是在消极构成要件要素理论基础上发展起来的，消极构成要件要素理论就
是整体不法构成要件理论的别称。由此可见，松宫持有和笔者相同的观点，
认为中俄的不法评价方法即是一种和二阶层犯罪论整体不法评价方法相同或
相似的不法评价方法。

---

① ［日］松宫孝明：《犯罪体系论再考》，张小宁译，载《中外法学》2008 年第 4 期，第 567 页。

② ［日］松宫孝明：《罪刑法定原则与刑法的解释》，赵莉译，载《金陵法律评论》2011 年春季卷，
　　第 109 页。

三、四要件整体不法的突出特色——彻底的整体不法评价

中俄四要件犯罪论体系采用的不法评价方法是一种整体不法评价方法，具有和二阶层犯罪论体系整体不法评价方法相同的基本特点。不法评价体系是犯罪评价体系上的一个环节、一个阶段，不法评价体系存身于犯罪论体系的大背景之下，它受到了犯罪论体系的限制和约束；不同的犯罪论体系必然产生不同的不法评价体系。中俄四要件整体不法评价理论和二阶层整体不法评价理论具有相同的基本特点，这些基本特点使两种不法评价方法都位列整体不法评价理论之班。但由于所属犯罪论体系背景差异，犯罪论体系的制约使得两种不法评价体系呈现出迥异的鲜明特色。

（一）正面不法

1.正面不法评价和负面不法评价的结合形式

三阶层犯罪论体系认为不法是符合构成要件的具有违法性的行为，行为不法性质的审查被放置于两个不同的不法评价体系中进行，这两个体系即是构成要件符合性判断体系和违法性判断体系；由此形成了不法评价的两个阶层或层次，构成要件符合性阶层判断的是确立不法的要素，违法性阶层判断的是排除不法的要素。确立不法的要素即正面不法要素，排除不法的要素即负面不法要素。与此不同，在三阶层犯罪论体系基础上发展起来的二阶层犯罪论体系的整体不法评价理论，将传统不法评价方法进行改造，实现了构成要件和违法性的融合，两个分离的不法评价体系合而为一，两者被放置在同一个不法评价体系即"整体不法构成要件"中进行审查；在这一新体系中，原来的构成要件被改造为正面构成要件，学理上也叫积极构成要件；违法阻却事由被改造为负面构成要件，学理上也叫消极构成要件。按照整体不法构

成要件理论，"构成要件该当性就是'积极构成要件'每一个要素都被满足而且'消极构成要件'每一个要素都不被满足"。[①]在三阶层犯罪论体系不法评价方法基础上发展起来的二阶层犯罪论不法评价体系，其正面不法要素和负面不法要素虽然没有了阶层设置和先后区分，但是，新的不法评价体系中依然保留了将不法要素区分为正面不法要素和负面不法要素的传统。由此，二阶层犯罪论的整体不法评价是在结合正面不法要素和负面不法要素基础上得出的完整不法评价结论；不法评价过程中，必须同时开展对正面不法要素和负面不法要素的审查。和正面不法要素一样，负面不法要素也是确定不法必不可少的要素，对负面不法要素的审查是二阶层犯罪论整体不法评价方法的重要环节。总体上依然可以认为，二阶层犯罪论的整体不法评价体系是正面不法评价和负面不法评价的结合。

二阶层犯罪论体系的整体不法表达形式即是在对正面不法要素和负面不法要素进行区分的思维习惯上形成的。对于故意杀人罪构成要件的完整表述，应当是：行为人有故意剥夺他人生命的行为事实，同时又不存在正当化理由。台湾刑法学者林钰雄认为，"根据负面构成要件要素理论，杀人罪禁止的内涵并不是'你不可以杀人'，而是'你不要故意杀人，除非是有正当防卫、紧急避险、依法令之行为、业务上之正当行为等等事由'，据此，只要具备这些正当化的事由，杀人就是自始不禁止之行为，也无整体不法构成要件之该当性可言。"[②]林钰雄所言的负面构成要件要素理论即是二阶层犯罪论体系的整体不法构成要件理论。根据该理论，"故意杀人"是正面不法要素，"正当行为等等事由"是负面不法要素，正面不法要素和负面不法要素组成了完整的说明不法的构成要件。同理，故意伤害罪构成要件的完整表述，应当是：行为有

---

① 郑逸哲：《消极构成要件》，载《月旦法学教室》第 17 期（2004 年 3 月），第 54 页。

② 林钰雄：《构成要件之概念与学说》，载《月旦法学教室》第十期（2003 年 8 月），第 67 页。

故意损害他人健康的行为事实，同时又不存在正当化事由。德国刑法第 223 条规定了故意伤害罪，罗克辛认为，根据二阶层犯罪论体系的整体不法构成要件理论，"应当把第 223 条读成：'在身体上虐待他人或者损害他人健康的，处以……刑罚，除非行为是为了防卫眼前的违法攻击，防卫一种对生命、身体、自由、荣誉、财产或者其他法益造成重大损害的危险，出于对自己孩子教育的原因'等等所要求的。这样一种表述方法，在现有的例子中包含的正当化根据有：紧急防卫，正当化紧急避险和父母的责打权，并且还应当通过所有其他还可以想象的正当化情形来加以补充。"[①] 行为人存在故意伤害他人的事实，同时又排除了一切正当化事由的存在，即是伤害罪的整体不法构成要件。

在整体不法构成要件中，正面构成要件要素规定的是确立不法的要素，而负面构成要件要素规定的是违法阻却事由，是正当化事由，它的作用是用来抵消正面构成要件要素具有的构成要件符合性。负面构成要件要素是对正面不法构成要件要素的适用限制，[②] 只要有负面构成要件要素的存在，整体不法构成要件的符合性就无法得以成立。二阶层犯罪论体系的整体不法构成要件采取的是"整体不法构成要件＝正面不法要素＋负面不法要素"的结构，也是"整体不法＝不法要素＋非不法要素（违法阻却事由／合法化事由）"的结构。

2. 全面的正面不法评价形式

中俄四要件整体不法理论中不存在负面构成要件要素一说。组成负面构成要件的各种正当化事由，法规规定的违法阻却事由和超法规的违法阻却事

---

① ［德］克劳斯·罗克辛：《德国刑法学总论（第 1 卷）——犯罪原理的基础构造》，王世洲译，法律出版社 2005 年版，第 185 页。

② 郑逸哲：《消极构成要件》，载《月旦法学教室》第 17 期（2004 年 3 月），第 56 页。

由，在二阶层犯罪论体系中是排除不法的负面不法要素，是整体不法构成要件中的负面构成要件要素。"在苏俄及我国的四要件的犯罪构成体系中，不存在消极要件，无论是客观要件还是主观要件，都是积极要件。"① 四要件不法体系对行为不法性的判断并不需要这些要素，负面不法要素、负面构成要件要素在四要件不法体系中没有存身的余地。

正当行为之所以不是不法行为，二阶层犯罪论体系会认为这些行为具有违法阻却事由，具有负面构成要件要素符合性，从而抵消了正面构成要件要素符合性；四要件不法体系则会认为，正当行为得以正当化，其原因在于这些行为不符合犯罪构成的主观要件、客观要件、主体要件或客体要件。比如正当防卫行为，从中国刑法理论的一般视角分析，虽然该行为和违法犯罪行为具有某些部分和程度的相似性，都造成一定损失，但是，两种行为本质上大相径庭，"一个是有益于社会的行为，一个是危害社会的行为"。

具体来看，"正当防卫的性质须从主观意识和客观活动两方面加以认识。我国刑法中的正当防卫有两个鲜明的特点，从主观上看，正当防卫是防卫人面对不法侵害，抱着保护合法权益的目的，被迫采取的一种反击行为。行为人主观上不具有危害社会的故意或过失，而是积极地行使法律赋予的权利，显然没有罪过心理；从客观上看，正当防卫与违法犯罪行为作斗争，不是危害行为，而是维护社会主义社会关系。这是正当防卫别于犯罪行为的法律依据。"② 中国刑法理论主要从主观要件和客观要件分析了正当防卫行为不具有犯罪构成的符合性。主观上虽然行为人也有损害的认识和意志，但是，由于保护合法权益的目的引领着这种损害故意，因而正当目的优先于损害意志，可

---

① 陈兴良：《四要件犯罪构成的结构性缺失及其颠覆——从正当行为切入的学术史考察》，载《现代法学》2009 年第 6 期，第 70 页。

② 高铭暄主编：《刑法学原理（第二卷）》，中国人民大学出版社 2005 年版，第 201 页。

以认定行为人主观上不具有危害社会的故意；客观上虽然行为人造成了损失，但将这些损失放在正当防卫行为维护社会关系的大背景下予以对照，进行利益衡量取舍，则可知损失是次要的，保护的社会关系是主要的，行为总体上不但没有造成客观危害，反而是有益的。

正因为正当防卫行为不符合犯罪构成的主观要件和客观要件，因而四要件不能得以成立，行为不具有不法性。又如，紧急避险行为得以正当化的原因也同此理，中国刑法名家刘明祥教授认为，"紧急避险之所以不是犯罪行为、不负刑事责任，是因为它不具备主客观相统一的犯罪构成"，"这在我国早已成为无争之论"了。① 具体而言，"在主观上，行为人在紧急避险的状态下，为了挽救较大的合法权益免遭损害，不得已才损害另一种较小的合法权益，不具备危害社会的罪过心理；在客观上，由于行为人在紧急避险的状态下牺牲了较小的合法权益，保护了较大的合法权益，使合法权益在必遭损害的情况下，将损害降低到最低限度，不是危害社会的行为。"②

苏俄刑法理论也是从犯罪构成的主观要件、客观要件、主体要件或客体要件上排除正当行为的不法性。如，俄国刑法学者基斯嘉科夫斯基认为，身体强制下的行为、紧急避险行为、正当防卫行为、执行命令的行为，都是在主体失去自由意志的情况下实行的行为；没有自由意志，也就意味着这些行为都是在"行为人以外的原因引起的无责任能力状态"下实施的。由于责任能力属于犯罪主体方面要素，因而行为人处于无责任能力状态，也就是行为人不符合犯罪构成的犯罪主体方面要件，因而这些正当行为不具有不法性。另一位著名俄国刑法学者塔甘采夫则在犯罪客体要件一章中论述正当行为，

---

① 刘明祥：《紧急避险研究》，中国政法大学出版社 1998 年版，第 21 页。

② 高铭暄主编：《刑法学原理（第二卷）》，中国人民大学出版社 2005 年版，第 241 页。

"把正当防卫、紧急避险等情况看作是犯罪客体一章的组成部分"。[①]

中俄不法理论中的正当行为，是不符合犯罪构成四要件入罪评价标准的行为，是"客观上造成一定损害结果，形式上符合某些犯罪的客观要件，但实质上既不具备社会危害性，也不具备刑事违法性的行为"，这些行为"并不具备成立犯罪的全部要件"，因而不具有不法性。[②]犯罪构成四要件都是来自对有社会危害性行为的描述，四个要件都是说明行为具有不法性的要件；四个要件缺少一个，犯罪构成就不能成立，行为就不具有不法性。把组成犯罪构成的四个不法要件分解，即"客体方面不法要件＋客观方面不法要件＋主观方面不法要件＋主体方面不法要件"。四要件不法体系中，其结构是"整体不法＝不法＋不法＋不法＋不法"。组成整体不法的四个要件都是说明不法存在的要件，而不包括说明不法不存在的要件；只存在正面不法评价要件，不存在负面不法评价要件。四要件不法评价体系采取的是全"不法"要素组合，明显区别于二阶层犯罪论体系不法评价所采取的"不法＋非不法"要素组合。

正因为四要件不法评价体系采取的是全不法要素组合，因此，在对刑法罪状的表述中就基本上没有负面不法要素存在的空间。例如，故意杀人罪的完整罪状表述就是"非法地故意剥夺他人生命的行为"，这一表述形式将所有出于正当防卫、紧急避险、执行命令的正当杀人行为排除在罪状之外。毕昂特科夫斯基认为，根据四要件不法评价体系，"不是任何以侵占为目的而攫取他人财产，都是盗窃他人财产的行为，而只有以侵占为目的违法地攫取他人财产，才是盗窃他人财产的行为。因此，如果盗窃财产的行为已真正确定，

---

① 薛瑞麟：《昨天·今天俄罗斯刑法中的罪过学说》，中国政法大学出版社 2013 年版，第 25—26 页。

② 高铭暄、马克昌主编：《刑法学（第五版）》，北京大学出版社、高等教育出版社 2011 年版，第 126—127 页。

那末，关于行为违法性（社会危害性）的问题，从而也就在犯罪构成的范围内解决了。""行为的社会危害性及违法性，都是苏维埃社会主义刑事立法所规定的每一犯罪构成的必要特征。"刑法将所有说明不法的要素都完整无遗地表述在罪状中，具体表现在以下几个方面。

其一，某些情况下，刑法所规定的决定某一犯罪性质的事实特征用语，同时具有说明行为本身是一种不法行为，如"诽谤""强奸"等词语；其二，某些情况下，刑法的罪状和犯罪的概念中，明示了行为的不法属性，如"非法剥夺他人自由"的用语；其三，某些情况下，审判实践也会使用相关用语揭示行为的不法属性，如苏联最高法院全体会就发布过一个规定，认为盗窃"就是故意地非法地把国家财产或公共财产转为己有的行为，而不问其实施的方式和方法如何"，杀人"就是违法地故意或过失地剥夺他人生命的行为"，而受贿"就是由于为行贿人的利益实施或不实施某些行为而违法地收受职务上财产利益的行为"。

故此足以证明，"与行为的事实特征密切相联系的关于行为违法性的问题，是作为犯罪构成的必要特征在确定犯罪构成的过程中加以解决的，而不是在确定某人行为中的犯罪构成以后才解决的。如果已实施的行为没有违法性（社会危害性），那就永远不会有犯罪构成。因此，例如当某人合法地实行正当防卫时，就没有犯罪构成；当某人的行为显著轻微且无损害结果而失去社会危害性质时，也没有犯罪构成"。[①] 明确表达或隐藏于罪状之中"非法""违法"等用语，就将所有正当行为排除于犯罪构成之外，即四要件完全利用说明不法的正面不法要素，将所有正当行为排除在罪状和整体不法评价体系之外。

---

① ［苏］毕昂特科夫斯基：《社会主义法制的巩固与犯罪构成学说的基本问题》，孔钊译，载《外国刑法研究资料（第二辑）》，北京政法学院刑法教研室 1982 年编，第 128、131 页。

3. 补充：两个易混淆的概念

在此还有必要进一步补充说明的是消极规定的构成要件要素、消极理解的正面不法要素（正面／积极构成要件要素）和负面不法要素（负面／消极构成要件要素）的区别和联系。

消极理解的构成要件要素，人们可以从罪状表达的正面构成要件要素中理解出立法者对行为不法性质的表意。比如，上文毕昂特科夫斯基所举的种种示例，比如"强奸"，读者可以从该词中解读出消极的行为特性，行为人是"违法地"强行和妇女发生性行为；"诽谤"是指行为人"违法地"散布某种事实，影响他人名誉；"盗窃"是指"非法地把国家财产或公共财产转为己有的行为"；等等。此外，消极理解的正面构成要件要素还存在着另一种类型，即罪状中使用了某些消极的用词，用以表达积极的意思。德国刑法学者汉斯·海因里希·耶塞克、托马斯·魏根特认为，在这些消极理解的构成要件要素中，"尽管消极的理解相关特征，还是涉及对禁止性规范内容的积极描述"，比如，强奸虽然可以理解为"违法地"强行和妇女发生性行为，但做这种理解的同时，实际上也是揭示了违背妇女意志强行和其发生性关系的本质，而违背妇女意志强行和其发生性关系正是强奸罪的积极的构成要件要素。因此，消极构成要件要素和被消极理解的构成要件要素是完全不同的两码事。[①]消极构成要件要素即负面构成要件要素，或简称为负面不法要素，负面不法要素即合法化事由，它是排除不法要素，它的作用是排除正面不法要素（正面构成要件要素）对行为不法性质的确立，从而说明该行为不是不法行为。而消极理解的构成要件要素恰好是对正面不法要素的展开，它从反面说明了确立不法的要素。

---

① ［德］汉斯·海因里希·耶塞克、托马斯·魏根特：《德国刑法教科书》，徐久生译，中国法制出版社 2001 年版，第 310 页。

不同于消极理解的构成要件要素的是消极规定的构成要件要素。构成要件要素一般被积极的正面的规定于罪状之中，但也有时在一般的正面的规定成立不法所必须具备的要素之后，发现还存在某些特殊情形，并不具有不法性，对于这些特殊情形，有必要从一般正面规定中予以排除。于是，立法者通常利用消极表达的要素达到目的。比如，"未经许可""未经允许""无正当理由""非法"等用词，我国刑法规定，"未经许可经营法律、行政法规规定的专营、专卖物品或者其他限制买卖的物品的"，具有非法经营罪的不法性；"非法拘禁他人或者以其他方法非法剥夺他人人身自由的"，具有非法拘禁罪的不法性。这些貌似消极的负面用词，表达的却是正面的意思，是确立不法的要素，实际上都是积极的正面的构成要件要素，也即正面不法要素。① 刑法适用的目的本来就是为了将所有需要进行不法定性的行为予以确定，确立不法就是刑法的现实任务，而排除不法并不是刑法的任务，排除不法只是为了更准确、更方便地确立不法，它是为确立不法服务的。四要件的整体不法理论坚持从正面认定不法，明确了刑法适用的目的和任务。

（二）有责的不法

1.责任能力的不法地位

根据古典犯罪论学说，不法是客观的，责任是主观的，责任能力、故意、过失这些要素属于罪责要素。相对古典犯罪论的不法理论，二阶层犯罪论体系的整体不法理论已将故意甚至过失这些主观要素，作为一般主观不法要素。主观要素纳入不法范围，这就否定了"不法是客观的，责任是主观的"这一传统观念，出现了不法要件中包罗传统责任要素的倾向，不法被披上了一层"有责的不法"的新衣。

---

① 张明楷：《犯罪构成体系与构成要件要素》，北京大学出版社 2010 年版，第 131 页。

但与二阶层犯罪论的整体不法理论相比，在中俄四要件整体不法理论中，展示了一种更为彻底的"有责的不法"观念。

根据四要件整体不法理论，只有同时满足四个要件的行为才具有不法性。四个要件中包括了主观要件和主体要件，而主观要件中包括一般主观要件要素和特别主观要件要素，一般主观要素是一切不法成立必须具备的故意、过失这两个"罪过"要素，特别主观要件要素即目的、动机等；① 主体要件中包括了责任能力要素。按照大陆法系刑法理论，传统上一般认为罪过故意、罪过过失属于责任要素，即是责任故意、责任过失，责任能力更是属于纯粹的责任要素。但按照四要件整体不法理论，不法行为"不是纯生理意义上的那种行为，而是具有刑事责任能力的人针对一定社会关系，在故意或过失的心理状态支配下实施的一定行为"，② 没有故意、过失，没有责任能力这些罪责要素，主观要件和主体要件就不能符合，由四要件组合而成的行为不法性就无法认定。由此可见，四要件的整体不法理论在二阶层犯罪论的整体不法理论基础上迈进了更大一步，将大陆法系通说中责任要素即责任能力也改造为了不法要素，存在责任能力是行为被认定为不法的前提，这就更为彻底地实现了不法的有责化。

苏联刑法学者认为，责任能力是犯罪主体要件中不可或缺的构成要素，它是指行为人在实施社会危害行为时，能够清醒地认识和控制自己的行为，并有对自己的行为负责的能力。由此，责任能力是犯罪能力和刑罚适应能力的统一。并且，责任能力还是"罪过和责任的先决条件"，没有责任能力主观方面不法要件和主体方面不法要件就不能成立。故此，无责任能力人的损害

---

① 高铭暄主编：《新编中国刑法学（上册）》，中国人民大学出版社 1998 年版，第 166 页。

② 王勇：《定罪导论》，中国人民大学出版社 1990 年版，第 82 页。

行为不具有不法性，不是犯罪行为。[1] 责任能力是犯罪主体要件的重要组成要素，没有责任能力就不可能有犯罪主体，没有责任能力就不可能有不法。由责任能力所构造的犯罪主体要件在犯罪成立判断体系中发挥了极为重要的作用。赵秉志教授为了突出由责任能力所构造的犯罪主体要件在犯罪构成中的重要作用，他认为犯罪主体是"犯罪构成不可缺少的要件"，同时还认为，"犯罪主体是犯罪构成的首要条件"。其原因在于，其一，在四要件体系中，犯罪主体要件是其他三要件存在的前提和基础。就犯罪主体要件与犯罪客观方面要件的关系来看，刑法上有意义的任何行为事实，都是人的行为，是有责任能力的人危害社会的行为。就犯罪主体要件与犯罪客体要件的关系来看，对刑法上社会关系的侵害，只能是有责任能力的人实行的。就犯罪主体要件与犯罪主观方面要件的关系来看，没有责任能力就不可能有罪过，主观要件是依赖于主体要件的。其二，在不法认定的四要件体系中，按照决定不法的逻辑顺序，犯罪主体要件也"居于首位"。因为不法的发生程序是这样的，在有责任能力的人在罪过的支配下，实施了危害社会的行为，造成了危害社会的结果，最后侵害了社会关系。决定不法的逻辑顺序应当是，犯罪主体—犯罪主观方面—犯罪客观方面—犯罪客体。故知，犯罪主体要件在犯罪构成中居于首要地位，是认定不法的"第一要件"。[2]

在不法认定体系和犯罪认定体系中，犯罪主体要件具有十分重要的体系地位，没有以责任能力为中心要素的犯罪主体要件，不法无法认定，犯罪不能成立，这是毋庸置疑的。但是，笔者认为，为了突出以责任能力为中心的犯罪主体要件的不法和犯罪认定功能，将之提升为不法认定的"第一要件"，

---

[1] ［苏］别利亚耶夫、科瓦廖夫编：《苏维埃刑法总论》，马改秀、张广贤译，群众出版社1987年版，第110页。

[2] 赵秉志主编：《海峡两岸刑法总论比较研究（上卷）》，中国人民大学出版社1999年版，第130—131页。

在四要件体系中居于"首要地位",则是不符合实际情况的。正如上文所言,中俄刑法理论的犯罪构成中,对不法和犯罪的认定而言,四要件的关系是平行并进的,四者具有同等重要的地位;同时,四要件还是相互依存、相辅相成的关系,四要件中没有哪个要件相对其他要件具有固定的优位性,没有谁比谁更为重要。所谓四要件之间存在着由犯罪主体到犯罪主观方面到犯罪客观方面再到犯罪客体的前后顺序,这是从不法和犯罪行为的发生顺序进行推断的。但是,我们要建立的不法体系和犯罪论体系,其目的不是为了还原不法行为的发生历程,而是为了判断行为是否具有不法性,是否是一种犯罪行为;我们要建立的是一个不法和犯罪是否成立的判断体系。事实上,不法和犯罪的认定中四要件不存在固定的判断顺序,四要件的前后顺序完全是偶然形成的。

尽管如此,学者们强调犯罪主体要件在犯罪构成体系中的重要地位,强调不法和犯罪都是建立在以责任能力为中心的犯罪主体要件的基础上的,他们还是考虑到了不法和犯罪的一个重要性质,即不法和犯罪是以犯罪主体责任能力的存在为前提的,无责即无不法,有责才有不法。赵秉志教授的观点从侧面揭示了中俄四要件的整体不法认定体系是建立在行为人具有责任能力的基础上的,是"有责的不法"。也许正是因为考虑到有责的不法,责任是不法的前提,才会有学者将犯罪主体提升为不法认定的第一位要件。因此也就不难理解,20 世纪 30 年代,苏俄刑法学者特拉伊宁为什么曾主张"不是把犯罪主体作为犯罪构成要件的因素,而是作为它的前提条件,从而把主体排除于犯罪构成要件之外"。[①]特拉伊宁指出:"没有责任能力,刑事责任问题本身

---

① ［日］上野达彦:《批判资产阶级犯罪构成要件论——从批判资产阶级犯罪构成要件论向苏维埃犯罪构成要件论的转变过程》,康树华译,载《外国刑法研究资料(第二辑)》,北京政法学院刑法教研室 1982 年编,第 153 页。

就不会发生，因而犯罪构成的问题本身也就不会发生。正因为如此，所以责任能力并不是犯罪构成的因素，也不是刑事责任的根据；责任能力是刑事责任的必要的主观条件，是刑事责任的主观前提：刑事法律惩罚犯罪人并不是因为他心理健康，而是在他心理健康的条件下来惩罚的。""关于无责任能力的问题，可以在解决是否有杀人、盗窃、侮辱等任何一个犯罪构成的问题之前解决。责任能力通常在犯罪构成的前面讲，它总是被置于犯罪构成的范围之外。"[①] 把以责任能力为中心要素的犯罪主体作为犯罪构成的前提条件，从而排除于犯罪构成体系之外，特别放置于犯罪构成之前，这种做法是过于偏激而有待商榷的。到了 20 世纪 40—50 年代，甚至特拉伊宁本人也改变了这一初衷，他将犯罪主体要件还原归位于犯罪构成之中。[②] 无论是将犯罪主体要件放置于犯罪构成之前，还是将主体要件作为犯罪构成固定的首位要件，都是有失偏颇的。但是，这一有失偏颇的做法也从另一角度揭示了一个重要道理：强调了责任能力在不法和犯罪认定中的重要地位，不法只应当是有责的不法，没有责任能力，不法即无由生根，无从谈起。

2. 有责的不法的表现

有责任能力的人实行的侵害行为才具有刑法意义，才可能成为不法行为。这一有责的不法观念，在刑法解释论中比较明显地表现在对所谓"对物防卫"的态度，对无责任能力人的侵害行为是否可以实行正当防卫的态度这两个问题上。

其一，物的不法否定论

动植物可否成为实行不法行为的主体，这在刑法理论上存在争议。中俄

---

① ［苏］特拉伊宁：《犯罪构成的一般学说》，薛秉忠等译，中国人民大学出版社 1958 年版，第 60—61 页。

② 刘生荣：《犯罪构成原理》，法律出版社 1997 年版，第 68 页。

刑法理论通说观点认为，实行不法行为的主体只可能是人，而不可能是动物、植物。其理由在于，第一，动植物不存在责任能力，没有责任能力也就没有辨认能力和控制能力，从而动植物无法做出抉择，无法通过意志控制其行为和法规范相符合。第二，不法是主观不法和客观不法的结合，是主客观的统一。只有在人的危害社会的主观心理态度支配下，行为者实施了客观上对社会关系具有损害性的行为，才能认定为形成了不法状态。主观心态属于思维范畴，客观行为属于实践范畴，"它们都是人类所独有的功能"，动植物既不可能具有支配行为的主观心态，同时也不可能具有有社会意义的实践活动，因此，动植物并无资格作为实施不法行为的主体。第三，认为动植物可以实施不法行为，不符合刑罚目的。取得预防不法的功能，这是刑罚适用的重要目的。但是，将动植物对人类所造成的损害认定为不法，这既不能矫正造成损害的动植物不再产生损害，同时也不能告诫其他动植物不造成损害。[1] 故此，中俄刑法理论一般认为将动植物作为不法主体是不妥当的。

其二，无责任能力人的不法否定论

问题和物的不法相类似，无责任能力状态下的人是否可成为实行不法行为的主体。中俄刑法理论通说认为，无责任能力状态下的人不能成为不法行为主体。"具备刑事责任能力者可以成为犯罪主体并被追究刑事责任；不具备刑事责任能力者即使实施了客观上危害社会的行为，也不能成为犯罪主体，不能被追究刑事责任。"[2] 比如，根据中国刑法规定，不满 14 周岁被拟定为无责任能力年龄，不能辨认和控制自己行为的精神病人被拟定为无责任能力人，因此，不满 14 周岁的人、不能辨认和控制自己行为的精神病人实施了侵害行为，即使是程度十分严重的侵害行为，也不能被认定为是不法行为。另外，

---

[1]　赵秉志:《犯罪主体论》，中国人民大学出版社 1989 年版，第 17—18 页。

[2]　高铭暄主编:《新编中国刑法学（上册）》，中国人民大学出版社 1998 年版，第 142 页。

已满 14 周岁不满 16 周岁的人被拟定为是有限责任能力年龄，这个年龄阶段的行为人只对性质十分严重的侵害行为具有认识能力和控制能力，比如，"故意杀人、故意伤害致人重伤或者死亡、强奸、抢劫、贩卖毒品、放火、爆炸、投毒"行为；已满 14 周岁不满 16 周岁的人，只有实行了这些侵害，其行为才能被认定为不法行为。

有的苏俄刑法学者还持有更为彻底的有责的不法观点，甚至认为行为人在突发强烈精神激动状态下造成的严重侵害行为也不是不法行为。比如，特卡钦科即认为，当某种侵害引起了"被侵害者强烈精神激动状态"，被侵害者在激动状态中对侵害行为的性质及其危险性出现了错误估计，在此错误认识的基础上被侵害者实行了超过正当防卫限度的强力防卫。这种超过正当防卫限度的侵害行为不能被认定为不法行为。因此，行为人的"激动"状态应当成为一个主观的排除不法事由；"对于处在突发的强烈精神激动状态的人所造成的死亡或伤害，则不能认定为超过正当防卫限度的犯罪行为"，该行为不具有不法性质。[①] 当然，该观点将有责的不法思想推向了另一个极端，只要存在外在的对行为人精神的强烈刺激，就断定行为人会处于缺乏责任能力的激动状态，因而有责的不法不能成立。

四要件体系的不法评价和二阶层犯罪论体系的不法评价，具有非常相同的基本特征，这些共同特征决定了两者都属于整体不法评价方法。但是，与二阶层犯罪论体系的整体不法评价方法相比，四要件的整体不法评价方法显得更具有整体性，它是从一个更加宏观的整体性视角来判断行为的不法属性的。首先，二阶层犯罪论体系的整体不法评价方法，它同时进行正面不法评价和负面不法评价，还保持有双层不法评价方法的遗风；但四要件整体不法

---

① ［日］浜口和久:《苏维埃刑法中正当防卫及其有关问题——介绍特卡钦科的观点》，陆青译，载《国外法学》1981 年第 2 期，第 31 页。

评价方法则只从正面进行不法评价，将所有负面不法要素转入正面不法要素中，它没有存留双层不法评价方法的任何余味。其次，四要件整体不法评价方法更是毫无保留地将所有罪责要素归位为不法要素，将所有说明犯罪的要素归位为不法要素，将罪责和不法结合起来。由此，四要件不法评价体系最大限度地实现了不法评价的整体化。

第五章　四要件整体不法体系的合理性争议

中俄不法理论具有鲜明的特色，按笔者前文概括，这些特色主要表现为五个方面：一是主观不法和客观不法的结合；二是无固定顺序的不法；三是扩大化的整体不法构成要件；四是正面的不法；五是有责的不法。前三个特色为整体不法理论所共有，无论是二阶层整体不法理论还是四要件整体不法理论，都具有这三方面的特征；后两个特色则一般被认为中俄四要件整体不法理论的专利产品。这五个特色的存在，才构建了完整的四要件整体不法评价体系；五个特色缺少其中一个，四要件的整体不法评价体系便会走样。当然，学界也有不少观点质疑和否定四要件不法体系的某些特色。近年来，争议较大的主要集中在这几个问题上，一是说明不法的四个要件是否应具有固定顺序；二是负面不法要素是否应当纳入不法要素范围；三是罪责要素特别是责任能力要素是否应驱除出不法要素范围。

一、四要件不法评价有无固定顺序

（一）不法要素排列顺序之争

中国刑法学名家陈兴良教授曾多次论证说明，四要件不法评价是一种对不法要素无固定排列顺序要求的不法评价方法，此一论断道出了学界的共同心声，得到了学界较为广泛的认同。目前国际刑法学界风头正劲的双层不法评价体系，其不法评价过程有着从构成要件判断到违法性判断的阶层或层级关系，正面不法要素判断优先于负面不法要素判断，客观不法判断优先于主观不法判断，定型判断优先于非定型判断，事实判断优先于法律判断，[①]判断过程存在着明显的"立体感"和"层次感"。陈兴良教授显然认为，相比洋货的种种美感，中国四要件不法评价体系就似乎成了"土货"，一股脑将所有不法要素大包大揽地填充进了一个无底洞似的犯罪构成当中，既看不到那里有什么"立体感"，也看不到那里呈现出什么"层次感"。相比之下，似有相形见绌之感。

但素来就有不服输精神的社会主义刑法理论学者们，并不赞同陈兴良教授的看法，坚决否定洋货比土货更好，既然洋货有"立体感""层次感"，那我们的土货肯定也一点都不会比洋货缺少质感。高铭暄教授即认为，"关于四要件犯罪构成理论是平面还是立体、分层次还是不分层次的问题。我认为，无论从哪方面看，都无法得出四要件犯罪构成理论是平面的、平铺直叙的、没有层次感的结论"。对于学界广泛认同的四个要件不存在排列顺序、没有层次递进关系的论断，高铭暄教授认为，"从四个要件的排列顺序上看，也不能说我国的犯罪构成不区分层次，不立体。尽管学界对于四个要件如何排列还存在不同的看法，但不管何种观点都承认的一个事实是，犯罪构成四个方面要件的排列并不是随意的，而是遵循了一定的规律"。高铭暄教授所称的"遵循了一定的规律"是什么"规律"？即"发现犯罪、认定犯罪的认识规律"。就以杀人行为和盗窃行为为例，一个杀人行为、盗窃行为发生之后，人们第一步认识到的情况是"人被杀死了""财物被盗了"，犯罪客体受到了侵犯；第二步，人们就会追问，人是怎样被杀死的，财物是怎样被盗窃的，这是在

---

① 陈兴良：《论犯罪构成要件的位阶关系》，载《法学》2005 年第 4 期，第 6—7 页。

审查犯罪客观方面要件；第三步，人们继续追问是谁杀死了被害人，是谁盗走了财物，这是在审查犯罪主体要件；第四步，当犯罪分子被发现或被抓获之后，人们还要进一步追问行为人行为时的内心态度，这是在审查犯罪主观方面要件。高铭暄教授总结自己的观点："因此，我认为四要件犯罪构成理论由客体、客观方面，到主体、主观方面的排布，并不是杂乱无章、平铺直叙的，这种排列符合人们的认识规律，是一个有机统一的整体"。①

当然，对于四个要件的排列顺序，中俄刑法理论中存在着五花八门的说法，其中，影响较大的还有中国刑法名家赵秉志教授等所提倡的从犯罪主体要件到犯罪主观方面要件，到犯罪客观要件，再到犯罪客体要件的体系。赵秉志教授认为，"认定和处理犯罪的研究应以对犯罪行为及其形成过程与发展规律的本体性研究为基础，离开犯罪行为及其形成过程与发展规律而对犯罪的认定与处理的研究，如对证据的研究等，则亦都不属于刑法学研究的范围"，因此，应当按照犯罪发生过程来安排四个要件的排位。第一步，应当认为犯罪主体要件是犯罪构成成立的逻辑基础，是第一位的；第二步，犯罪行为是犯罪主体在主观心理态度支配下实施的，因此继主体要件之后，犯罪主观方面要件是第二位的；第三步，犯罪主体在罪过心理的支配下实施了客观犯罪行为，产生了客观犯罪结果，犯罪客观方面要件因而归于第三位；第四步，犯罪行为侵害了一定社会关系，形成了现实的犯罪客体，犯罪客体成了犯罪构成的最后一个要件。②

苏俄刑法理论对于四个要件的排列顺序也是门派众多，歧见纷呈。早在

---

① 高铭暄：《对主张以三阶层犯罪成立体系取代我国通行犯罪构成理论者的回应》，载《刑法论丛》2009年第3卷，第7—8页。

② 赵秉志：《论犯罪构成要件的逻辑顺序》，载《刑法论文选萃》，中国法制出版社2004年版，第323—325页。

十月革命前期，基斯嘉科夫斯基①就将四个要件的排列顺序依次布置为，犯罪主体、犯罪客体、犯罪主观方面、犯罪客观方面；而由苏联法学研究所于1938年编写的《刑法总则》教科书，则将四个要件分列为，主体、主观方面、客体、客观方面；1948年孟金沙则提出了由犯罪客体、犯罪客观方面、犯罪主体到犯罪主观方面的排列顺序；1956年库德利雅夫采夫在《苏联法律辞典》（第二分册）采用了从犯罪客体、犯罪主体、犯罪客观方面到犯罪主观方面的排位体系。②由伊诺加莫娃－海格主编的《俄罗斯联邦刑法（总论）第二版》一书采用了由犯罪客体、犯罪客观方面、犯罪主观方面到犯罪主体的排位体系。③苏俄刑法对四要件排位观点的多样化，一点也不逊色于中国。

（二）无固定顺序的不法要素

对四个要件排位顺序的思考始于四要件犯罪理论的产生，但迄今尚未形成比较一致的看法。究其原因，根源在于四个要件本来就不可能具有什么前后顺序。四个要件都是用来说明社会危害性存在情况的，哪一个要素先一步说明或后一步说明，对社会危害性结论的形成都不会产生任何影响。四个要件齐备了，社会危害性结论就产生了；而四个要件只要缺少其中一个，社会危害性结论即可排除。第一步排除了犯罪主体要件可以否定社会危害性存在，第一步排除犯罪客体要件、犯罪主观方面要件或犯罪客观方面要件存在，也

---

① 季斯甲科夫斯基即是薛瑞麟博士所译的基斯嘉科夫斯基其人，见薛瑞麟：《昨天·今天俄罗斯刑法中的罪过学说》，中国政法大学出版社2013年版，第41页。庞冬梅博士则译成季斯加科夫斯基。见庞冬梅：《"四要件"与"三阶层"犯罪论体系评述》，载《北方法学》2012年第1期，第79页注"②"。

② 赵秉志：《论犯罪构成要件的逻辑顺序》，载《刑法论文选萃》，中国法制出版社2004年版，第314页。

③ ［俄］伊诺加莫娃—海格主编：《俄罗斯联邦刑法（总论）第二版（修订和增补版）》，黄芳、刘阳、冯坤译，中国人民大学出版社2010年版，第42—44页。

都同样可以否定社会危害性存在，四个要件说明或排除社会危害性的作用是完全相同的；不会因为哪一个要件先一步审查或后一步审查而对结论认定产生不同的效果。任何一种理论上的四要件排列顺序，比如，"按照犯罪行为产生发展的过程把犯罪构成要件的顺序排列为主体要件、主观要件、客观要件、'客体要件'，并不意味着哪个要件在前哪个要件就更重要（因此不能说犯罪主体要件就是最重要的要件），也不意味着排在前面的要件的具备是排在后面的要件具备的'逻辑前提'，如果说这种排列顺序体现出了什么逻辑性，也只能说仅仅是论理上的逻辑性，而不是各要件自身产生或认定的所谓先后'逻辑顺序'"。[1] 四个要件本来就是作为整体性存在的，"任何一个犯罪构成要件的成立都有赖于整个犯罪构成的成立，任何一个犯罪构成要件的成立也标志着整个犯罪构成的成立"，[2] 各要件并不具有独立地位，分隔开来只是一种理论上的做法，为了理论分析和探讨之便。对此，肖中华教授的说法是有其道理的，他认为"暂时分割开来的要件在认定犯罪过程中也总是带有'虚拟性'"。[3] 司法实践中，只有等所有事实查明，法院才能最终认定行为的性质是否具有不法性，是罪与非罪。故此，不法和犯罪是作为整体性存在的，在所有事实查明之前，这种"整体性"尚未成型；没有这种"整体性"，所谓不法和犯罪就都还不存在，都还只是处于一种"虚拟存在"状态。对于实在的不法和犯罪而言，四个要件是连成一体、不可分割的，因此也就不可能存在一个谁先谁后的排列顺序。对于四个要件的排列顺序，苏俄刑法理论中之所以出现了百家争鸣的场面，达不成基本的共识，其原因即在于四个要件本来就不可能有什么固定的排列顺序，不同场景下不同人的思维习惯就会形成不同

---

① 肖中华：《犯罪构成及其关系论》，中国人民大学出版社 2000 年版，第 213 页。

② 陈忠林：《刑法散得集》，法律出版社 2003 年版，第 267 页。

③ 肖中华：《犯罪构成及其关系论》，中国人民大学出版社 2000 年版，第 213—214 页。

的对四要件的审查顺序。

分层不法理论宣扬其不法认定过程存在着固定的先后层次，第一步是构成要件符合性审查；第二步是违法阻却事由的审查，这两步的次序先后分明，雷打不动。其实，这种说法也存在大可质疑的余地。比如，司法实践中对国家工作人员对死刑犯执行死刑的行为，按照分层不法理论，司法工作者对此类事件，第一步必须确认该事件中存在剥夺他人生命的行为事实，因而执行死刑的正当行为便具有了构成要件符合性；紧接着在第二步通过违法阻却事由的审查才否定该行为的不法性。如果要求司法工作者都按照这种套路来分析具体案件，那么，基本上所有的正当行为都必须首先确认其具有构成要件符合性，都应当进入司法审查的视野，都需要立案侦办。构成要件理论本来就是在诉讼法基础上发展出来的，构成要件具有其特定的诉讼程序意义，它是启动诉讼程序对侵害行为进行侦查的事实基础；行为符合了构成要件，具有了"可罚性的客观根据"，就决定了司法系统应当启动刑事侦查程序。德国刑法学者 C. A. J. 米特迈尔谈到了构成要件的诉讼程序启动意义，他说，"在刑事诉讼中，犯罪构成理论的意义在于，每一个调查均必须基于相关事实基础，以避免过于轻率地展开调查。这样做的好处是，在刑事诉讼的不同阶段具有不同意义，在开始调查阶段的意义不同于在下列问题上的意义，例如，是否应当对某人展开特别调查，或者是否要对某人进行起诉。在这里还不能对刑法意义作出判断，而只是涉及，作为调查根据的具有特定范围和形态的犯罪（否则就不存在进行调查的真实的基础）在多大程度上是确实存在的。"[①]有了"特定行为特征的整体"，有了"客观的可罚性"，不管这种行为是什么性质，是否属于正常生活行为，是否属于国家行为，都应在所不问，都应启

---

① ［德］安塞尔姆·里特尔·冯·费尔巴哈:《德国刑法教科书（第十四版）》, C. J. A. 米特迈尔出版，徐久生译，中国方正出版社 2010 年版，第 84 页 "出版者注"。

动刑事侦查程序开展调查。如此操作，将所有正常生活行为和国家法律行为都纳入司法领域，这对有限的国家司法资源来讲，是一个不可能完成的任务。实际上，欧陆司法系统并没有将这些正当行为和国家执法行为纳入司法领域进行审查。不将正常生活行为和国家执法行为纳入司法审查视野的做法表明，欧陆刑法操作当中并不总是第一步审查行为的构成要件符合性，而是完全有可能忽略和跳过第一步，直接进行第二步的违法阻却事由审查。比如对于正当生活行为和国家执法行为，可以第一眼从常识的利益衡量上或者从常识的社会伦理上否定其具有违法性，否定其具有不法性，从而无需纳入司法审查工作领域。由此可见，双层不法评价方法并不具有普遍的适用性，欧陆理论上提倡双层不法评价方法，而实务操作中却难以完全照章遵循。理论上说的是一套，实践上做的是另一套。

不能照章遵循的理论，其合理性是大可存疑的。况且，将构成要件和违法性完全切分，理论上也是无法实现的。因为如前章所述，大量规范构成要件要素的存在使对构成要件的理解离不开违法性作为规范前提予以支持；同时，对违法性的审查也无法脱离构成要件所提供的规范对象而单独进行。既然分为构成要件符合性和违法性二层次评价不法并不具有合理性，这种理论解决不了问题，这种二层次的区分并不科学，那么，所谓附随在这种区分理论身上的"立体感""层次感"也都是没有用的，这种种美感和优越感基本上只是一种虚构，而非实际存在。

在这一点上，四要件整体不法理论无需自卑，不能因为他人论证分层不法理论具有"立体感""层次感"，就一定非要在自己的理论中也找出同样的"立体感""层次感"。更有的学者"不信邪"，不承认"人有我无"的现实，不承认只有阶层犯罪论体系具有位阶性，完全脱离实际地认为，"如果将德日体系理解为一种递进路径，那中国体系又有何理由不能如此相称呢——从客体递进到客观方面，再递进到主体，最后达到主观方面——呈一种较德日体系更为清晰、更为合理的递进理路。"[①] 在该种观点看来，四要件体系不但具有位阶性和前后递进关系，而且这种位阶性和递进关系比德日的双层不法评价体系还要鲜明。这就陷入诡辩论而不切实际了。

四要件整体不法评价体系和三阶层的双层不法评价体系是完全不同的。由于评价体系设置方式各异，他体系具有的特点本体系不一定具有，本体系具有的特点他体系也不一定具有，这都是正常现象。何况，对于所谓他体系具有"立体感""层次感"的特点归纳，也不一定就完全正确。如果他体系所谓"立体感""层次感"的特点本来就是虚无缥缈的，是不一定真实的东西，本体系就更没有必要在自己的体系中寻找这些本来就不存在的特点了。四要件整体不法理论是一种完整、成熟的不法评价方法，它的主要特点就在于"整体性"。为了和分层不法理论的"立体感""层次感"对应，不妨将这种理论的特点称为"整体感"。不同体系各有所长，这种"整体感"是双层不法评价方法所不具备的，而所谓的"立体感""层次感"也是四要件整体不法评价方法所不具备的。

二、负面不法要素是否应当纳入

中俄刑法理论采用四要件犯罪论体系，判断侵害行为是否具有刑事违法性，是否构成犯罪，是否具有社会危害性。四要件不法评价与犯罪认定体系，完全由正面评价要素组成，无需负面评价要素参与其中。阶层犯罪论体系所主张的违法阻却事由和超法规违法阻却事由等正当行为，作为独立的负面评价要素，在四要件不法评价与犯罪认定体系中并无立足之地。那么，根据四要件不法评价与犯罪认定体系，理论阐述中正当行为应当放在不法评价与犯

---

① 冯亚东：《中德［日］犯罪成立体系比较分析》，载《法学者》2009 年第 2 期，第 87 页。

罪认定过程的什么阶段予以讨论？是在犯罪构成四要件内部还是在犯罪构成四要件之外？陈兴良教授 2009 年发表的《四要件犯罪构成的结构性缺失及其颠覆——从正当行为切入的学术史考察》一文认为，四要件犯罪论将"正当行为放在犯罪构成之外讨论，是社会危害性理论的必然结果"。[①]该文收入陈兴良教授 2012 年出版的《刑法的知识转型（学术史）》一书。[②]然而，经仔细核对和深入思考，不难发现，支撑陈兴良教授四要件犯罪论将"正当行为放在犯罪构成之外讨论"的几个论据，均与客观事实或基本理论存在重大出入。陈兴良教授所谓四要件犯罪论将"正当行为放在犯罪构成之外讨论"的结论无法成立。

（一）"误读"之后的正当行为犯罪论体系定位

之所以得出"正当行为放在犯罪构成之外讨论，是社会危害性理论的必然结果"的结论，陈兴良教授的理由在于三点：其一，苏俄犯罪构成理论是在对三阶层犯罪论体系错误解读基础上形成的。苏俄刑法学者在创造犯罪构成理论的过程中，借鉴了三阶层犯罪论体系的成果，但同时也误读了该一理论，"苏俄学者把贝林的构成要件误认为犯罪构成"。

其二，社会危害性概念相当于三阶层犯罪论体系中的违法性概念。根据三阶层犯罪论体系设计，只有经过三个阶层的逐层筛选，才能最终确定某个行为是否犯罪行为。第一阶层的构成要件符合性判断，该阶层是从形式上判断行为是否和刑法规定的罪状相吻合，将可能的不法行为准入进不法认定范围；第二阶层的违法性判断，该阶层是从实质上判断行为是否和全体法秩序

---

① 陈兴良：《四要件犯罪构成的结构性缺失及其颠覆——从正当行为切入的学术史考察》，载《现代法学》2009 年第 6 期，第 59 页。

② 陈兴良：《刑法的知识转型（学术史）》，中国人民大学出版社 2012 年版，第 336—369 页。

相违背，将正当行为排除出不法认定范围；第三阶层的有责性判断是确认行为人是否应当负责任。其中，第一阶层和第二阶层是对行为不法性质的确认，只有具有构成要件符合性并具有违法性的行为，才是不法行为。那么，苏俄学者在将犯罪构成等同于三阶层的构成要件之后，犯罪构成体系中自然缺少了违法性判断阶层，不法判断应当如何进行？为此，苏俄学者创设了社会危害性概念，"苏俄刑法学采用社会危害性概念取代违法性"。如此，按照陈兴良教授的梳理，苏俄刑法理论中，犯罪构成和社会危害性的关系，实质上就等同于三阶层犯罪论体系中构成要件符合性和违法性两阶层的关系。由于三阶层犯罪论体系是在违法性阶层将正当行为排除出不法认定范围，那么，在将构成要件误读为犯罪构成之后，苏俄刑法理论则是在社会危害性认定中将正当行为排除出不法认定范围。因而，"正当行为不再属于违法阻却事由，而改为排除社会危害性行为"。[①] 由于"社会危害性"概念是在与三阶层犯罪论体系"违法性"概念对应意义上形成的，"犯罪构成"概念和"构成要件"概念也是对应的，因此，结论水到渠成：通过社会危害性判断排除不法性的正当行为，必然是在犯罪构成之外讨论的。

其三，陈兴良教授为自己的结论提供了一个证据：传统的中俄刑法教科书中，一般都将正当行为表述为"形式上看符合某种犯罪的构成要件"的行为，只是最后考虑到该种行为"没有社会危害性"，因而才做了排除不法的处理。因此，传统的刑法学教科书，总是在讨论完犯罪构成之后，再论述正当行为。[②] 这一事实似乎更进一步证明了其论证结论的正确无误。

---

① 陈兴良：《四要件犯罪构成的结构性缺失及其颠覆——从正当行为切入的学术史考察》，载《现代法学》2009 年第 6 期，第 59、60 页。

② 陈兴良：《四要件犯罪构成的结构性缺失及其颠覆——从正当行为切入的学术史考察》，载《现代法学》2009 年第 6 期，第 64—65 页。

（二）犯罪构成是否来源于构成要件

陈兴良教授得出其结论的前提之一是，认为苏俄刑法理论中的犯罪构成等于三阶层犯罪论体系中的构成要件；苏俄刑法学者在错误理解贝林构成要件学说的基础上提出了犯罪构成理论。陈兴良教授认为，甚至直到此后的特拉伊宁，苏俄学者对贝林构成要件学说的错误理解一直处于进行时。"特拉伊宁是在批判所谓资产阶级犯罪构成理论的基础上创立四要件的犯罪构成论的，在被特拉伊宁所批判的资产阶级学者中，就有贝林。在这个意义上，特拉伊宁的犯罪构成论只不过是贝林的构成要件论的变异而已"。① 那么，苏俄的犯罪构成理论来源何处，就成了一个解开犯罪构成和构成要件关系谜团的重要问题。犯罪构成是否来源于贝林的构成要件学说？苏俄主客观一体的犯罪构成是否源于对贝林纯客观构成要件的误读而提出？

有充分的证据表明，陈兴良教授认为苏俄犯罪构成理论源于贝林的构成要件学说的说法不符合历史事实，是一种主观臆造。苏俄犯罪构成理论实际上是源于德国刑法学者费尔巴哈等的"犯罪的构成要件"学说。

1. 费尔巴哈：从程序规则到实体应用

"犯罪的构成要件"在费尔巴哈《德国刑法教科书》中表述为"der Tatbestand des Verbrechens"或"Corpus delicti"。② 意大利刑法学者那休斯在1581 年的著作中首先使用了"Corpus delicti"一词。③ "Corpus delicti"最先使用于中世纪的诉讼法领域，本为"物证"之意。如凶杀案件中，被害者的尸首被找到，便有了杀人罪的"物证"，表明存在犯罪的客观事实，这种客观事

---

① 陈兴良：《构成要件论：从贝林到特拉伊宁》，载《比较法研究》2011 年第 4 期，第 77 页。

② ［德］安塞尔姆·里特尔·冯·费尔巴哈：《德国刑法教科书（第十四版）》，C. J. A. 米特迈尔出版，徐久生译，中国方正出版社 2010 年版，第 83 页。

③ 庞冬梅：《俄罗斯犯罪构成理论研究》，中国人民大学出版社 2013 年版，第 1 页。

实意义上的"物证"便是犯罪构成。反之，如果没有找到"物证"，被害者的尸首没有被发现，没有表明犯罪的客观事实，没有犯罪构成，诉讼就缺乏客观事实基础，诉讼程序就不能启动。[①]

克莱因（Klein）1796 年将"Corpus delicti"一词翻译成德语 Thatbestand。[②] 德国刑法学家费尔巴哈在其 1801 年出版的《德国刑法教科书》中，则将犯罪构成一词从诉讼法领域引入刑法，"明确地"将之"当作实体刑法上的概念来使用"。[③] 费尔巴哈在将犯罪构成引入刑法之际，同时也对"犯罪构成"进行了改造。诉讼法领域的犯罪构成是在"物证"意义上使用的，是表明行为造成损害结果发生的客观事实，是"可罚性的客观根据"，但费尔巴哈扩充了诉讼法上犯罪构成的内容，将表明行为人内心状态的主观特征也纳入了犯罪构成当中。费尔巴哈认为，"犯罪的构成要件（构成事实）是不同的，原因是犯罪的法定概念各有不同。

通常情况下属于构成要件的有："1. 行为的特定的违法后果；2. 违法行为的特定的主观（存在于犯罪人的内心）根据；要么是：a. 特定的意图（目的），b. 特定的意思决定的种类；3. 属于犯罪构成要件的特定的外在行为的特征。"[④] 对此，费尔巴哈教科书第十四版的"出版者"德国刑法学者米特迈尔评论道："费尔巴哈在论述绝对可罚性的根据而且是可罚性的客观根据的时候论及犯罪构成，因此，似乎只是要求将外在行为的特征作为构成要件的内容，这一观点并没有始终坚持，因为我们可以看到，在下文中费尔巴哈将主观内在特征

---

① ［德］安塞尔姆·里特尔·冯·费尔巴哈：《德国刑法教科书（第十四版）》，C. J. A. 米特迈尔出版，徐久生译，中国方正出版社 2010 年版，第 84 页"出版者注"。

② 庞冬梅：《俄罗斯犯罪构成理论研究》，中国人民大学出版社 2013 年版，第 1 页。

③ ［日］小野清一郎：《犯罪构成要件理论》，王泰译，中国人民公安大学出版社 2004 年版，第 4 页。

④ ［德］安塞尔姆·里特尔·冯·费尔巴哈：《德国刑法教科书（第十四版）》，C. J. A. 米特迈尔出版，徐久生译，中国方正出版社 2010 年版，第 85 页。

也纳入犯罪构成。"①由此，费尔巴哈的犯罪构成是包括说明犯罪的一切客观特征和主观特征的结合体。费尔巴哈的犯罪构成虽源于中世纪诉讼法领域的犯罪构成，但并不等同诉讼法意义上使用的只是作为犯罪客观事实的犯罪构成，它是"在犯罪事实或法律上制约着成立犯罪的诸条件的意义上加以使用，而且它又被分成了一般构成要件和特殊构成要件，或是主观构成要件和客观构成要件"。②

在费尔巴哈构建刑法犯罪构成体系基础上，德国刑法学家进一步强化犯罪构成主客观一体性的探索，"将犯罪构成理解为一切主观、客观要件的总和"。③比如，贝尔纳（又译为贝尔聂尔、贝尔内等，生卒年1818—1907④。——作者注），"他不仅把行为等客观要件而且也把罪过等主观要件列入犯罪构成"。⑤

2. 俄罗斯：从"五要件说"到"四要件说"

1917年十月革命前的俄罗斯，在刑法学领域奉行"拿来主义"，邻邦德国刑法的犯罪构成学说对俄罗斯的刑法理论产生了重大而深远的影响。⑥这一时期的俄国刑法学者将德国的犯罪构成理论引入俄国，并在既包含犯罪的外部方面又包含其内部方面的一般意义上使用了犯罪构成一词。⑦特别是俄国著名刑法学者斯帕索维奇（又译为斯巴索维奇，生卒年1829—1907。——

---

① ［德］安塞尔姆·里特尔·冯·费尔巴哈：《德国刑法教科书（第十四版）》，C. J. A. 米特迈尔出版，徐久生译，中国方正出版社2010年版，第84页"出版者注④"。

② ［日］小野清一郎：《犯罪构成要件理论》，王泰译，中国人民公安大学出版社2004年版，第4页。

③ 高铭暄主编：《刑法学》，法律出版社1982年版，第92页。

④ 马克昌：《比较刑法原理（外国刑法学总论）》，武汉大学出版社2002年版，第32页。

⑤ 高铭暄主编：《刑法学》，法律出版社1982年版，第92—93页。

⑥ 薛瑞麟：《昨天·今天俄罗斯刑法中的罪过学说》，中国政法大学出版社2013年版，第2—3页。

⑦ 庞冬梅：《"四要件"与"三阶层"犯罪论体系评述》，载《北方法学》2012年第1期，第78页。

作者注），①是这一时期"最先注重分析犯罪构成理论的学者之一"。②斯帕索维奇受德国刑法学思想影响较深，"确切地讲，他更多的是受到黑格尔刑事学派代表人物贝尔纳（Berner）的影响"。③他在 1863 年出版的《刑法教科书》中就使用了"犯罪构成"的表述。《刑法教科书》第三编的内容为"犯罪构成学说"。④斯帕索维奇认为，"犯罪构成一词已完全摆脱了其诉讼法意义，具有纯刑法学意义。它集犯罪的外部客观方面与内部主观方面于一身，意指犯罪概念中所包含的所有要件的总和。"⑤斯帕索维奇主客观一体的犯罪构成理论，"这些主张与贝尔纳的观点或者十分接近，或者相同"。⑥在费尔巴哈提出实体法上的主客观一体的犯罪构成理论 60 多年后，学习德国的斯帕索维奇提出了犯罪构成的"五要件说"。判断行为构成犯罪应考虑如下五方面要件：（1）犯罪对象；（2）犯罪人；刑事责任能力概念；（3）犯罪的外部方面——行为及其后果；（4）犯罪的内部方面——意志和认识；（5）共犯及其刑事责任。庞冬梅博士认为，斯帕索维奇的犯罪构成理论"源于德国的犯罪构成学说，但他并非是对德国犯罪构成理论的照搬，而是在对德国学说进行'扬弃'的基础上提出了自己独创的犯罪构成'五要件说'"。斯帕索维奇"开创了俄罗斯犯罪构成理论的独特发展路径，为俄罗斯犯罪构成学说的后续发展奠定了理论基础"。⑦

　　继斯帕索维奇之后，俄国刑法学者基斯嘉科夫斯基（又译为季斯甲科夫

---

①　薛瑞麟：《昨天·今天俄罗斯刑法中的罪过学说》，中国政法大学出版社 2013 年版，第 1—2 页。

②　庞冬梅：《"四要件"与"三阶层"犯罪论体系评述》，载《北方法学》2012 年第 1 期，第 79 页。

③　薛瑞麟：《昨天·今天俄罗斯刑法中的罪过学说》，中国政法大学出版社 2013 年版，第 3 页。

④　庞冬梅：《俄罗斯犯罪构成理论研究》，中国人民大学出版社 2013 年版，第 2 页。

⑤　庞冬梅：《"四要件"与"三阶层"犯罪论体系评述》，载《北方法学》2012 年第 1 期，第 79 页。

⑥　薛瑞麟：《昨天·今天俄罗斯刑法中的罪过学说》，中国政法大学出版社 2013 年版，第 3 页。

⑦　庞冬梅：《俄罗斯犯罪构成理论研究》，中国人民大学出版社 2013 年版，第 24 页。

斯基，生卒年 1833—1885①。——作者注）在其 1875 年出版的《普通刑法基础教程》中认为，"犯罪构成指的是构成犯罪不可或缺的实质－必要要件。"该书于 1882 年修订后再版，1891 年推出的第三版内容与第二版相同。《普通刑法基础教程》第三版中指出，"作为类犯罪概念的犯罪，其犯罪构成的实质必要要件包括：（1）犯罪主体，或者犯罪的实施者；（2）客体，或者犯罪实施的对象；（3）主体对犯罪行为的意志态度，或者主体的内心活动；（4）行为本身及其后果，或者主体的外在活动及其后果"。② 在斯帕索维奇的基础上，基斯嘉科夫斯基进一步发展了有俄罗斯特色的犯罪构成理论体系。该理论实际上已将构成犯罪的条件划分为犯罪主体要件、犯罪客体要件、犯罪主观方面要件、犯罪客观方面要件。庞冬梅博士甚至认为，"这与后来苏联与当代俄罗斯刑法学中占通说地位的'犯罪构成四要件'理论体系框架基本相同，可以说，当代俄罗斯犯罪构成'四要件理论'是从基斯嘉科夫斯基的犯罪构成理论发展而来的"。③ 至此，犯罪构成学说已风靡俄罗斯刑法学界。

由此可见，俄罗斯刑法学者较早地关注了德国的犯罪构成学说，他们对德国犯罪构成理论的推介远早于贝林构成要件理论的形成时期。贝林的构成要件理论"是在其 1905 年出版的《刑法纲要（第三版）》和 1906 年出版的《犯罪论》一书中最初提出来的"，④ 这一时间比斯帕索维奇提出犯罪构成"五要件说"晚了 40 多年，比基斯嘉科夫斯基提出犯罪构成"四要件说"晚了 20 余年。故此，陈兴良教授认为苏俄犯罪构成理论来源于贝林的构成要件理论的论断是不成立的。

---

① 薛瑞麟：《昨天·今天俄罗斯刑法中的罪过学说》，中国政法大学出版社 2013 年版，第 3 页。

② 庞冬梅：《俄罗斯犯罪构成理论研究》，中国人民大学出版社 2013 年版，第 22 页。

③ 庞冬梅：《俄罗斯犯罪构成理论研究》，中国人民大学出版社 2013 年版，第 35 页。

④ 何秉松主编：《新时代曙光下刑法理论体系的反思与重构：全球性的考察》，中国人民公安大学出版社 2008 年版，第 122 页。

苏俄刑法学者并没有借鉴贝林的构成要件学说，从而"借题发挥"地创造了自己的犯罪构成理论。犯罪构成理论不是来源于对贝林构成要件理论的"误读"，也不是来源于所谓"俄罗斯伟大的民主主义者塔甘采夫的天才创造"，[①] 而是来源于德国犯罪构成要件理论。当然，俄罗斯刑法学者在"拿来"德国犯罪构成要件理论的同时，应当会在自我解读的基础上有所发现，局部有所"创造"，对理论有所增益和发展。但基本无疑问的是，苏俄刑法理论的主干基调在费尔巴哈时期的德国刑法理论中就已基本形成。德国费尔巴哈的犯罪构成要件理论，既是贝林纯客观构成要件理论的源头，同时也是苏俄主客观一体的犯罪构成要件理论的源头。从要件内容比较，俄罗斯主客观一体的犯罪构成，似乎还要更接近费尔巴哈的理论原型，而贝林则是在费尔巴哈主客观一体的犯罪构成的基础上，去除了其中主观的内容，变化出了纯客观的构成要件理论。如果说俄罗斯的犯罪构成"五要件说""四要件说"是对费尔巴哈学说的继承和发展，那么，贝林纯客观的构成要件理论则是对费尔巴哈学说的革命性改造。但不管如何，事实非常清楚，俄罗斯的"四要件"犯罪构成理论，不是源自贝林的纯客观构成要件理论，更谈不上误读贝林的纯客观构成要件理论。

（三）社会危害性是否应作为排除不法要素

陈兴良教授得出其结论的理由之二是，认为犯罪构成等同于贝林的构成要件，社会危害性等同于违法性；苏俄刑法理论在误读贝林构成要件理论之后，对正当行为无法利用犯罪构成予以排除，只能通过在构成要件之外增补

---

① 我国有学者认为，"提出了犯罪的主体和客体的概念的确是对犯罪论体系的重大贡献，这是其他任何体系所没有的。但是，这种结构模式并非共产主义文献的创造性产物，而是俄罗斯伟大的民主主义者塔甘采夫的天才创造。"见何秉松主编：《新时代曙光下刑法理论体系的反思与重构：全球性的考察》，中国人民公安大学出版社 2008 年版，第 122 页。

社会危害性的办法予以出罪。

社会危害性是判断行为成立犯罪的犯罪构成要素之一，还是犯罪构成所有要素的有机整体共同体现社会危害性？是社会危害性包含犯罪构成，还是犯罪构成包含社会危害性？这是苏联非常重要的刑法理论研究热点问题。有部分学者如契柯瓦则、毕昂特科夫斯基认为，社会危害性与犯罪构成其他客观要素并列，是说明行为构成犯罪的客观要素之一，因而犯罪构成包含社会危害性。另有部分学者如采列捷里、马卡什维里、特拉伊宁认为，犯罪构成是社会危害性的体现，犯罪行为的客观构成要素和主观构成要素的总和说明了社会危害性，不是犯罪构成包含社会危害性，而是社会危害性包含犯罪构成。

1. 犯罪构成包含社会危害性的观点

苏联国家法学书籍出版局 1952 年出版的《苏维埃刑法总则》一书，为苏联司法部全体法学研究所的集体著作，契柯瓦则负责主编。该书认为，犯罪行为的社会危害性与违法性，应当与犯罪的作为与不作为、因果关系并列，作为犯罪构成客观方面的特征之一。犯罪行为，按其客观社会属性，不但是一种社会危险行为，而且也是一种违法行为。社会危险性是犯罪行为的政治属性，苏维埃法律之所以承认某种行为具有社会危害性，是由工人阶级及共产党领导下社会主义社会全体劳动人民的利益决定的。社会主义国家确认某种行为为社会危险行为，同时也就表现出苏维埃人民根据共产主义道德要求对该行为所作的道德谴责。行为的社会危险性是苏维埃刑事立法中每个犯罪构成的必要要件。从犯罪构成的必要要件中取消社会危险性，就会使犯罪构成丧失作为刑事责任唯一根据的意义，使它变成一种让法院依其裁量来解决被告人是否犯了罪这一问题的借口。不在犯罪构成中列明社会危害性，就会把犯罪构成变成一种没有政治评价，只是行为各个事实要件的单纯总和。如此一来，就会阉割犯罪构成的全部学说以及苏维埃刑法基本制度的政治本质。如正当防卫、紧急避险、行为显著轻微且缺乏损害结果等情况，该类行为对苏维埃制度基础或社会主义法权秩序没有危险性，不能符合犯罪构成客观方面要求，刑事追诉就必须终止。[①]

《苏维埃国家和法》杂志在 1954 年第 6 期，刊登了毕昂特科夫斯基的《社会法制的巩固与犯罪构成学说的基本问题》一文。毕昂特科夫斯基同意契柯瓦则主编的《苏维埃刑法总则》的看法，认为每一个犯罪行为的客观构成特征，一方面表现为行为的一定的事实特征；另一方面表现为行为的社会属性，即对苏维埃制度或社会主义法律秩序的危害性。因此，应当既把犯罪行为的事实特征列为犯罪构成的特征，同时也把犯罪行为的社会属性即行为的社会危害性（表现为行为与苏维埃法规范的抵触即行为的违法性上）列为犯罪构成的特征。用一个等式表示：犯罪构成客观特征 = 行为的事实特征（行为、结果、因果关系）+ 行为的社会政治属性（社会危害性及违法性）。"行为的社会危害性及违法性，都是苏维埃社会主义刑事立法所规定的每一犯罪构成的必要特征。"[②]

2. 社会危害性包含犯罪构成的观点

采列捷里、马卡什维里在发表于《苏维埃国家和法》杂志 1954 年第 5 期的《犯罪构成是刑事责任的基础》的文章中认为，契柯瓦则主编的《苏维埃刑法总则》所阐述的正当防卫、紧急避险、行为显著轻微且缺乏损害结果，虽然符合犯罪构成其他要件，但因为阻却社会危险性质，因而犯罪构成不能成立，该书的这一看法是错误的。文章认为契柯瓦则的观点不仅把说明犯罪

[①] ［苏］契柯瓦则主编：《苏维埃刑法总则（中）》，中央人民政府法治委员会编译室、中国人民大学刑法教研室译，中国人民大学出版社 1954 年版，第 60—62 页。

[②] ［苏］毕昂特科夫斯基：《社会主义法制的巩固与犯罪构成学说的基本问题》，载《外国刑法研究资料（第二辑）》，北京政法学院刑法教研室 1982 年编，第 126—128 页。

的客体和客观方面、主体和主观方面一切特征列入犯罪构成，而且连社会危害性、违法性也列入犯罪构成，混淆了犯罪、犯罪构成两个概念。犯罪构成是表明犯罪行为一切特征的总和，因而既揭示了犯罪的法律意义，也揭示了犯罪的社会政治意义。犯罪的客体和客观方面、主体和主观方面诸要件，已经全面揭示了犯罪的法律属性与政治属性。采列捷里、马卡什维里赞同特拉伊宁的观点并认为，"社会危害性乃是整个行为所固有的属性，它是决定犯罪构成产生的因素。因此，社会危害性不是犯罪构成的一个特征，它是在犯罪构成诸特征的总和中来说明犯罪构成的一切特征的。"采列捷里、马卡什维里同时引用了特拉伊宁 1951 年出版的《苏维埃刑法上的犯罪构成》的论述，"证明某人的行为中有法律所规定的犯罪构成一切因素，同时也就是证明这些行为的社会危害性"，从而阐明"除了证明犯罪构成的一切特征以外，无须再另外证明行为的社会危害性、违法性。"①

特拉伊宁认为，"犯罪构成乃是苏维埃法律认为决定具体的、危害社会主义国家的作为（或不作为）犯罪的一切客观要件和主观要件（因素）的总和。"②"只有危害社会的行为才能形成犯罪构成。由此可以直接得出结论，社会危害性不能是犯罪构成的一个因素"，"不能把社会危害性降低为犯罪构成的因素之一"。特拉伊宁意在表明，符合犯罪构成的行为必定是危害社会的行为，符合犯罪构成的行为只是危害社会行为中的一种，危害社会行为与符合犯罪构成行为是种属关系。危害社会的行为，除了符合犯罪构成的行为外，还包括因为社会危害性程度低而不能纳入犯罪构成范围的行为。"不这样理解社会危害性，企图把它看成是犯罪构成的一个因素，就必然会导致对社会危

---

① ［苏］采列捷里、马卡什维里：《犯罪构成是刑事责任的基础》，载《苏维埃刑法论文选译（第一辑）》，中国人民大学刑法教研室编译，中国人民大学出版社 1955 年版，第 65—67 页。

② ［苏］特拉伊宁：《犯罪构成的一般学说》，薛秉忠等译，中国人民大学出版社 1958 年版，第 48 页。

害性的意义估计不足，歪曲它的政治意义和刑法性质。"[①]特拉伊宁对采列捷里、马卡什维里的观点予以了支持，认为《犯罪构成是刑事责任的基础》一文对社会危害性与犯罪构成关系的定位是正确的。[②]

契柯瓦则主编的《苏维埃刑法总则》一书，将社会危害性看作犯罪构成客观行为的客观方面特征之一，与行为、因果关系并列。按此逻辑推导，似乎只有犯罪行为事实本身体现了社会危害性，行为人的主体特性不体现社会危害性，行为人的主观特性不体现社会危害性，行为所侵犯的社会关系也不体现社会危害性。这种设定违背了刑法对犯罪行为的实质定义。刑法规定，犯罪是一种社会危害行为，这种社会危害属性是从犯罪行为主体和主观方面、客体和客观方面全面体现的。刑法上的刑事责任年龄、精神状况制度，是用以体现行为主体的不同社会危险性的；同时，不同社会关系区分制度，也是用以体现行为客体的不同社会危险性的。用以说明犯罪主体、犯罪主观方面、犯罪客体、犯罪客观方面有机整体状态的社会危害性，在该书中反而被降等为了犯罪客观方面的一个要素。《苏维埃刑法总则》认为，"依苏维埃刑事立法说明一定行为，即犯罪行为，亦即危害苏维埃制度基础或社会主义法权秩序之危险行为的要件的总和，即谓之犯罪构成"。[③]该书一方面认为表明危害社会行为要件的总和是犯罪构成；另一方面又认为社会危害性是犯罪构成的要素之一，无怪乎特拉伊宁认为，该书的观点与自己对犯罪构成所下的定义是"自相矛盾"的。[④]依照该书的设定，一方面，犯罪构成囊括了所有表明

① ［苏］特拉伊宁：《犯罪构成的一般学说》，薛秉忠等译，中国人民大学出版社1958年版，第63—64页。

② ［苏］特拉伊宁：《犯罪构成的一般学说》，薛秉忠等译，中国人民大学出版社1958年版，第64页。

③ ［苏］契柯瓦则主编：《苏维埃刑法总则（中）》，中央人民政府法治委员会编译室、中国人民大学刑法教研室译，中国人民大学出版社1954年版，第39页。

④ ［苏］特拉伊宁：《犯罪构成的一般学说》，薛秉忠等译，中国人民大学出版社1958年版，第64—65页。

社会危害的要素，犯罪客观方面要素、主观方面要素、客体方面要素、主体方面要素，都是用来说明行为社会危害性的；另一方面，在犯罪构成体系中，社会危害性又只被看作是与行为、因果关系等并列的犯罪客观方面的一个特征。故此，按契柯瓦则教科书的逻辑，一方面是社会危害性作为整体包含了犯罪构成各要件包括客观要件的部分；另一方面又是犯罪构成客观要件的部分包含了社会危害性的整体。契柯瓦则的教科书显然没有搞清犯罪构成与社会危害性之间的关系，特拉伊宁则正确指出，社会危害性包含犯罪构成，犯罪构成各要件的有机结合是用来说明社会危害性的。

3. 结论：犯罪构成的完整评价功能

经过论战，苏俄刑法确立了一个一直处于通说地位的基本结论：犯罪构成是完整的不法评价和犯罪认定体系，它包含了所有说明行为具有社会危害性的要素，符合犯罪构成的行为即是具有社会危害性行为，即是犯罪行为。在完整的犯罪构成之外，增加社会危害性要件，作为不法评价和犯罪认定的负面（即阻却违法）评价要素，这既无从生根，同时也是画蛇添足。犯罪构成本来就是一个完整、全面的社会危害性评价系统，在此系统之外再增加一个社会危害性评价系统，实属多此一举。

苏俄刑法学者所称的犯罪构成完全不同于贝林的构成要件。贝林的构成要件是犯罪类型的"轮廓"，是犯罪类型的客观"观念形象"，构成要件本身是不具有不法和犯罪评价功能的，它的任务只是为不法和犯罪的评价、认定提供基本素材。对于不法的评价而言，构成要件并不在其中承担评价任务，它为不法评价体系即违法性判断系统提供素材之后，当即退居一旁；余下的所有不法评价过程都跟构成要件没有关系了。这就是贝林对构成要件功能的设计。由此，贝林的构成要件理论之下，对那些表面上有客观损害的符合构成要件的正当行为，其不法性的排除，完全依赖违法性判断阶层完成。

犯罪构成显然不是一个如同构成要件的所谓客观中性的系统，它是一个和构成要件完全不同的有着完整的不法和犯罪评价、认定功能的系统；根据犯罪构成判断，即可得出不法与非不法、罪与非罪的完整结论。对于行为不法性的判断，并不依赖于其他评判系统，除了犯罪构成评价，再无其他评价；对于所有行为，包括国家执法行为、日常生活行为、正当行为，其不法性的排除全部依赖于犯罪构成这个唯一的不法评价系统。在犯罪构成之外，无须再增补和违法性评价系统类似的社会危害性系统。社会危害性和犯罪构成的关系，犯罪构成是对行为社会危害性的说明，而社会危害性则表述于犯罪构成当中。对此，特拉伊宁予以了明确，一方面，犯罪构成来自社会危害性，"在一切场合，行为的社会危害性都是决定每个犯罪构成的基本的、本质的属性"，"只有危害社会的行为才能形成犯罪构成"。另一方面，社会危害性由犯罪构成予以说明，"每个犯罪构成都应当具有这样一些特征，这些特征在苏维埃立法者看来，它们的总和决定着该行为的社会危害的性质"，"社会危害性明显地表现在犯罪构成的全部因素的总和中"。由此，特拉伊宁得出结论，"证明某人行为中具有法律所规定的犯罪构成的一切因素，也就是证明了这些行为具有社会危害性"；特拉伊宁明确批判道，对于正当行为不法性的排除，如果认为在犯罪构成之外，还需要"具备另一个补充因素——社会危害性，这就意味着对立法者关于该构成因素的总和危害社会的原理的修正"，[①] 特拉伊宁认为这种观点明显曲解了社会危害性原理的本义，歪曲了社会危害性和犯罪构成之间的基本关系。

---

① ［苏］特拉伊宁：《犯罪构成的一般学说》，薛秉忠等译，中国人民大学出版社1958年版，第63—65页。

（四）教科书的表述和正当行为的体系地位

考察教科书对正当行为的表述，以及正当行为在教科书体系中的定位，陈兴良教授进一步巩固了其社会危害性是犯罪构成之外的负面不法要素的结论。首先，从教科书对正当行为的表述来看，传统理论其实已经承认了正当行为是"符合犯罪构成"的行为；其次，从正当行为在教科书体系中的位置来看，传统教科书总是在论述犯罪构成的四个要件之后，再展开对正当防卫、紧急避险等正当行为的论述，正当行为实际上被排除在犯罪构成之外。对陈兴良教授提供的这两个证据，我们依次予以检讨。

1. 正当行为不符合犯罪构成

传统教科书是否事实上承认了正当行为是符合犯罪构成的行为？略举高铭暄教授主编的几本刑法学教材为例：一是其 1984 年主编的《刑法学》一书，正当行为被表述为"这种外表是犯罪，而实质上并不具有社会危害性，不具有犯罪构成，并且对国家和人民有益的行为，在刑法理论上称为'排除社会危害性的行为'"。[①]该教科书虽然将正当行为看作是"外表是犯罪"的行为，但随之又补充认为，这种行为"实质上并不具有社会危害性，不具有犯罪构成"。这一教科书明确否定了正当行为是符合犯罪构成的行为。二是其1998 年主编的《新编中国刑法学》一书，正当行为被表述为"排除犯罪性行为"，这"是指那些在形式上似乎符合某种犯罪构成，而实质上不具有社会危害性和刑事违法性，从而不构成犯罪的行为"。[②]相对 1984 年教科书中的表述而言，该教科书对正当行为的表述显得比较暧昧，用了"形式上似乎符合某种犯罪构成"的用语；尽管如此，这一表述基本上还是准确的，它只是认为

---

① 高铭暄主编：《刑法学（第 2 版）》，法律出版社 1984 年版，第 162 页。

② 高铭暄主编：《新编中国刑法学（上册）》，中国人民大学出版社 1998 年版，第 272 页。

正当行为具有似乎符合某种犯罪构成的外观，但实质上并不具有社会危害性，因而是不可能真正符合犯罪构成的。三是其 2006 年主编的《刑法专论》一书中，正当行为被认为是"在现实生活中，某些行为虽然表面上具有侵害性，但实质上并不具备具体犯罪的犯罪构成要件，这类行为在我国刑法理论中统称为排除社会危害性的行为，在西方刑法理论中被称为阻却违法性的事由"。[①]该教科书也明确否定了正当行为具有犯罪构成要件的符合性。四是其 2011 年主编的《刑法学》一书中，认为"正当行为，是指客观上造成一定损害结果，形式上符合某些犯罪的客观要件，但实质上既不具备社会危害性，也不具备刑事违法性的行为"；"我国刑法中的正当行为，形式上符合某种犯罪构成的客观要件，但并不具备成立犯罪的全部要件，不具有社会危害性和刑事违法性，故不应也不能认为是犯罪"。[②]该书更是明确了正当行为只是形式上符合了犯罪构成的客观要件，意味着这些行为实质上连客观要件也不能真正符合，遑论符合犯罪构成。

由此可见，历来的教科书都明确了自己的立场，并没有认为正当行为是符合犯罪构成的行为。虽然有些教科书用语稍显模糊，但表述基本上是明确和准确的，并无不当之处。特别是 2011 年出版的《刑法学》一书，已经比较细致地表达了正当行为不是形式上符合犯罪构成所有要件的行为，而只是形式上符合了犯罪构成的客观要件。对于"形式上""外表上""表面上"符合构成要件的用语，高铭暄教授在一篇文章中予以了澄清，他认为，"我们分析正当行为时常用'表面上好像具有犯罪构成'这样的用语，意在表明它'实际上并不具有犯罪构成'"；对于这种表述，"有人误解了，说这种行为'有犯

---

①　高铭暄主编：《刑法专论（第三版）》，高等教育出版社 2006 年版，第 408 页。

②　高铭暄、马克昌主编：《刑法学（第五版）》，北京大学出版社、高等教育出版社 2011 年版，第 126、127 页。

罪构成，但不是犯罪'"；① "有犯罪构成"和"表面上好像具有犯罪构成"，这是完全不同的表述，表达了完全不同的意义，不能借题发挥予以混淆。此后，代表中国刑法学通说的统编教材，如2019年版的"马克思主义理论研究和建设工程重点教材"《刑法学》，②2019年版的"普通高等教育'十一五'国家级规划教材"《刑法学》等，③均沿用了正当行为的这一概念表述。

如果传统教科书承认了正当行为符合犯罪构成的行为，那么，必然的结论是：犯罪构成就相当于三阶层犯罪论体系的构成要件。但显而易见，传统刑法教科书并没有表达这种看法，因而，从传统教科书对正当行为的表述来看，得不出犯罪构成等同于构成要件的结论。

2. 正当行为未排除于犯罪构成之外

犯罪构成之后论述正当行为，是否等于正当行为被排除于犯罪构成之外？

中俄传统刑法教科书，一般将正当行为置于犯罪构成之后，讲述完四个构成要件的特征才讲述正当行为的内容，分析正当行为得以正当化的种种条件。这就难免给读者一种印象，犯罪构成中无法阐明正当行为的正当性，需要设专章在犯罪构成之外补充说明。比如俄罗斯刑法，陈兴良教授认为，"时至今日，在俄罗斯刑法学的犯罪构成体系，仍然没有正当行为的一席之地，而是把它当作排除行为有罪性质的情节，在犯罪构成之外加以讨论"。④

那么，中俄刑法理论将正当行为放在犯罪构成之后统一论述，是出于何

---

① 高铭暄：《对主张以三阶层犯罪成立体系取代我国通行犯罪构成理论者的回应》，载《刑法论丛》2009年第3卷，第8页。

② 《刑法学》编写组：《刑法学（上册. 总论）》，高等教育出版社2019年版，第192页。

③ 高铭暄、马克昌主编：《刑法学（第九版）》，北京大学出版社、高等教育出版社2019年版，第122页。

④ 陈兴良：《四要件犯罪构成的结构性缺失及其颠覆——从正当行为切入的学术史考察》，载《现代法学》2009年第6期，第61页。

种考虑？难道是通过犯罪构成没有办法排除正当行为的不法，因之才放在犯罪构成之后，于犯罪构成之外增设一个犯罪构成无法包容的标准予以说明？对此，通说理论予以了坚决否定。通说认为，犯罪构成是判断行为不法或非不法、罪或非罪的唯一根据；对于正当行为不法性的排除，必须通过犯罪构成予以说明。如上文所引用材料表明，正当行为或者不符合犯罪主观方面要件，或者不符合犯罪客观方面要件，或者不符合犯罪客体要件，因而该种行为虽然形式上符合犯罪构成客观方面要件的某些要素，但实际上本来就是不符合犯罪构成的行为，因而不具有不法性。如此，利用犯罪构成完全可以排除正当行为的不法性，此外无须再添设负面不法要素排除不法。

由此，在犯罪构成之外设专章论述正当行为，其原因不在于通过犯罪构成无法排除正当行为的不法性，而需额外添设负面不法要素。问题在于，既然通过犯罪构成的具体构成要件能够排除正当行为的不法性，那又何必在具体犯罪构成要件之外另起炉灶，将正当行为放在具体犯罪构成要件之外说明，这样做有什么好处？对此，高铭暄教授给出了理由。高铭暄教授认为，"我们的刑法学体系与德日的不同，有犯罪概念一章，有犯罪构成一章，还有犯罪构成四要件各设一章共四章，把正当行为硬塞到其中某一章中论述，既妨害该章的本身内容，又不能充分展开论述正当行为既非犯罪，又缺乏犯罪构成的独立品格。所以，在犯罪概念、犯罪构成之后，独立设置专章加以论述，我认为是最佳的选择，并无不妥。"[①]

但是，高铭暄教授给出的两点理由均存在一些疑问。其一，既然正当行为本来就不符合犯罪构成具体构成要件的行为，那么在论述相应的具体构成要件之际，附带说明该种正当行为不具有该一具体构成要件符合性，正好是

---

① 高铭暄:《对主张以三阶层犯罪成立体系取代我国通行犯罪构成理论者的回应》，载《刑法论丛》2009 年第 3 卷，第 9 页。

顺理成章之事，正好是具体构成要件所应具有的内容，何至于"妨害该章的本身内容"？比如，正当防卫行为，如果认为其得以排除不法的原因在于不具有危害社会的主观意志，那么，即可放在犯罪主观构成要件一章阐明这个问题。这既契合犯罪主观方面要件的主题，同时也能使主观方面要件内容更加完整和丰满，不会"妨害该章的本身内容"。其二，犯罪构成是判断行为不法与非不法、罪与非罪的唯一根据，当行为不符合某一具体犯罪构成要件，也就意味着行为不符合整个犯罪构成，其不法性即可排除。由于四要件各设一章，只要行为在四章之一中得以排除，即能认定不符合犯罪构成。怎么能说将正当行为放在某一章，不能说明该"正当行为既非犯罪，又缺乏犯罪构成的独立品格"？张明楷教授也认为，"或许可以认为，如同将意外事件、不可抗力放在犯罪主观要件中研究一样，将正当防卫等表面上符合客观要件的行为放在犯罪客观要件中进行研究，将经被害人的承诺或推定的承诺所实施的表面上侵犯了他人合法权益的行为放在犯罪客观要件中进行研究，倒是合适的"。[①] 将正当行为得以正当化的原因和条件放在各构成要件中予以研究并无不妥。

或许有人认为，正当行为得以正当化，其理由往往不在于正当行为不符合某一具体犯罪构成要件，而是同时不符合多个犯罪构成要件。比如，正当防卫行为，行为人既没有危害社会的主观意志，同时按照通说的意见，该行为也是"有益于社会"的行为，[②] 没有产生刑法意义上的客观危害，因此，该行为同时不符合犯罪构成的主观方面要件、客观方面要件和客体方面要件。对于这种同时不符合多个具体构成要件的行为，只放在某一章中做排除不法

---

① 张明楷：《刑法学（上）》，法律出版社 1997 年版，第 211 页。

② 如高铭暄教授认为，"在我国刑法中，正当行为不具有社会危害性，相反是有利于社会的行为"。参见高铭暄：《对主张以三阶层犯罪成立体系取代我国通行犯罪构成理论者的回应》，载《刑法论丛》2009 年第 3 卷，第 8 页。

说明，未免不够全面，不能从各个角度全面地说明该行为"既非犯罪，又缺乏犯罪构成的独立品格"。但是，对于这种不符合多个具体构成要件的行为，完全可以从各个角度全面地说明该行为"既非犯罪，又缺乏犯罪构成的独立品格"，主观方面要件一章中说明其不具有主观意志，客观方面要件一章中说明其不具有刑法意义上的客观危害，客体方面要件一章中说明其没有破坏社会关系。各章各负其责，各章从本章的内容出发阐述正当行为的正当根据，完全能得出正当行为的完整形象。

通过犯罪构成的具体构成要件，完全可以阐明正当行为"既非犯罪，又缺乏犯罪构成的独立品格"，但还需要考虑的问题是，对正当行为的认识，是否只需要阐明其"既非犯罪，又缺乏犯罪构成的独立品格"就足够了，除此之外，正当行为的一些鲜明特征，是否还有必要在刑法中作进一步的补充说明，以便利于认识和理解？在犯罪构成具体构成要件之外，正当行为存在着某些能够辅助探明各具体构成要件的重要要素，如防卫起因、防卫时间、防卫对象等要素，这些要素往往是考虑正当行为与各具体构成要件的关系时需要细致考虑的。但是，将这些要素放在某一个具体构成要件中说明都不大合适，因为这样做既可能使各章节内容太过膨胀，又可能使各章节重点不够突出。因而还是有必要在各具体构成要件之外设置一个专章，在这个专章中将这些正当行为的具体要素凝结一体，集中阐述。这样既有利于作者写作和阐述，同时也有利于读者认识和理解。正是在这一意义上，特拉伊宁认为，"在犯罪构成学说的范围内，没有必要而且也不可能对正当防卫和紧急避险这两个问题做详细的研究"。① 这是特拉伊宁在对犯罪论进行准确把握的基础上作出的科学判断，而并非"十分轻率而缺乏任何论证"的表态，更不会"因为

---

① ［苏］特拉伊宁：《犯罪构成的一般学说》，薛秉忠等译，中国人民大学出版社 1958 年版，第 272 页。

这句话而使正当防卫、紧急避险等违法阻却事由排除在犯罪构成之外"。[1]

故此可知，通过犯罪构成完全可以排除正当行为的不法性，无须在犯罪构成之外再增设一个负面不法要素。之所以在犯罪构成体系之外增设一个章节阐述正当行为，其目的不在于通过这个章节排除正当行为的不法性，张明楷教授认为，"在犯罪构成要件之后讨论排除犯罪的事由，是受到了大陆法系国家刑法理论的影响"，[2]这一观点是不完全准确的。对正当行为的阐述，四要件犯罪论体系和三阶层犯罪论体系或许在章节设置上具有某些相似性，都设有专章，一个是在犯罪构成之后设专章，一个是在构成要件之后设专章。但是，设置专章的目的和要解决的问题却是各不相同的。三阶层犯罪论体系设置专章的目的是排除正当行为的不法，非设此专章则无法交代；而四要件犯罪论体系则无须在犯罪构成之外设专章排除不法，设专章的目的只是为作者阐述和读者理解之便。进一步挑明，三阶层犯罪论体系是非在构成要件之外为正当行为开设专章不可，而四要件犯罪论体系则完全可以不在犯罪构成之外为正当行为开设专章，两者切然有异。

（五）负面不法要素不纳入的合理性

二阶层犯罪论体系的整体不法评价理论将正面不法要素和负面不法要素全部纳入不法评价体系中，而四要件犯罪论体系的整体不法评价理论则只包括正面不法要素而无负面不法要素。那么，这两种做法哪种更为合理？

台湾省学者陈志龙认为，对一个行为不能采用双重标准进行评价，首先对其进行"非难"评价，评价其具有不法性，然后又对其进行"阻却"评价，

---

[1] 陈兴良：《四要件犯罪构成的结构性缺失及其颠覆——从正当行为切入的学术史考察》，载《现代法学》2009 年第 6 期，第 61 页。

[2] 张明楷：《刑法学（上）》，法律出版社 1997 年版，第 211 页。

认为首先被认定的该行为的不法性被阻却。正面不法要素、负面不法要素合一考虑，就难免出现互相矛盾和无序的现象。原因在于，构成要件层次的任务在于确立不法，而违法性层次的任务在于排除不法，二者之任务显然不同。"如果对某一行为评价时，一方面既有非难（指'正面'要素之满足时），同时却又复有阻却（指'负面'要素之被发现），则对于一个原本属于犯罪行为审查之前后次序与层次差异，即在此种'综合不法构成要件'层次中陷于难行。究竟在构成要件层次中要探讨'不法之建立论据'，抑或在于寻找'不法之排除'？故可知，欲得一层次分明，并且将各种要素置放于适所，显然不得以同时寻找本质并不相同的要素，此为负面构成要件要素理论为人所诟病之处。"① 陈志龙显然认为构成要件和违法性属于不同事物，对于不同事物不能放在同一个系统中进行判断。构成要件是确立不法的要素，这些确立不法的要素组成了一个系统，而违法性阻却要素是排除不法的要素，这些要素又组成了另一个系统，两个系统水火不能同炉。

由陈志龙的观点来看，不法的评价系统，要么全部由确立不法的正面不法要素组成，要么全部由排除不法的负面不法要素组成，那种混合正面不法要素和负面不法要素的不法评价系统是不可能存在的。如果不法评价中必然存在着两种性质相反的要素，既有正面不法要素，又有负面不法要素，那就无法为不法评价建立一个统一的不法评价系统。对于性质相反的不法要素的配置，就应当分别建立两个不法评价系统，一个是正面不法要素判断系统；一个是负面不法要素判断系统。当将正面不法要素和负面不法要素分离在两个不相统属的不法评价系统后，也就建立了构成要件和违法性分立的双层不法评价体系。陈志龙显然是赞成三阶层犯罪论体系的，他认为既然有性质相

① 陈志龙：《许可性构成要件错误——兼论负面构成要件要素理论》，载《国立台湾大学法学论丛》第20卷第1期（1990年第12月），第240—241页。

反的正面不法要素和负面不法要素存在，就应当将不法评价分离为构成要件判断和违法性判断两个阶段进行。

当然，根据陈志龙的看法可以推知，假若不能建立双层不法评价系统，那么，建立全面的正面不法要素评价系统也比正面不法要素和负面不法要素混合的系统要合乎逻辑；因为陈志龙认为正面不法要素和负面不法要素不可共存，将正面不法要素和负面不法要素混合于同一个系统之后，体系上和判断上必然带来互相矛盾和无序现象，正面不法要素和负面不法要素混合是不合乎逻辑的。故此，按照陈志龙的看法，如果非得给不法评价体系的合理性排一个优劣次序，显然，双层不法评价体系优于中俄的全正面不法要素体系，而中俄全正面不法要素体系又优于二阶层犯罪论体系的正面不法要素和负面不法要素结合的体系。

但实际上，陈志龙的看法并不尽合理。正面不法要素和负面不法要素虽然具有不同的任务和性质，一个是确立不法的要素，一个是排除不法的要素，但根据这种不同性质并不能推出二者不能共存于同一评价系统。虽然正面不法要素是确立不法的要素，负面不法要素是排除不法的要素，但是，其共同点在于二者都是说明行为不法性质基本状况的要素。行为是否具有不法性，必须得由这些要素共同说明。确立不法的要素和排除不法的要素，其共同上位概念是不法。根据此点共性，为了完成不法评价的共同任务，两个具有共同特性的要素当然可以共存于同一个系统中。由此，陈志龙认为正面不法要素和负面不法要素共熔于一炉会出现互相矛盾和无序现象的说法，是不符合事实的。

故此，和中俄全正面不法要素组成的不法评价系统相同，正面不法要素和负面不法要素结合的不法评价体系也是一个合理的系统。至于两者比较，何者更为合理，尚难以找到一个简单的标准予以评判。事实上，不管是什么系统，只要能得出正确合理的不法评价结论，就是合理的不法评价系统。就此点而论，全正面不法要素系统、正面不法要素和负面不法要素结合的系统都是合理的不法评价系统。

三、责任能力要素是否应当纳入

中俄刑法理论高扬有责的不法的旗帜，这一点上迥异于大陆法系坚持不法和罪责实行区分的犯罪论体系。大陆法系的刑法学说，虽然也不乏不区分不法与罪责的刑法思想，但是，主流刑法理论还是采取了区分不法与罪责的做法。我国有学者在借鉴大陆法系流行刑法学说的基础上，展开了对中俄刑法有责不法理论的批判。

（一）有责不法理论来源

有观点认为，有责的不法理论是建立在对德国刑法理论产生误解的基础上。如上文所述陈兴良教授即坚持这一看法。另如张明楷教授也认为，"苏联刑法理论对德国刑法理论存在一些误解，再加上意识形态的原因，对德国刑法理论的不当批判，使其强调客观要素与主观要素的结合与统一"。[①]

张明楷教授认为，"费尔巴哈虽然仅将行为或客观事实特征列入构成要件，但他并没有忽略罪过（责任）的意义，只是没有将罪过列入构成要件之内。施就别尔认为，罪过、责任能力与构成要件无关。特拉伊宁便认为，费尔巴哈与施就别尔'人为地割裂犯罪构成的统一的概念'。于是，特拉伊宁强调犯罪构成应当包括罪过、责任能力等内容。"[②] 这里牵涉对费尔巴哈学说思想的理解。费尔巴哈尽管也偶然使用"构成要件"一词，但更多时候他是在

---

① 张明楷：《犯罪构成体系与构成要件要素》，北京大学出版社 2010 年版，第 33 页。
② 张明楷：《犯罪构成体系与构成要件要素》，北京大学出版社 2010 年版，第 33—34 页。

同一意义下使用；这里所谓费尔巴哈的"构成要件"思想，实际上就是费尔巴哈的"犯罪构成"思想。根据张明楷教授的叙述，费尔巴哈并没有将罪过要素纳入犯罪构成，费尔巴哈的犯罪构成是"仅将行为或客观事实特征列入"的客观构成要件；在费尔巴哈的犯罪论思想中，罪与非罪应当是犯罪构成和罪过两要素结合评价基础上得出的结论，犯罪＝犯罪构成＋罪过等罪责要素。因此，费尔巴哈的犯罪构成就基本上等同于贝林的客观构成要件。

如上文所考，俄罗斯在十月革命前引入的犯罪构成理论是源于费尔巴哈的犯罪构成思想。如果认为费尔巴哈的犯罪构成就等同于贝林的客观构成要件，费尔巴哈的犯罪构成中并不包含罪责要素，那么，费尔巴哈客观的犯罪构成当然是不同于苏俄主客观统一的犯罪构成。由此，建立在费尔巴哈基础上的主客观统一的犯罪构成，当然只可能是对费尔巴哈客观犯罪构成学说的误解，更确切地说还可能是对费尔巴哈学说的篡改。

问题在于，费尔巴哈的犯罪构成学说是否真的等同于贝林的客观构成要件学说呢？

如上文所引，费尔巴哈在其1801年出版的《德国刑法教科书》中认为，"犯罪的构成要件（构成事实）是不同的，原因是犯罪的法定概念各有不同。通常情况下属于构成要件的有：1.行为的特定的违法后果；2.违法行为的特定的主观（存在于犯罪人的内心）根据；要么是：a.特定的意图（目的），b.特定的意思决定的种类；3.属于犯罪构成要件的特定的外在行为的特征。"由此可见，费尔巴哈并没有将犯罪构成要素严格限定于客观要素，而是同时也包括了"特定的意图（目的）""特定的意思决定的种类"。在注脚中，费尔巴哈进一步举例说明了这些主观要素："特定的意图（目的）"，"例如，在盗窃犯罪情况下获得财物的意图"；"特定的意思决定的种类"，"例如，故意杀人的概念取决于杀人是因为情绪激动。如果法律将故意纳入犯罪的概念，那么，这种因为情绪激动的过失犯要么从来就不构成犯罪，要么虽然构成犯罪，但罪名一定不同。因此，故意同样属于犯罪的构成要件。对于那些可以由过失构成的犯罪来说，就不能将故意算作构成要件。"①费尔巴哈已明确地将意图、故意看作主观的犯罪构成。显见，费尔巴哈的犯罪构成并不同于贝林的客观构成要件，而是主客观结合的犯罪构成。对费尔巴哈犯罪构成学说的这一特点，费尔巴哈教科书第十四版的"出版者"米特迈尔进行了注释，他写道，"对于每一个犯罪，可以区分两种特征：1. 与犯罪的概念有关的存在于行为的外在表现中的特征；2. 与行为内在根据有关的特征。如此，我们还可以将犯罪构成划分为客观的犯罪构成和主观的犯罪构成。"②

将犯罪构成区分为客观的犯罪构成和主观的犯罪构成，费尔巴哈的犯罪构成学说和苏俄时期的犯罪构成学说具有十分相似的特性。由此可见，取自费尔巴哈的苏俄主客观统一的犯罪构成理论，并没有误解费尔巴哈的学说，而是正确理解和继承了费尔巴哈的学说。对于费尔巴哈犯罪构成的主观一面，苏俄刑法学者是有比较清楚认识的。比如特拉伊宁，他在谈到费尔巴哈的犯罪构成学说时，提到了两点：其一，费尔巴哈对犯罪构成所下的定义是不科学的，不包括"罪过"要素。他论述道，费尔巴哈"给犯罪构成下了如下的定义：'犯罪构成乃是违法的（从法律上看来）行为中所包含的各个行为的或事实的诸要件的总和……'。可见，费尔巴哈在这里十分肯定地列入犯罪构成的只是表明行为的特征。费尔巴哈并没有忽略责任的主观根据—罪过—的意义。可是，根据他所下的定义，罪过却处在犯罪构成的范围之外"。其二，费尔巴哈事实上已将主观要素纳入了犯罪构成当中。他补充注述道："费尔巴哈

① ［德］安塞尔姆·里特尔·冯·费尔巴哈：《德国刑法教科书（第十四版）》，C. J. A. 米特迈尔出版，徐久生译，中国方正出版社2010年版，第85页注①、②。

② ［德］安塞尔姆·里特尔·冯·费尔巴哈：《德国刑法教科书（第十四版）》，C. J. A. 米特迈尔出版，徐久生译，中国方正出版社2010年版，第85页"出版者注⑥"。

在作出犯罪构成的上述定义之后，接着又谈道：'一定的违法的结果，通常是属于犯罪构成的；行为违法性的某种主观（属于犯罪人的心理方面的）根据，即，（1）某种故意；（2）某种意思表示，也往往属于犯罪构成。行为的外部特征，永远属于犯罪构成。'这样一来，这里犯罪构成的概念，似乎已经包括了罪过的因素。"① 从特拉伊宁的引证来看，费尔巴哈对主观犯罪构成要素的定位把握还存在一些拿捏不准的地方，在给犯罪构成所下的定义中并没有将主观要素概括进去，而只是在列举犯罪构成要素之际明确了主观要素属于犯罪构成要素。

笔者认为，总体而言，特拉伊宁认识到了费尔巴哈的犯罪构成是主客观结合的犯罪构成，犯罪构成中包含了主观犯罪构成要素。但是，特拉伊宁对费尔巴哈犯罪构成主观性的理解还不够彻底。根据特拉伊宁的引证，费尔巴哈对犯罪构成所下的定义是，"犯罪构成乃是违法的（从法律上看）行为中所包含的各个行为的或事实的诸要件的总和"；从这个定义中，看不出费尔巴哈认为罪过"处在犯罪构成的范围之外"。正如特拉伊宁所言，从这个定义中可以看出，"费尔巴哈在这里十分肯定地列入犯罪构成的只是表明行为的特征"，那么，什么是"表明行为的特征"，"表明行为的特征"包括了哪些要素？费尔巴哈在教科书中认为，"特定行为特征的整体，或者包含在特定种类的违法行为的法定概念中的事实，叫做犯罪的构成要件"。② 由此可见，"表明行为的特征"的所有要素，都是犯罪构成要素。紧接着费尔巴哈说明，犯罪构成的要素包括了上文所提到的"意图（目的）""意思决定"等主观要素。故此，费尔巴哈所讲的"表明行为特征"的要素实际上包括了主观要素。费尔巴哈

---

① ［苏］A. H. 特拉伊宁：《犯罪构成的一般学说》，薛秉忠等译，中国人民大学出版社 1958 年版，第 15 页。

② ［德］安塞尔姆·里特尔·冯·费尔巴哈：《德国刑法教科书（第十四版）》，C. J. A. 米特迈尔出版，徐久生译，中国方正出版社 2010 年版，第 83 页。

对犯罪构成所下的定义中，其犯罪构成要素无疑已包括了主观要素。

特拉伊宁对费尔巴哈犯罪构成主观性这一特性的认识并无错误，其错误只在于他对费尔巴哈犯罪构成主观性的认识还不够全面和彻底，实际的费尔巴哈的犯罪构成比他认识的费尔巴哈的犯罪构成还要主观得多。苏俄刑法学者较为正确地认识到了费尔巴哈等德国学者对犯罪构成的主观定性，并因而较为准确地将该一主客观结合的犯罪构成理论引入了苏俄刑法理论中。因此，并不存在我国学者所讲的：费尔巴哈的犯罪构成只是客观的构成要件，并不包括主观犯罪构成，苏俄刑法学者是在错误理解费尔巴哈犯罪构成学说的基础上，将主观要素也错误地纳入了犯罪构成。我国学者的这一论断是不准确的，是不符合苏俄刑法理论的发展事实的。

（二）对德国有责的不法的发展

费尔巴哈的理论已明确地将主观罪过要素纳入犯罪构成当中，没有主观罪过要素，犯罪构成不能成立，行为不具有不法性。费尔巴哈的不法思想，明显已是有责的不法思想，它为苏俄有责的不法体系埋下了理论根源；苏俄有责的不法思想，正是在费尔巴哈不法思想的基础上发展起来的。

1. 从"内在客观方面"到主观不法要素

当然，较之费尔巴哈的有责不法思想，苏俄的有责不法思想更为深入和全面，在费尔巴哈的基础上，苏俄刑法理论对有责的不法思想实现了拓展和创新。

在费尔巴哈看来，刑法的适用是有条件要求的。什么样的情况下才可以适用刑法？这要求具体事实具备"绝对可罚性的根据"。"绝对可罚性的根据"包括了"绝对可罚性的客观根据"和"绝对可罚性的主观根据"。其中，"绝对可罚性的客观根据"也即"客观的可罚性"，"客观可罚性取决于犯罪构成要件是否存在"。① 因此，依照费尔巴哈的看法，犯罪构成要件属于"客观的可罚性"，具有客观的属性。犯罪构成中包括了"意图（目的）""意思决定"等心理要素，但依照费尔巴哈的划分，这些主观的心理要素也应是客观的，也是"绝对可罚性的客观根据"的组成部分。如何解释主观的心理要素具有客观性这一观点？费尔巴哈的思想或许非常相似于稍晚于他的俄罗斯刑法学者斯帕索维奇（1829—1907）的观点，斯帕索维奇将意志和意识称为"犯罪的内在客观方面"，并将"内在客观方面"纳入了犯罪构成之中。由此，犯罪构成的内容，无论是行为事实还是意志、意识，都是客观的，一个是"犯罪的外在客观方面"，一个是"犯罪的内在客观方面"。斯帕索维奇的刑法思想深受德国刑法学理论的影响，将意志和意识作为"犯罪的内在客观方面"也是在德国刑法理论的熏陶下形成的。② 同一事物从不同视角观察具有不同具象，将意志和意识等主观要素称为"犯罪的内在客观方面"，也并非毫无道理，因为意志"就是离开审判员的意识而客观存在的一定的事实"，③ "反映在行为上的意志和认识是一种心理事实，具有客观的品格"。④ 费尔巴哈和斯帕索维奇也许正是从这个角度界定了主观意志的客观属性。

　　费尔巴哈和斯帕索维奇是在"客观"的托词下，将意志和意识这些主观要素纳入了犯罪构成，成了主观的不法要素。从外表上看，组成不法的要素都是客观要素，要么是不法的"外在客观方面"要素，要么是不法的"内在客观方面"要素，但是，不法的"内在客观方面"要素，实际上就是主观的不法要素，它表明了不法应当是有责的不法。

---

① ［德］安塞尔姆·里特尔·冯·费尔巴哈：《德国刑法教科书（第十四版）》，C. J. A. 米特迈尔出版，徐久生译，中国方正出版社 2010 年版，第 83 页。

② 薛瑞麟：《昨天·今天俄罗斯刑法中的罪过学说》，中国政法大学出版社 2013 年版，第 3 页。

③ ［苏］契柯瓦则主编：《苏维埃刑法总则（中）》，中国人民大学出版社 1954 年版，第 109 页。

④ 薛瑞麟：《昨天·今天俄罗斯刑法中的罪过学说》，中国政法大学出版社 2013 年版，第 4 页。

　　费尔巴哈和斯帕索维奇是在遮遮掩掩的理论话语中表达了有责的不法思想，是在客观（不法）的托词下说明了主观不法。但此后的苏俄刑法学者则迈进了一步，揭开了"内在客观方面"的面纱，将意志、意识等主观要素直接称之为犯罪构成的主观方面，明确了故意、过失等传统上所谓的罪过要素在不法认定中的地位。如有苏俄刑法教科书指出，"按照苏维埃刑法，罪过就是某人表现在其所实施的危害苏维埃制度或社会主义法权秩序，从而应受苏维埃刑事法律及共产主义道德谴责之行为中的一种故意或过失"，故意、过失"表现在某人所实施的社会危险行为中"，故意、过失"乃是犯罪构成的主观方面"。[①] 苏联刑法学者曼科夫斯基认为，"所谓罪过，应理解为被苏维埃国家判罪的人所实施的犯罪行为的主观方面"，属于犯罪构成主观方面要素。曼科夫斯基认为罪过应当是犯罪构成的要素，而不应是罪责的要素，罪过不存在双重身份。对于苏联刑法学者乌捷夫斯基等所主张的罪过既是罪责要素也是犯罪要素的观点，曼科夫斯基坚决予以反对。乌捷夫斯基认为刑法中存在两个罪过概念，"作为刑事责任一般基础的罪过概念较之作为犯罪构成主观方面的罪过概念要广一些，因为后一罪过的具备，只不过是包括在作为刑事责任一般基础的罪过概念之内的诸情况中的一种情况，它和其他情况在一起，成为法院方面的社会评价的对象"。曼科夫斯基反对两个罪过概念的说法，他认为罪过概念应当是统一的，那就是作为犯罪构成主观方面要素的罪过。他认为，如果赞成两个罪过概念，那么"就会把此种理论的倡议人导向这样的境地"，它会弱化犯罪构成的地位。因为"既然具备犯罪构成并不能解决有罪或罪过问题，而且犯罪构成原来只不过是有罪的微象，于是对犯罪构成就采取

[①] ［苏］契柯瓦则主编：《苏维埃刑法总则（中）》，中国人民大学出版社 1954 年版，第 107、110 页。

了一种虚无主义的态度"。① 因此，只应当把罪过作为犯罪构成要件要素，而不是罪责要素。② 不具备故意、过失的罪过要素，行为不符合犯罪构成，行为刑法上的社会危害性不能得以认定，行为不具有不法性。

2.有责任能力的不法

费尔巴哈的有责不法思想是不彻底的，这种不彻底性首先表现在，他利用"客观"的说辞遮遮掩掩地将意志和意识等主观内容纳入不法体系中；其次还表现在，费尔巴哈并没有将责任能力要素纳入不法体系中。

费尔巴哈认为，"绝对可罚性的根据"既包括"绝对可罚性的客观根据"，也包括"绝对可罚性的主观根据"。何为"绝对可罚性的主观根据"？费尔巴

---

① ［苏］曼科夫斯基：《苏维埃刑法中的罪过问题》，高铭暄译，载《外国刑法研究资料（第二辑）》，北京政法学院刑法教研室 1982 年编，第 246、254 页。

② 大陆法系刑法理论多提倡故意的双重地位。汉斯·海因里希·耶塞克、托马斯·魏根特认为，"作为行为控制因素，它是符合构成要件的行为不法的核心，作为属于罪责的行为人意志形成过程的最终结果，它还是罪责的组成部分。"［德］汉斯·海因里希·耶塞克，托马斯·魏根特：《德国刑法教科书》，徐久生译，中国法制出版社 2001 年版，第 300 页。但是，故意的双重地位，在司法实践中是怎么运作的呢？是否意味着在不法阶段对故意要素予以确认后，在罪责阶段还要对故意的其他内容（表明主观不法以外的内容）进行确认？对此，约翰内斯·韦塞尔斯认为，"构成要件故意作为主观方面的不法特征也为与之相对应的责任类型提供了'旁证'。此证在非典型的情况中可以撤回"。比如，"对'为何'会发生伤害行为的问题提出的提问如果表明 A 是出于报复或者是出于某个应当受到谴责的冬季而蓄意这样对待了 B，这个间接证据就得到强化，因为在故意实施的身体伤害行为中 A 如果有意识地置法制秩序和规范于不顾的意志得到了表示"。但"反之，如果 A 扔石头是为了防卫他认为的对自己生命的即将攻击，因为他错误地认为 B 正举枪对他瞄准，这个间接证据就将被否定和撤回。在这样的一个假想防卫情况中，A 的构成要件故意并非是基于反法律或者是无视法律的思想意识，对他提起故意责任谴责因此不能成立"。［德］约翰内斯·韦塞尔斯：《德国刑法总论》，李昌珂译，法律出版社 2008 年版，第 86、87 页。故此，大陆法系刑法理论提倡故意的双重地位，在不法阶段和罪责阶段赋予了故意以不同内容。乌捷夫斯基的罪过双重地位论，或许是仿自大陆法系刑法理论。但问题是，四要件犯罪论体系认为，犯罪构成是刑事责任的唯一根据，在此之外不允许再存在其他责任根据。如按乌捷夫斯基的观点，在犯罪构成之外增加罪过作为责任要素，则必然否定犯罪构成作为刑事责任唯一根据的地位。由此可知，大陆法系刑法理论中故意的两方面内容，不法故意和罪责故意，都融合在四要件犯罪构成的犯罪主观方面要件中。

哈认为,"刑罚法规的本质目的无他,无非是借助于对贪欲施加影响,以防止违法行为的发生:适用每一个刑罚法规的前提条件是存在违法意图,作为犯罪的(智力的、心理的)原因。(客观的)应受处罚的行为的联系,作为对行为人的违反刑罚法规的意思决定的影响,作为违法意图的原因,被称为责任,如果一个人具备对犯罪行为进行归责的(外在的和内在的)状况,则其就是有责任能力。可罚性的一般的主观根据是责任"。[①]"绝对可罚性的主观根据"是责任,而责任即是"违法意图的原因"。追究"违法意图的原因",也就是要追问违法的意志和意识为什么会产生,是如何产生的?违法意图是建立在"有责任能力"基础上的,因此,在费尔巴哈看来,责任能力要素是"绝对可罚性的主观根据",而不是"绝对可罚性的客观根据"。如上文所言,费尔巴哈认为"绝对可罚性的客观根据"即是犯罪构成,因此,不同于"绝对可罚性的客观根据"的"绝对可罚性的主观根据"的内容,就不应属于犯罪构成要素。故而,在费尔巴哈看来,责任能力要素不是犯罪构成要素,而是罪责要素。责任能力不能作为不法要素,费尔巴哈承认存在无责任能力的不法。

但是,责任能力在犯罪过程中扮演着重要角色。苏俄刑法学者认为,"人理解所实施之行为并作出决定,控制自己行为和在具体情况下有意识地追求自己目的的能力",是故意犯罪和过失犯罪的共同基础。[②]对于故意犯罪,行为人明知自己的行为会发生危害社会的结果,行为人有能力认识到这种结果并控制这种结果发生,最后依然追求或放任了该种结果发生。对于过失犯罪,行为人已经预见到自己的行为会发生危害社会的结果,但却没有采取有效措施控制结果发生;或者行为人应当预见到自己的行为会发生危害社会的结果,

---

① [德]安塞尔姆·里特尔·冯·费尔巴哈:《德国刑法教科书(第十四版)》,C. J. A. 米特迈尔出版,徐久生译,中国方正出版社 2010 年版,第 86—87 页。

② [苏]契柯瓦则主编:《苏维埃刑法总则(中)》,中国人民大学出版社 1954 年版,第 91 页。

但却轻信能够避免，没有采取有效措施避免结果发生。无论故意犯还是过失犯，行为人对于结果的发生都具有认识能力和控制能力；认识能力和控制能力是认定行为人成立故意心态或过失心态的前提条件。没有责任能力，也就谈不上具有刑法意义上的故意和过失。因此，责任能力是成立故意不法和过失不法的前提性要素，不具备责任能力，不法不能成立。因此，中俄刑法理论的通说观点突破了费尔巴哈以来的"无责的不法"的理论传统，坚持了"有责的不法"的基本不法思路。

日本刑法学者大塚仁认为，"如果率直地观察犯罪发生的经过，就会发现首先是在内心产生想犯罪的意思，然后作为外部的身体的动静表现出来"，鉴于此，自然会形成将责任能力、故意与过失等主体要件、主观要件放在客观要件之前予以考虑的犯罪论体系。"牧野英一博士在其主著《日本刑法》中就是先叙述'责任能力''犯意与过失'这种'犯罪的主观要件'，然后叙述以'犯罪的构成事实'及'行为的违法性'为内容的'犯罪的客体要件'"。[①] 理论上将责任能力作为刑法上故意、过失的前提条件，作为形成刑法上危害行为和危害结果的前提条件，因之列为前提性的不法要素，坚持有责的不法，是有其合理性的。

在大陆法系的刑法理论中，也有比较有力的观点认为，"个人能力"要素应属于不法要素。如对于故意犯，"当我们依客观行为是否可以制造风险而判断行为人的故意时，所检验的行为人有无认识，已包含检验了行为人的认识能力，行为人必定被假设成有认识能力，才可能认为他应该对可能实现构成要件的风险有认识，而在检验行为人的意欲时，意欲包括意思决定和行为决定，如果欠缺行为能力，行为决定是有瑕疵的，故意也可能因此被推翻"。欠缺个人能力，就无法认定行为人具有刑法意义上的故意。"个人的行为能力

---

① ［日］大塚仁:《犯罪论的基本问题》，冯军译，中国政法大学出版社 1993 年版，第 45 页。

因此可以脱离责任能力，划归不法阶层"。[①] 在故意犯中，个人能力必然是作为不法要素存在着。又如，对于过失犯，成立过失犯的不法是以行为人存在注意义务为前提，但是，注意义务又是依行为人的个人能力来设定的。这就如同在不作为犯中，根据"逾越能力即无义务"原则，"必定有履行义务能力人，才可能违反作为义务，因而才可能具备行为不法"；同理，"过失犯也应以行为人是否有能力预见危险和避免危险，来决定行为人有无违反义务而行为"。具备个人能力，才能被赋予注意义务，因而才有可能成立过失犯的不法。因此，个人能力也是过失犯的不法要素。这里所讲的个人能力，是指"认识危险和避免危险的能力"，[②] 也即是行为人的认识能力和控制能力，一般无疑应归属于责任能力。故此，按照该种理论，责任能力中的个人能力是故意犯和过失犯的共同不法要素。

早在 1867 年，德国刑法学者梅克尔（Adolf Merkel）就比较全面地论证和倡导了有责的不法理论。梅克尔认为，作为对法进行否定的不法，其内容包括两个要素，"其一，侵害包含于法客观化之共同意思或侵害表现于法之共同利益；其二，归责可能性之要件"。就归责可能性而言，谈的是在什么情况下才可以对行为人进行不法评价。梅克尔认为，"不法可称为对命令或禁止之侵害，因为命令只朝向具有可归责能力者下达，故侵害此等命令者即可认定为违法者，亦即仅能归责有能力者之意思。诸如自然现象或属于不可归责能力者之意思所引起的侵害结果，皆与违法之认定无关。此乃因对于命令之侵害，唯有对命令下达之对象，即命令有意要约束之对象方才具有意义"。[③] 既然"刑法不能给予陷于不可避免禁止错误的行为人遵守规范的动机"，"所以

---

① 许玉秀：《当代刑法思潮》，中国民主法制出版社 2005 年版，第 35 页。

② 许玉秀：《主观与客观之间——主观理论与客观归责》，法律出版社 2008 年版，第 147、148 页。

③ 余振华：《刑法违法性理论》，元照出版有限公司 2001 年版，第 12—15 页。

持平而论，责任能力也应该成为构成要件故意的一部分才对"。[①] 在梅克尔的思想中，责任能力无疑是作为不法要素，更确切地讲，是作为构成要件要素而存在的。梅克尔批判了那种认为对无责任能力者也可以进行不法评价的观点，他认为，如果依照此种见解，自然现象所造成的侵害也可以被评价为具有不法性。但实际上，这些自然现象是和"人的智识"无关的，既不能命令之，亦不能禁止之，将这种自然侵害也认定为不法毫无意义，同时也不免荒谬。[②] 由此，梅克尔"主张主观违法性论，即认为只存在'有责的不法'而否认'无责的不法'"。一个行为被评价为不法，必然要求该行为是要求"违法主体具有责任能力与故意或者过失为前提"。[③] 于此，责任能力、故意与过失皆成了不法要素。

故此可知，中俄刑法理论所提倡的有责的不法理论，在大陆法系刑法理论中也不缺少相应的理论样板。如果说理论具有相通性，这大概也是一种相通性了。当然，时至今日，有责的不法理论在大陆法系理论中并非仅停留于理论层次，而是部分也进入了实践视野，比如，大陆法系现在通行的目的论犯罪论体系，即将故意等主观要素毫无例外地归入到构成要件当中，成了主观不法要素，这就部分实现了有责的不法思想。与四要件犯罪论体系所不同的是，对于过失，特别是对于责任能力，是否将之归为不法要素，大陆法系刑法理论还存在较多的反对声音。

---

① ［德］许廼曼：《不移不惑献身法与正义——许廼曼教授刑事法论文选辑》，许玉秀、陈志辉合编，新学林出版股份有限公司 2006 年版，第 436 页。

② 余振华：《刑法违法性理论》，元照出版有限公司 2001 年版，第 15—16 页。

③ 陈兴良：《犯罪论体系的位阶性研究》，载《法学研究》2010 年第 4 期，第 103 页。

第六章　四要件整体不法评价的解释论优势

——以防卫无责任能力人侵害行为的定性为例

一、彻底的整体不法评价

四要件整体不法评价理论的最大特色就在于该理论坚持了不法评价的整体性。

其一，该体系中囊括了所有能够说明不法的要素，包括传统意义上的罪责要素。作为一个完整的不法评价体系，该体系中本来就应当将所有说明不法的要素揽括于内。大陆法系刑法理论上对于故意、过失和责任能力等要素是否属于不法要素，还存在着较大争议。大陆法系的传统理论并不将这些要素看作是不法要素，而认为是罪责要素。但是，现在越来越多的大陆法系学者认为，不同主观意志支配下，行为呈现出了对法益侵害的不同危险程度，因而主观意志应作为不法要素。另外，有部分大陆法系学者还认为，责任能力是刑法上有意义的意志的前提条件，没有责任能力，行为人的主观不法也无法认定。因而，大陆法系的部分学者也认可了责任能力的不法要素地位。

与大陆法系不同，在这个问题上，中俄刑法理论表现得较为前卫，中俄四要件整体不法评价体系全面地认可了意志和责任能力的不法要素地位，认为这些要素既是罪责要素，同时也是不法要素，它们能够说明行为的不法性质。没有这些所谓的罪责要素，则四要件中的主观方面要件不能成立，主体方面要件不能成立，行为的不法性不能认定。与二阶层犯罪论的整体不法评价体系相比，四要件整体不法评价体系将所有和不法有关的要素都纳入了不法评价体系。就不法要素的包罗范围而言，该体系更具反映和说明不法的完整性。

其二，说明不法的四个要件凝结为一个不可分割的整体。四要件整体不法评价体系中，说明不法的要素被划分为四个方面，四个要素分别从不同方面阐述行为的不法性质。不过，将所有说明不法的要素划分为四个方面，这只是一种理论思维方式，它并不代表着四个要素可以切割分隔开来。四个要件具有共生共存的性质。这种共生共存性表现在两个方面：首先，四个要件共存于不法概念之下，共同依附于"犯罪构成"这个"整体不法构成要件"当中。犯罪构成为四个要件绑上了一条相互连接的纽带。其次，四个要件彼此依赖，互为前提，互相为用。对于不法判断而言，四个要件，哪一个也不具有独立意义。不能脱离主体说明主观方面，也不能脱离主观方面说明主体。只有当四个要件凝结为一体，四个要件形成合力，行为的不法性质才能得以说明。就这一点而论，和四要件整体不法评价理论一样，二阶层犯罪论的整体不法评价理论也是将所有说明不法的要素凝结为一个不可分割的系统。确立不法的正面构成要件和排除不法的负面构成要件，共存于整体不法构成要件之下，对于不法而言，哪个体系也没有单独存在的意义。

其三，四个要件统一于一个标准之下。四要件的整体不法评价体系中，所有说明不法的要素的都是正面要素，都是确立不法的要素，其思维方式是具备怎样的主体要件才有不法，具备怎样的主观要件才有不法，具备怎样的客观要件才有不法，具备怎样的客体要件才有不法。这种思维方式迥异于二阶层犯罪论的整体不法评价理论。二阶层犯罪论的整体不法评价理论的思维方式是，一方面要考虑具备怎样的条件才有不法；另一方面还要考虑具备怎样的条件才没有不法。由此，四要件的整体不法评价体系判断不法的标准始终是一个，"有什么就有不法"；而二阶层犯罪论的整体不法评价体系的不法判断标准则有两个，一是"有什么就有不法"；二是"有什么就无不法"。虽然说二阶层犯罪论的整体不法评价体系两方面的判断标准是围绕"不法"进行的，其判断主题是行为的不法性质，对于不法的判断而言，两方面的判断标准也是具有整体性的。但是，相比四要件的整体不法评价体系，二阶层犯罪论的整体不法评价体系还是存在着两面性，是从不同的两个方面探索行为的不法性质。这种从两方面探索行为不法性质的做法，当然就不如单纯从一个方面探索行为的不法性质那么具有整体感。

相对双层不法评价方法，整体不法评价方法的方法论特色就是其整体性。但是，在整体不法评价理论内部，二阶层犯罪论的整体不法评价的整体性又不如四要件整体不法评价的整体性那么彻底。可以说，四要件整体不法评价理论彻底实现了不法评价的整体性。

不法评价的整体性，这是四要件整体不法评价理论的基本特色。当然，这也是四要件整体不法评价理论的重要优势。比如，对于防卫无责任能力人侵害的行为应当如何定性的问题，利用四要件的整体不法评价方法，就能够得出更为合理的结论。为了突出四要件整体不法评价方法的这种优势，我们不妨从双层不法评价理论的解决方法谈起。

二、不成立正当防卫的防卫行为

根据刑法规定和刑法理论，正当防卫是"正对不正"的反击；所谓"不正"，就是"不法"，就是违法的，① 被攻击者只有对不法、不正的侵害行为才能发动反击。日本刑法第 36 条第 1 款也规定了正当防卫的条件，"为了防卫自己或者他人的权利，而对急迫不正的侵害实行的不得已的行为，不予处罚。"德国刑法第 32 条第 2 款规定，"为使自己或他人免受正在发生的不法侵害而实施的必要的防卫行为，是正当防卫"。由此，大陆法系强调了正当防卫只能针对"不正""违法"的不法行为而发动，非不法的侵害行为，就排除了被侵害者的正当防卫权。无责任能力人的侵害行为，正是一种"非不法的侵害行为"。对于无责任能力人的侵害，如何解释被侵害者存在防卫反击权，一直是德日刑法理论上的难题。

刑法上的"行为"是一个特定概念，它一般是指人的意志支配下的危害社会的身体动静。② 要成为刑法意义上的行为，该身体动静必须是在人的意志支配下发动；脱离了意志的身体动静，可以是自然意义上的行为，但还不能算是刑法意义上的行为。③ 脱离了意志支配的行为，该行为不具有刑法意义，不能够成为刑法上的构成要件行为，刑法评价中应对之不予考虑，更不能将之认定为不法行为。

无责任能力人的行为，包括未成年人的行为和精神病人的行为，就是典型的非人的意志支配下发动的行为。

古典学派认为，责任能力是指作为对行为人进行道义性非难前提的自由意志的决定能力。④ 它包括辨认自己行为的能力和控制自己行为性质的能力。要承担法律责任，不但要求行为人充分地认识到自己行为的性质，该行为是否为法律所禁止、所谴责，而且要求行为人有能力决定自己是否以行为触犯

---

① ［日］大塚仁:《刑法概说（总论）》（第三版），冯军译，中国人民大学出版社 2003 年版，第 325 页。

② 高铭暄主编:《刑法专论（第二版）》，高等教育出版社 2006 年版，第 160 页。

③ 张明楷:《刑法学（第四版）》，法律出版社 2011 年版，第 146 页。

④ 高铭暄、马克昌主编:《中国刑法解释（上卷）》，中国社会科学出版社 2005 年版，第 267 页。

法律。无责任能力人，或者不具备辨认能力，因而无法知道自己行为的法律意义；或者虽然具备辨认能力但不具备控制能力，因而无法根据自由意志决定是否以行为触犯法律。相应地，无责任能力人的行为，也即是非自由意志支配下发动的行为，因而不具有法律意义。诉讼活动中，无论是刑事诉讼还是民事诉讼，对发动侵害行为的无责任能力人，不能将之作为追诉对象，不能列为诉讼的被告或被告人。如果无责任能力人的监护人有过错而导致侵害发生的，该监护人才有可能被作为诉讼的被告或被告人而承担相应的责任。

按此理论推断，无责任能力人发动的侵害行为是一种没有法律意义的行为，既不属于合法行为，也不属于不法行为，而是一种介于合法和不法之间的中间行为。这种处于中间状态的行为，有人称之为"中性行为"，[1] 民法领域则称之为"放任行为"。"放任行为者，指行为并不符合法律规范之尺寸，但亦未至违反之程度，行为之结果亦无民事责任之问题。"[2] 既不合法也不违法的中间行为，是法律领域的一个"中间灰色地带"，自杀行为即是其例。自杀不是一种权利行为，法律不加以保护，但同时自杀也不是不法行为，法律不加以禁止。[3] 这同于无责任能力人的侵害行为，无责任能力人无权利侵害他人，但法律也不（也无法）禁止无责任能力人侵害他人。

如此一来，因为无责任能力人的侵害行为正是一种非不法行为，被侵害者对之实施的反击行动，显然就不能成立正当防卫。

---

[1]　高其才：《法理学》，清华大学出版社 2007 年版，第 128 页。

[2]　曾世雄：《民法总则之现在与未来》，中国政法大学出版社 2001 年版，第 196 页。

[3]　认为自杀是一种违法犯罪行为不具有合理性，因为将之认定为犯罪，当犯罪既遂时，行为人已经死亡，失去了处罚对象，而犯罪未遂时，却要处罚行为人，轻重明显失当。另外，认为自杀是一种权利行为也不具有合理性，因为这将导致认为阻止自杀的行为、救人行为是侵权行为，在民法上要承担民事赔偿责任，在刑法上可能成立妨害自由的相关犯罪。所以，自杀行为是"既不违法也不合法的中间灰色地带"。见甘添贵：《学术报告：刑事违法性的概念与内涵》，载贾宇主编：《刑事违法性理论研究》，北京大学出版社 2008 年版，第 419 页。

三、阶层犯罪论的"不法"认定方案

但是，要无过错的被侵害者承受无责任能力人所实施的侵害，不赋予其对自己正当权益的自卫权，并不具有合理性。为了解决这一不合理结论，大陆法系刑法学者们从犯罪论体系上做起了文章。

大陆法系提倡阶层犯罪论体系，比如，德国、日本的主流观点赞成三阶层犯罪论体系，一个行为成立犯罪，必须经过三个阶段的判断，一是构成要件符合性判断，即行为必须符合刑法所规定的具体构成要件；二是违法性判断，即行为不具有违法性阻却事由；三是有责性判断，即行为不具有责任阻却事由。不同犯罪论学派对构成要件具有不同性质的定位。古典犯罪论认为构成要件具有客观、中性的基本特征，而新古典犯罪论和目的论犯罪论则部分或者全部承认了主观构成要件要素，认为构成要件具有主观的特性。古典犯罪论，或新古典犯罪论、目的犯罪论，都在自己的理论框架内，否定无责任能力人行为"非不法行为"的性质，而确定该行为是刑法意义上的"不法行为"。

1. 古典犯罪论的客观不法论

古典犯罪论提出客观的构成要件理论，其作用之一就在于：无责任能力人所实施的侵害行为，也是一种违法行为，是一种"不正""不法"的行为，被侵害者对之实施的反击，可以成立正当防卫。[①]

尽管无责任能力人没有实施违法犯罪行为的自由意志，不具有实施违法犯罪行为的辨认能力和控制能力，但是，在古典三阶层犯罪论体系看来，认定客观不法并不需要行为人具有自由意志，并不需要行为人是基于自己的辨认能力和控制能力发动侵害；只要有客观侵害事实，即可认定行为人的行为

---

① ［日］西田典之：《日本刑法总论》，刘明祥、王昭武译，中国人民大学出版社 2007 年版，第 120 页。

具有了不法性。因此，这种违法性是一种纯客观的不法性，而不需要主观意志参与。① 行为人的主观意志状态，不是构成要件符合性和违法性阶段思考的内容，而是责任阶段思考的内容。无责任能力人所实施的侵害行为，比如无责任能力人张三持刀追杀李四的客观行为事实本身，就完全符合了德国刑法第224条的"使用武器或其他危险工具""伤害他人身体的"这一危险伤害罪的构成要件描述，因而具有了危险伤害罪的构成要件符合性，从而即可认定张三的行为具有危险伤害罪的不法性。

2. 新古典和目的论犯罪论的意志双重功能论

新古典犯罪论，特别是目的论犯罪论，较大范围地承认了主观要素的构成要件地位。但在承认主观构成要件要素或主观违法要素之后，对于无责任能力人的侵害行为，是否还可以和古典犯罪论一样，也认定为不法行为，这显然是有疑问的。承认了主观构成要件要素或主观违法要素，就是承认了主观不法。既然是主观不法，不法的成立就需要行为人对构成事实具有认知和意志，不具有认知和意志的行为，不具有主观不法性。无责任能力人的行为正是无认知和意志的行为，其侵害举动显然不具备刑法所需的主观构成要件要素或主观违法要素，因而不法性不能成立。

为了解决这个问题，新古典和目的论犯罪论提出了意志的双重功能论。根据该种意志双重功能论，无责任能力人同样可能具有违法性评价所要求的故意和过失，② 因而完全有资格成为违法性评价的对象。

首先，从理论上分析，可以区分作为不法要素的故意、过失和作为责任要素的故意、过失。汉斯·海因里希·耶塞克、托马斯·魏根特认为，作为

---

① 张明楷：《刑法学（第四版）》，法律出版社2011年版，第192页。

② ［日］大塚仁：《刑法概说（总论）》（第三版），冯军译，北京：中国人民大学出版社2003年版，第309页。

主观不法要素的故意和过失，它是行为的控制要素；而作为责任要素的故意和过失，它则是行为人意志形成过程的最终结果。作为主观不法要素的故意和过失，它涉及符合犯罪构成要件行为的破坏法益的意志方向的所有要素；作为责任要素的故意和过失，在罪责判断中，是要评价导致实施犯罪行为的意志形成的方式方法。因此，在对行为不法性进行认定时，则要问一问：行为人究竟想干什么？① 约翰内斯·韦塞尔斯也认为，意志在犯罪系统中具有双重功能，作为不法性要素，它是"举止形式"，是行为对法律、社会产生影响的载体，表明了主体与外部世界发生联系的心理关系；而作为责任要素，它是"责任形式"，是表明主体"思想意识上无价值的载体"，表明了主体在实现构成要件过程中的法律意识缺乏。② 尽管无责任能力人缺乏责任故意，但是他依然通常能够通过法规范来说明自己的动机，因而并不缺乏不法性意志。例如罗克辛就认为，不断给同一群孩子指示，他们大多都会遵守规则。③ 无责任能力人能够控制自己的行为，具备作为行为控制要素的故意，因而也能构成不法。

其次，从立法意思来看，立法者实际上已经区分了作为主观不法要素的故意、过失和作为责任要素的故意、过失。立法者将保安处分与故意的但无罪责的行为联系在一起的情况表明，作为行为控制要素的行为意志不能成为罪责的组成部分。④ 因此，法规范的不法性评价同样适用于所有的人，无论他

---

① ［德］汉斯·海因里希·耶塞克、托马斯·魏根特：《德国刑法教科书》，许久生译，北京：中国法制出版社 2001 年版，第 300—301 页。

② ［德］约翰内斯·韦塞尔斯：《德国刑法总论》，李昌珂译，法律出版社 2008 年版，第 85 页。

③ ［德］克劳斯·罗克辛：《德国刑法学总论——犯罪原理的基础构造》，王世洲译，法律出版社 2005 年版，第 212 页。

④ ［德］汉斯·海因里希·耶塞克、托马斯·魏根特：《德国刑法教科书》，许久生译，中国法制出版社 2001 年版，第 299 页。

是有责任能力的人还是无罪责能力的人，包括孩子、年轻人和精神病人。[①] 从法律规范角度分析，这说明了决定规范同样适用于有罪责能力的人和无罪责能力的人，只不过有罪责能力的人适用刑罚，而无罪责能力的人适用非刑罚的保安处分而已。[②] 对于无责任能力人而言，虽然他们欠缺的是意志形成上的自我把握观念，但是并不欠缺作为行为行动力的行为控制意识，因而能构成不法。

再次，从司法实践来看，两者实际上也已被清楚区分。约翰内斯·韦塞尔斯认为，对于无责任能力人或者酩酊大醉者，司法机关就从未怀疑过他们有可能在"明知和受意志支配"的情况下，实施了某种行为，从而满足了成立某种犯罪所必要的不法要件。对于该种不法性故意，德国联邦最高法院通常称之为"自然的故意"，以区别于作为责任形式的责任故意。另外，在进行犯罪认定的时候，只有对行为在"自然意义"上的故意予以肯定之后，才有讨论行为人"为何"决定要故意实施法益侵犯行为，是否可以因此对他提起相应的故意责任谴责等问题的余地。[③]

根据意志双重功能论，无责任能力人的行为就被认定为是在不法意志支配下实施的行为，完全符合构成要件和违法性对主观符合要素的要求，因而具有主观不法性。故此，无责任能力人张三追杀李四的行为，就可以毫无例外地认定为是张三在不法意志的支配下发动的，可以认定为不法行为。既然是不法行为，当然具有"不正""不法"性，因而法律上就许可对之实施反击，该种反击行为可成立正当防卫。

---

① ［德］克劳斯·罗克辛：《德国刑法学总论——犯罪原理的基础构造》，王世洲译，法律出版社 2005 年版，第 212 页。

② 许玉秀：《当代刑法思潮》，中国民主法制出版社 2005 年版，第 37 页。

③ ［德］约翰内斯·韦塞尔斯：《德国刑法总论》，李昌珂译，法律出版社 2008 年版，第 88 页。

四、不法认定方案的缺陷

三阶层犯罪评价理论，或者是将构成要件看作是纯客观构成要件，只承认客观不法，或者是将构成意志分为不法意志和责任意志，从而就解决了对无责任能力人侵害行为的正当防卫权问题。但是，这种理论得以成立，其前提条件是，或者必须保证构成要件的纯客观性，或者必须保证意志的可两分性。不过，这两个前提条件本来就是存在一定疑问的。

首先，认为刑法规定的构成要件是客观中性的观点存在着种种疑问，是不能成立的。

构成要件对行为特征的描述离不开主观要素的参与，构成要件本身存在主观性。[1] 例如盗窃罪，其构成要件应是行为人基于占有的意图而窃取了他人财物，仅有窃取他人财物的行为事实，而行为人并无占有的意图，比如行为人是为了和物主开玩笑使物主着急，或者该窃取行为是单纯地使用盗窃，则会因为行为人的行为不符合盗窃罪构成要件的主观面，而不具有盗窃罪的构成要件符合性。无责任能力人在盗窃他人物品时，并不具有辨认能力和控制能力，因而不具有构成要件所必需的主观占有意图，不具有盗窃罪的构成要件符合性。需要主观意志作为主观构成要件要素的犯罪，无责任能力人是无法符合构成要件的主观面的。根据现在通行的刑法学说，犯罪分为故意犯罪和过失犯罪，而故意和过失又都属于主观构成要件要素，分称之为构成要件故意和构成要件过失。[2] 因此，所有的行为，要构成犯罪，首先都必须符合具体犯罪的构成要件主观面。无责任能力人不具备刑法意义上的主观意志，因而不可能符合构成要件的主观面，不可能符合刑法上任意一个具体构成要件。

---

① ［日］小野清一郎：《犯罪构成要件理论》，王泰译，中国人民大学出版社 2004 年版，第 14 页。

② 赵秉志主编：《外国刑法原理（大陆法系）》，中国人民大学出版社 2000 年版，第 113 页。

既然不符合具体构成要件，无责任能力人的侵害行为也就更谈不上可能具有违法性了。

主观要素是构成要件不可或缺的要素，而且在构成要件中，主观要素和客观要素相辅相成，无法拆分。"主观构成要件和客观构成要件不能拆开的结论，表示不法不全然是客观的，行为的内在面也具有不法的特质，换言之，不法的评价对象也包括行为的内在（主观）面，而所谓客观构成要件决定于主观的运作，更是表明客观不法决定于主观不法"。① 罗克辛认为，"根据客观和主观的特征对犯罪因素所做的二分法，如今在德国，已经被放弃了"。将主观不法要素和客观不法要素拆分开来处理，具有显而易见的弱点，比如，刑法上"就不存在人们可以作为刑法性不法来标记的'客观的'盗窃。一个在主观上没有违法占有目的的拿走的行为，只能单纯地使人失去占有，这在刑法上是没有意义的，也不是盗窃的不法。一个性强制，在行为人没有性动机时，就难以想象可以作为'客观上的性犯罪'。还有未遂的不法，在不考虑行为人主观上想要得到的是什么时，其客观方面也是不能被评价的。"② 客观不法论"在理论上也是有缺陷的"，③ 贝林所谓构成要件是犯罪类型客观观念形象的说法早已为学界普遍质疑，并已为学界所否弃。

其次，认为意志具有双重功能，可以分为不法意志和责任意志的说法也是经不住推敲的。

根据汉斯·海因里希·耶塞克、托马斯·魏根特的观点，作为主观不法要素的意志和作为罪责要素的意志是可以区分开来的，作为主观不法要素的意志是行为的控制要素，而作为罪责要素的意志则是行为人意志形成的方式

---

① 许玉秀：《当代刑法思潮》，中国民主法制出版社 2005 年版，第 74—75 页。

② ［德］克劳斯·罗克辛：《德国犯罪理论的发展与现代趋势》，载《明德刑法学名家讲演录（第 1 卷）》，北京大学出版社 2009 年版，第 104 页。

③ 刘明祥：《紧急避险研究》，中国政法大学出版社 1998 年版，第 126 页。

方法。然而，行为人意志形成的方式方法，是指行为人意志形成的原因。行为人意志形成的原因并不等于意志本身，比如，故意产生的原因、故意形成的方式方法并不等于故意。意志形成的方式方法是一种客观事实，而意志本身则是一种主观性存在。因此，汉斯·海因里希·耶塞克、托马斯·魏根特的所谓罪责意志并非指主观的意志，而是意志以外的东西。故此，根据汉斯·海因里希·耶塞克、托马斯·魏根特的观点，不能将不法意志和罪责意志区分开来。实际上，根据汉斯·海因里希·耶塞克、托马斯·魏根特的观点，我们看不到有罪责意志的存在，而只看到有不法意志的存在。

况且，根据汉斯·海因里希·耶塞克、托马斯·魏根特的意志双重地位论，也不能合理说明无责任能力人具有不法意志。因为如果认为不法意志是行为的控制要素，那么，必须质问无责任能力人是否具有控制行为的想法。只有证明无责任能力人具有控制行为的想法，才能够说明其具有主观不法意志，其行为因而才能被认定为具有不法性。但是，如果断定无责任能力人能够产生控制自己行为的想法，这却是难以令人信服或者说是匪夷所思的。因为如果无责任能力人都能够产生控制自己行为的想法，那么无责任能力人与完全责任能力人又有什么分别呢？

和汉斯·海因里希·耶塞克、托马斯·魏根特的观点一样，约翰内斯·韦塞尔斯的观点应当受到同样的质疑。约翰内斯·韦塞尔斯认为，无责任能力人也具备"与外部世界发生联系的心理关系"，当这种心理关系指向侵害事实时就形成了不法意志。但是，如果认为指向侵害事实的心理关系就是不法意志，却也难以令人接受。只要行为人知道自己是在杀人，自己正在引起外部世界出现剥夺生命的结果，这种心理事实就被认定为不法意志，是极不谨慎的。首先，这种观点也会将正当行为中行为人所伴有的意志认定为不法意志，因为正当行为中行为人行为时也具备指向侵害事实的心理关系，行为人也知道自己是在剥夺他人生命。其次，如果认为不法意志即是"与外部世界发生联系的心理关系"，那么，必然导致承认动物也具有不法意志，也能够实行不法行为。因为这种单纯的"与外部世界发生联系的心理关系"，不仅人具有，而且动物也具有。动物也知道趋利避害，一棍棒下去，它也知道躲闪，外部世界的变动能够在其心理上有所反映。动物的行为表明了它也与外部世界发生着一定形式的心理关系。但是，由此将动物的侵害行为也认定为不法行为，认为其具有不法意志，显然是荒谬而有违常识的。

罗克辛也认为，尽管无责任能力人缺乏责任故意，但是他们并不缺乏不法意志。以儿童为例，儿童也具有接受指示的能力，不断给同一群孩子指示，他们大多都会遵守规则。但是，罗克辛所言的儿童接受指示的能力，实际上和动物接受指示的能力并无二致。比如，训练猴子，猴子也会穿衣戴帽；训练烈马，马儿也会表演各种技巧；训练鹦鹉，鹦鹉还能歌善言。这种接受指示的能力，并不一定就是一种刑法上的意志表现。如果将这种简单的接受指示能力认定为意志表现，是"自然的故意"，那么动物也会具有故意，也能够成立故意的主观不法。

无论是将构成要件的主观面和客观面人为割裂开来的客观不法论，还是将主观面人为划分为违法意志、责任意志的意志双重功能论，都存在着违背客观事实的显著缺陷，不符合实事求是的学风，难以自圆其说，难以为无责任能力人的侵害行为具有不法性提供合理理论解说。

五、四要件犯罪论的"非不法"认定

实际上，如果立足于中国四要件有责的不法立场，则能够实事求是地承认无责任能力人的行为属于"非不法行为"，同时，对无责任能力人侵害的防卫反击行为，也能够名正言顺地赋予刑法上的合理定性。

（一）有责的不法

德日犯罪分析中的不法状况评价就相当于中俄刑法理论的社会危害性评价。如陈兴良教授即认为，中俄的"犯罪构成论中，并不存在违法性要件，所谓违法性要件的功能基本上是由社会危害性这一概念承担的"，[①] "社会危害性的功能与实质违法性的功能实际上是完全相同的"。[②]

根据中俄四要件犯罪论，只有同时满足主观要件、主体要件、客观要件、客体要件四个构成要件的行为才具有社会危害性，因而才具有不法性。四个要件中包括主观要件和主体要件，而主观要件中包括一般主观要件要素和特别主观要件要素，一般主观要件要素是一切不法成立必须具备的故意、过失这两个"罪过"要素，特别主观要件要素即目的、动机等；[③] 主体要件中包括责任能力要素。按照大陆法系刑法理论，传统上一般认为罪过故意、罪过过失属于责任要素，即是责任故意、责任过失，责任能力更是属于纯粹的责任要素。但按照四要件犯罪论，不法行为"不是纯生理意义上的那种行为，而是具有刑事责任能力的人针对一定社会关系，在故意或过失的心理状态支配下实施的一定行为"，[④] 没有故意、过失，没有责任能力这些罪责要素，主观要件和主体要件就不能符合，由四要件组合而成的行为不法性就无法认定。在不法认定体系中，包含了故意、过失和责任能力等罪责要素，四要件犯罪论彻底实现了不法的有责化。

在我国四要件不法思路下，不法必然是有责的不法，无责任能力人的损

① 陈兴良：《构成要件论：从贝林到特拉伊宁》，载《比较法研究》2011年第4期，第83页。

② 陈兴良：《四要件犯罪构成的结构性缺失及其颠覆——从正当行为切入的学术史考察》，载《现代法学》2009年第6期，第59页。

③ 高铭暄主编：《新编中国刑法学（上册）》，中国人民大学出版社1998年版，第166页。

④ 王勇：《定罪导论》，中国人民大学出版社1990年版，第82页。

害行为不成立不法。"我国刑法中的违法性的理论与西方有所不同。在我国，违法只能是就人的有意识的行为而言，即行为违法"，[①] 无责任能力人的侵害行为不具有构成要件的主体面和主观面，因而还不属于作为不法模型的不法构成要件行为。刘明祥教授即认为，"无责任能力人的侵袭行为虽然是一种对社会有害的行为，但并不是不法侵害行为。因为人的不法侵害行为必然是人的有罪过或有过错的行为，只有这种行为才能受法律的否定评价。而无责任能力人的侵袭行为，要么是一种病态反应，要么是一种年幼无知的表现，不能受法律的否定评价，不能成为正当防卫的对象。"[②] 无责任能力人的侵害行为不具有不法性，而只能是一种社会生活中不值得提倡但法律也不明文禁止的行为。

对于该种行为，由于没有法律的反对和禁止，不属于"不正"行为，不是不法行为，不能认定为"不法侵害"。有学者对无责任能力人的侵害行为进行了类比，认为"来自无责任能力人的侵害就好比来自自然界的灾害引起的危险，无所谓合法还是不合法，只是一种客观存在的危险"。[③] 刘明祥教授则类比认为，"无责任能力人的侵袭与有主动物的自发侵袭的性质一样"。[④] 从刑法意义上讲，无责任能力人的侵害行为和"自然界的灾害引起的危险"，与"动物的自发侵袭"，其刑法性质并无不同。因而，以上刑法意义上的类比是相当形象的。

（二）具体行为定性

对于这种类似于自然灾害或者动物自发侵袭的侵害行为，不能认定为不

---

① 刘明祥：《紧急避险研究》，中国政法大学出版社 1998 年版，第 125 页。

② 刘明祥：《论假想防卫》，载《武汉大学学报（哲学社会科学版）》1996 年第 1 期，第 56 页。

③ 郭守权等编：《正当防卫与紧急避险》，群众出版社 1987 年版，第 195 页。

④ 刘明祥：《紧急避险研究》，中国政法大学出版社 1998 年版，第 131 页。

法侵害，因而被侵害者不能获得正当防卫权。在无法获得正当防卫权的情况下，对无责任能力人的侵害行为，被侵害者应当采取何种行为应对，其应对行为在法律上将会获得何种评价？可以分为以下几种情况。

第一，如果被侵害者明知发动侵害者是无责任能力人的，被侵害者首先具有退让义务。面对明知是无责任能力人的进攻，在可以退避的情况下，被侵害者应优先选择退避。可以退避而不退避，而是针锋相对地发起反击，这种反击行为没有获得正当防卫权，不成立正当防卫；另外，该种反击行为也并非在无路可避的"不得已"的情况下发动，因而也不属于紧急避险。因而，被侵害者这个时候的反击行为，反倒只能定性为不法侵害行为。

第二，如果被侵害者明知发动侵害者是无责任能力人的，对于可以承受的极为轻微的侵害，被侵害者具有承受义务。同上理由，对于可以承受的极为轻微的侵害，被侵害者的反击行为不能获得正当防卫权，同时也由于并非"不得已"而无法获得紧急避险权，因而该种反击行为也只能定性为不法侵害行为。

也有三阶层犯罪论体系坚持者认为，"在回避未达到法定年龄、无责任能力的人的不法侵害并不存在特别负担的情况下，不宜进行正当防卫。换言之，面对未达到法定年龄、无责任能力的人的不法侵害时，对防卫的必要性应当予以限制"。[1] 然而，既然认为无责任能力人的侵害是一种"不正""不法"侵害行为，被侵害者当然就拥有了正当防卫权；"正义无须向不法让步"，[2] "并非因为能够逃跑就必须逃跑"，[3] 因而被侵害者就无须退让忍受无责任能力人的侵害，而是完全可以实行正当防卫。对于此种具有可以获得正当防卫权的情形，

---

① 张明楷：《刑法学（第四版）》，法律出版社 2011 年版，第 193 页。

② ［日］山口厚：《刑法总论（第二版）》，付立庆译，中国人民大学出版社 2011 年版，第 114 页。

③ ［日］大塚仁：《刑法概说（总论）》（第三版），冯军译，中国人民大学出版社 2003 年版，第 322 页。

又何谈"不宜进行正当防卫"，何谈"对防卫的必要性应当予以限制"？三阶层犯罪论体系的该种观点，显然是自相矛盾的。

第三，如果被侵害者明知发动侵害者是无责任能力人的，在无法退让同时也并非可以承受的情况下，被侵害者的反击行为可成立紧急避险。无法退让而又有理由不能承受的，则属于"不得已"，在该种不得已的情况下发动反击，成立紧急避险不成问题。将无责任能力人发动的侵害行为类比为"自然灾害"，则可认为，"作为排除这种危险不得已而实施的一种手段——反击侵害者，同排除自然灾害的危险的措施在性质上并无质的不同，因此，这种反击行为从性质上讲还是属于紧急避险行为。"①刘明祥教授也认为，将此种侵害类比为"动物的自发侵袭"，则"既然对动物进行反击以排除其侵害的行为，可以认为是紧急避险，对无责任能力人的侵袭进行反击以排除危险损害的行为，也就没有理由另眼相看。"②

第四，如果被侵害者不明知发动侵害者是无责任能力人的，则可以成立假想防卫。实际上不存在不法侵害，而被侵害者却误以为存在，在该种错误认识引导下，行为人基于正当防卫目的发动了保护权益的行为；被侵害者存在对正当防卫状况的误信，③因而可成立假想正当防卫。当然，对于该种假想防卫，要看被侵害者对正当防卫状况的误信是否存在过错，如果不存在过错，一般人在该种情况下都会认为侵害者是正常人，则行为人的行为不具备构成不法所需要的主观条件，因而不具有不法行为的构成要件符合性；反之，如果一般人在该种情况下能够知道或者应当知道侵害者是无责任能力人，而被侵害者却疏于注意而未能知道，则可成立过失不法。

---

① 郭守权等编：《正当防卫与紧急避险》，群众出版社1987年版，第195页。

② 刘明祥：《紧急避险研究》，中国政法大学出版社1998年版，第131页。

③ ［日］西田典之：《日本刑法总论》，刘明祥、王昭武译，中国人民大学出版社2007年版，第134页。

六、认定为"非不法行为"的合理性

(一)认定为"不法行为"的理由

对于被侵害者,特别是那些无过错的被侵害者,他们没有义务承受无责任能力人的侵害。确定无责任能力人侵害行为具有不法性的理论认为,只有赋予被侵害者以正当防卫权,使被侵害者能够基于法律的支持而发起反击,保卫自己的合法权益,才能够实现对被侵害者的公平。相反,如果不将无责任能力人的侵害行为认定为是不法行为,就无法赋予被侵害者以正当防卫权;面对无责任能力人的侵害,被侵害者就只能躲避退让,纵使是在无法躲避退让之际,也不能实施反击,而只能任由无责任能力人肆意侵犯。比如精神病人甲意图强奸乙,甲暴力强制乙使之无法动弹,犯罪行为即将得逞,慌乱之际,乙趁甲不备抽出剪刀将某甲刺死。对此,如果不能认定甲强奸行为具有不法性,也就不能赋予乙以正当防卫权,乙就只能承受甲的侵害而不能反抗,这就变相承认了乙具有承受无责任能力人甲的强奸侵害的义务,违反了正当防卫的本旨。①反而,当乙为了保护自己的权益,对甲实施打击,导致对甲出现了损害结果的,乙的行为反倒成了不法行为。本案例中,由于乙的行为于法无据,不能成立正当防卫;乙明知自己的行为会导致死亡结果发生但依然追求或者放任这种结果发生的,只能认定为是故意杀人行为。

阶层犯罪理论坚持者认为,被侵害者反抗侵害的行为被认定为是故意杀人行为,这对被侵害者是不公平的,忽略了被侵害者的基本权益。不仅如此,这种认定也会导致极坏的刑事政策引导效果,人们会认为,无责任能力人可以杀人,无责任能力人杀人并不为刑法所禁止。

---

① 张明楷:《刑法学(第四版)》,法律出版社 2011 年版,第 192 页。

故此，阶层犯罪理论认为，客观构成要件理论具有其优越性，认为刑法所规定的构成要件是客观中性的，任何行为，只要其客观特征与构成要件的客观面相一致，就可认定为具有构成要件符合性，就可推定为具有不法性。比如，杀人行为，不管是公民的杀人行为还是国家的杀人行为，不管是正常人的杀人行为还是未成年人、精神病人的杀人行为，只要有剥夺他人生命的行为事实，即认定为该行为符合了故意杀人罪的构成要件，具有故意杀人的不法性。借此，宣示了法律的基本态度：法律反对任何形式的剥夺他人生命的行为，任何剥夺他人生命的行为都是不对的，都是不值得倡导的行为模式。借此，构成要件"根据抽象的、为帮助人们理解而建立的禁止性标志这种方式，描绘了一般被禁忌的举止行为方式的图画"。[①]经由客观构成要件理论，刑事政策就能够引导一种基本理念："不得杀人"。杀人的行为都是符合故意杀人罪的构成要件，都是不法的，都是可以对之实行正当防卫的。

（二）片面的权益观念

在此，阶层犯罪论的客观构成要件学说以权益保障和刑事政策引导为理由，论证了将无责任能力人的侵害行为认定为不法行为，从而对之实行正当防卫的合理性。但是，这种论证有其明显的片面性。

首先，该论证注重被侵害者的基本权益，却忽略了无责任能力人的基本权益。

当将无责任能力人的行为被认定为不法行为时，自然就赋予了被侵害者以正当防卫权，被侵害者可借以保卫自己的合法权益。但是，这种对被侵害者的保护是以牺牲无责任能力人的权益为代价的。就连坚持认为可以对无责

---

① ［德］克劳斯·罗克辛:《德国刑法学总论（第 1 卷）——犯罪原理的基础构造》，王世洲译，法律
出版社 2005 年版，第 187 页。

任能力人实行正当防卫的学者也自我质疑，"对无故意、过失的侵害者或者无责任能力的侵害者，尤其是对于幼儿的侵害甚至也认可防卫行为，就究竟是否合适也成为问题。"① 刑法上的行为是意志支配下的身体动静，它是客观面和主观面的统一；任何刑法规范所规定的构成要件，其中既包括客观构成要件要素，也包括主观构成要件要素。客观构成要件理论只看到了构成要件的客观面，而忽略了其主观面。由此，客观构成要件理论所说的行为符合了构成要件，也只能理解为行为符合构成要件的客观面。一个只符合构成要件客观面的行为，还不能说就已符合了整个构成要件。无责任能力人的行为就是典型的只符合构成要件客观面的行为。将这样一个还不完全符合构成要件的行为，一个只有客观面而尚非刑法意义上的行为，认定为是刑法上的构成要件行为，就明显放宽了认定标准。由此，刑法就容易对无责任能力人产生不利后果，它对正常人的行为要求客观面和主观面的统一，而对于无责任能力人，则只要求具有客观面存在即可。本来就属于弱势群体的无责任能力人，在认定其行为是否违法的时候，反倒被放低了准入门槛，完全不需要考虑其刑法意义上行为的主观面。由此，认定刑法意义上的行为就产生了双重标准，对于正常人是要求客观面和主观面的统一，是人的意志支配下的身体动静；而对于无责任能力人则只需满足单纯客观面为已足，只需要有人的身体动静。违法标准的制定，对正常人要求较宽，而对无责任能力人则要求较严，这是不符合逻辑的。

其次，该论证将刑事政策的引导作用僵化和绝对化，没有具体问题具体分析。

实际上，阶层犯罪理论所阐述的刑事政策引导作用是"不切实际"的，"现实当中的人根本不是根据他对于刑法上所规定的犯罪构成要件的认识，更

---

① ［日］西田典之：《日本刑法总论》，刘明祥、王昭武译，中国人民大学出版社 2007 年版，第 120 页。

不是根据三阶层理论来决定他要不要采取什么样的防卫行为，而是直接基于利害的考量来做反应"的。[①]

况且，人的权益也不是绝对的，并不是基于任何理由都不能侵犯的。[②] 刑法是保护人的权益的，但它并不是要捍卫权利绝对观念，并不是要灌输人的权益绝对不可侵犯这一有失偏颇的思想。人的权益一般情况下不应受到侵犯，这无疑是对的。刑法的禁止可以引导形成一种政策观念，可以指示人们的行为走向正常的秩序轨道，这也无疑是对的。但在特定情况下，刑法也允许人的权益受到侵犯，比如，各类正当行为可能会造成他人的权益受到损害，但刑法并不绝对禁止这些损害。如在某甲试图暴力强奸某乙的情况下，刑法并不禁止某乙在不得已时剥夺某甲的生命而求自我保全。对于生命权益，刑法一般反对他人随意剥夺，但在特殊情况下，刑法也并不是绝对禁止，刑法并没有宣示一种权利绝对的态度，法律并不是反对所有剥夺他人生命的行为，它并不认为一切剥夺他人生命的行为都是不对的，都是不值得倡导的行为模式。如果说刑事政策试图在灌输一种权利绝对的理念，那么，国家甚至人类社会就无法存在了，国家和社会都没有了执法权、行刑权，因为国家的杀人和监禁行为都必将被认为是符合客观构成要件的行为，都可被推定为是违法行为；对于这种被推定的国家违法行为，被执行者当然也将会拥有正当防卫的权利。这确是极为荒诞不经的。

故此，阶层犯罪理论无法合理解释防卫无责任能力人侵害行为的定性问题。

---

① 黄荣坚:《基础刑法学（上）》（第三版），中国人民大学出版社 2009 第 124 页。
② 黄荣坚:《基础刑法学（上）》（第三版），中国人民大学出版社 2009 第 123 页。

（三）科学的权益保护

对于无责任能力人的侵害行为，被侵害者不是在任何条件下都可以反击。对于有退让可能的侵害、轻微的侵害，被侵害者有退避忍让义务；这种退避忍让，作为正常人的被侵害者轻而易举就可以做到，不会对其造成不可忍受的损害，因而这种退避忍让仍在被侵害者可承受的范围，没有侵害到被侵害者的基本权益。而同时，这种退避忍让，则显示了对无责任能力人的保护和宽容。无责任能力人毕竟不同于正常人，他们本身即是社会的不幸之人，对其非出于恶意的无法自我操控的轻微侵害予以退避忍让，是社会存在发展所必要的，也是符合社会普通民众基本观念的。正常人也不同于无责任能力人，对于外界侵害的应对有着自己的理性选择能力，可以选择最合理的方式避免给自己和他人造成侵害。因此，要求被侵害者承担适当的退避忍让义务，也没有超出被侵害者自身的能力范围，不是对被侵害者的苛求，而是被侵害者轻易可以做到的。只有当无责任能力人的侵害超出了被侵害者承受能力范围，则侵害者才可以获得紧急避险权。反之，对于无责任能力人的侵害，"当行为人有可以不造成任何损害的逃避侵袭的途径时，他不消极躲避，而是积极对无责任能力人的侵袭予以反击，对侵袭者造成的损害甚至超出所要避免的损害"，这种情况下，如果还要将反击者的行为认定为正当防卫，认定为是"一种勇于同不法侵害作斗争的正义之举，应该受到称赞"，"这显然不合情理与法理"。①

故此，根据四要件有责的不法思路，对被侵害者反击行为的"非不法行为"定性，既保护了侵害者的权益，也保护了被侵害者的权益，同时还考虑了该类情况的实际操作现状和操作可能性，因而是比较合理的。在该种有责

———

① 刘明祥：《紧急避险研究》，中国政法大学出版社 1998 年版，第 130 页。

的不法思路下，形成了一种新的刑事政策引导：既表明了要关心、爱护无责任能力人，对这些不幸者适当退让，同时又表明了正当权益不得侵害的基本要求。

七、结语

根据四要件有责的不法理论，可以更为科学合理地解决很多刑法疑难问题，就如上文所举例的防卫无责任能力人侵害行为的定性问题。根据四要件整体不法的有责不法理论，无责任能力人的损害行为只可能被认定为是中间行为，而非合法或不法行为。将这种行为定性为中间行为，就可以找到最为合理的刑法处理方案。但是，我国刑法学界还有许多学者没有发现四要件有责的不法评价理论的优势。

还是以防卫无责任能力人侵害行为的定性问题为例，来说明许多学者没有看到利用四要件不法评价方法解决这个问题的益处。比如有坚持四要件犯罪论体系的教科书即认为，"从一般意义上讲，不法侵害应是主客观相统一的行为，但对正当防卫中的不法侵害，可以理解为包括没有达到刑事责任年龄或精神病人的侵害行为。因为如果不允许对这两种人的侵害进行正当防卫，就不利于对合法权益的保护。所以，没有达到刑事责任年龄的人和精神病人可以成为正当防卫的对象。"[1] 这一教科书观点有两层意思值得深思：其一，从四要件有责的不法理论出发，没有达到刑事责任年龄或精神病人的侵害行为，是否可以被定性为不法侵害行为；其二，是否"如果不允许对这两种人的侵害进行正当防卫，就不利于对合法权益的保护"。

首先，根据四要件犯罪论体系的不法评价方法，不应将无责任能力人的损害行为定性为不法行为。如上文所言，四要件整体不法坚持的是有责的不

---

[1]　高铭暄主编：《新编中国刑法学（上册）》，中国人民大学出版社 1998 年版，第 281 页。

法，无责任能力，何谈不法。将无责任能力人的行为也定性为不法行为，认为对之可以实行正当防卫，持该种观点的学者实际上就否定了其所坚持的四要件不法的有责不法思想，因而是不合适的。其次，并非"不允许对这两种人的侵害进行正当防卫，就不利于对合法权益的保护"。上文也已论证，在正当防卫之外，遭受无责任能力人侵害者尚有紧急避险等刑法或刑法以外的途径保护自己的合法权益。

在四要件整体不法理论的背景下，认为对无责任能力人的侵害可以实行正当防卫，这种观点实际上并没有坚持本应坚持的有责的不法理论，没有将四要件整体不法理论贯彻到底。这种观点，在对防卫无责任能力人侵害的问题上，坚持的实际上是阶层犯罪论的不法评价思路，执行的实际上是三阶层犯罪论体系判断标准。

以上只是以防卫无责任能力人侵害行为的定性为例，用以说明四要件不法评价方法存在的理论的优势。同时，借此机会也说明了四要件整体不法评价理论在我国刑法学的贯彻中，还存在某些误区，还有较长的路要走。四要件不法理论可深挖的空间是很大的，在理论自信和理论坚守中，四要件不法理论和四要件犯罪论是完全可以不断走向完善和深化的。

第七章 法定四要件整体不法评价犯罪论

——兼论我国刑法不适用阶层犯罪论体系

如果认为刑事法律制度属于政治制度的一个组成部分，而且是非常重要的一个组成部分，那么，或许可以引用习近平同志的这段话作为本章的开篇。"中国特色社会主义政治发展道路，是近代以来中国人民长期奋斗的历史逻辑、理论逻辑、实践逻辑的必然结果，是坚持党的本质属性、践行党的根本宗旨的必然要求。世界上没有完全相同的政治制度模式，政治制度不能脱离特定社会政治条件和历史文化传统来抽象评判，不能定于一尊，不能生搬硬套外国政治制度模式。"① 中国特色的四要件犯罪论体系，是新中国成立以来中国人民结合历史和现实，长期探索适合中国社会主义建设事业要求的犯罪认定路径的必然结果。世界上没有完全相同的犯罪认定模式，不能脱离刑法生成的历史、不能脱离刑法条文本身推广阶层区分犯罪认定理论，不能将外国刑法规定的不适合中国刑法的犯罪认定模式生搬硬套到中国刑法中来。

---

① 习近平：《决胜全面建成小康社会，夺取新时代中国特色社会主义伟大胜利》，载《习近平谈治国理政（第三卷）》，外文出版社 2020 年版，第 29 页。

一、阶层体系的实定法推广方案

随着德国刑法理论在中国刑法学界的普及，很多中国刑法学者了解到阶层犯罪论体系是德国刑法理论的创造。德国刑法学家金德霍伊泽尔认为，"某个人是否从事了犯罪，……人们要处罚某个举止，这时需要哪些条件？……刑法学理的目标则是：对犯罪之举止的可罚性的条件进行科学的体系化（加工）。通过这种加工，我们发展出了犯罪构造的理论。……这种犯罪构造也提供了刑法上专业鉴定的框架。"[①]刑法关于认定犯罪的阶层犯罪论体系创造，为科学判定犯罪提供了分析框架。

现今德国的阶层犯罪论体系，有的学者仍坚持迈耶以来的构成要件符合性、违法性、有责性三阶层区分的经典模式，[②]有的将构成要件符合性、违法性二者合并为不法，从而发展出了不法、罪责的二阶层区分体系。[③]但不管怎么样，德国"今日的刑法学理中，人们（几乎）一致赞同区分不法和罪责，争论的问题只是，针对确定不法时所需要的两个审查步骤，即构成要件符合性和违法性，是否仅于同一阶层中在逻辑上同时进行审查，抑或它们就是两个具有实际区别的（犯罪）评价阶层"。[④]德国刑法学家坚信阶层犯罪论体系的科学性，同时也确信其他国家不采取阶层区分形式认定犯罪是存在问题的。比如，德国刑法学家许逎曼教授就认为，意大利刑法古典的客观要件、主观

[①] ［德］乌尔斯·金德霍伊泽尔：《刑法总论教科书（第六版）》，蔡桂生译，北京大学出版社 2015 年版，第 41 页。

[②] ［日］小野清一郎：《犯罪构成要件理论》，王泰译，中国人民公安大学出版社 2004 年版，第 21 页。

[③] 林山田：《刑法通论（上册）》（增订十版），北京大学出版社 2012 年版，第 164—165 页。

[④] ［德］乌尔斯·金德霍伊泽尔：《刑法总论教科书（第六版）》，蔡桂生译，北京大学出版社 2015 年版，第 50 页。

要件二分理论,[①]英美刑法犯罪构成与抗辩事由的双层体系,[②]都缺乏德国阶层区分的优越性。他非常自信地认为,"我仅以德国法的观点而认为主客观面的区分百年来已无人采取,然而在意大利现在却还有部分人采纳;此外英美法教科书的那种说明是毫无体系可言。"[③]意、英、美国家的犯罪论体系理论,存在着同样的弊端,违法阻却事由、责任阻却事由混淆不清,但事实上"任何人侵害法益是出于正当防卫或是出于心神丧失,这是完全不同评价层次的问题;共犯责任的不同法律效果也是取决于此种不同层次。"故此,不法评价与犯罪认定,对行为的构成要件符合性、违法性、有责性,或者对不法、罪责,怎么能不进行区分? "……一个拒绝区分的刑法学几乎是落伍的,这就像要在卢梭政治哲学的概念中去理解现今的政党式民主一样。"[④]许逎曼教授预言,"我正确地指出,在美国这种毫无体系的刑法学已经来日无多了。"[⑤]看来,德国阶层犯罪论体系在意、英、美国家遍地开花,只是时间问题。

许逎曼教授进一步挑明,应当在英美国家、欧陆国家范围内,普遍推广德国的阶层犯罪论体系,"我想要主张不论是英美或欧陆都拥有相同的文化程度,所以阻却违法与宽恕罪责的区分可以说在文化上就已经现存在于所有个别的法秩序。……今日的现代社会所具有的刑法目标大都一致,所以在是否

---

① ［意］杜里奥·帕多瓦尼:《意大利刑法学原理》,陈忠林译,法律出版社1998年版,第95—96页。

② ［美］约书亚·德雷斯勒:《美国刑法精解(第四版)》,王秀梅等译,北京大学出版社2009年版,第67—68页。

③ ［德］许逎曼:《区分不法与罪责的功能》,彭文茂译,载《不移不惑献身法与正义:许逎曼教授刑事法论文选辑》,台北公益信托春风煦日学术基金2006年版,第418页。

④ ［德］许逎曼:《区分不法与罪责的功能》,彭文茂译,载《不移不惑献身法与正义:许逎曼教授刑事法论文选辑》,台北公益信托春风煦日学术基金2006年版,第429—430页。

⑤ ［德］许逎曼:《区分不法与罪责的功能》,彭文茂译,载《不移不惑献身法与正义:许逎曼教授刑事法论文选辑》,台北公益信托春风煦日学术基金2006年版,第442页。

区分不法与罪责的这个根本问题上没有正当理由做出不同选择。"[①] 许迺曼教授阐述了德国阶层犯罪论体系普遍推广的四个基本理由：一是德国刑法阶层犯罪论体系是先进科学的不法评价与犯罪认定理论；二是其他国家的犯罪论体系则相对落后；三是处于相同时代的不同国家，文化程度是相同的，可以接受德国先进的阶层区分犯罪论体系；四是不同国家刑法目标也是大致相同的，需要接受最适合国家刑法目标的阶层犯罪论体系。基于以上理由，许迺曼教授认为应当实现犯罪论体系的统一适用，意、英、美国家，甚至整个世界的刑法，应当普遍奉行德国先进的阶层犯罪论体系。

同德国刑法学家一样，部分中国刑法学者也认为，理论没有国界，作为理论创造的不法评价和犯罪认定模式，阶层犯罪论体系既然可以很好适用于德国刑事司法，可以适用于日本刑事司法，同样也就可以适用于中国刑事司法。中国刑法理论为什么要置已经发展得非常完善和先进的德国阶层犯罪论体系于不顾，偏偏自搞一套，另起炉灶适用发展时间更晚且存在一定争议的四要件犯罪论体系？把德国阶层犯罪论体系照抄照搬到中国来不是简单得多吗？正是在这一疑问的引导下，近些年中国有一批刑法学者，尝试着贯穿德国阶层犯罪论体系，或者是三阶层犯罪论体系，或者是二阶层犯罪论体系，编写了很多各种类型的刑法学教材。其中，既有普通高等教育教材，如张明楷教授著作的《刑法学（第四版）》，[②] 也有国家法律职业资格考试辅导教材等，如柏浪涛博士编著的《刑法攻略（讲义卷）》。[③] 甚至在 2009 年国家司法考试大纲及配套辅导用书中，负责刑法学科部分的编写者干脆全面推翻了我国通

---

① ［德］许迺曼：《区分不法与罪责的功能》，彭文茂译，载《不移不惑献身法与正义：许迺曼教授刑事法论文选辑》，台北公益信托春风煦日学术基金 2006 年版，第 428—429 页。

② 张明楷：《刑法学（第四版）》，法律出版社 2011 年版，第 105 页。

③ 柏浪涛：《刑法攻略（讲义卷）》，中国法制出版社 2017 年版，第 16—23 页。

行的四要件犯罪论体系，转而在书中借机推广三阶层体系。[①]

的确，如果犯罪论体系是单纯空洞的理论说教，倒确实放之四海而皆准。这正如安徒生的童话故事，在丹麦是美丽的童话，在美国是美丽的童话，在中国同样是美丽的童话。但是，犯罪论体系并非单纯的理论模式，而是用于解决一个国家现实危害社会行为的不法评价和犯罪认定问题的行为指引。犯罪论体系问题，是建基于一个国家法制基础上的社会实践问题。不法评价、犯罪认定，应当根据一个国家的现行刑法规定严格开展，而不能脱离刑法条文任意遨游。国家有怎样的关于危害社会行为的刑法规定，司法工作者就应当进行怎样的不法评价，进行怎样的犯罪认定。不法评价和犯罪认定的理论模型，都只可能是对现行刑法规定的理论概括，那种能够脱离现行刑法的不法评价和犯罪认定理论模型是不存在的。甚至对阶层犯罪论体系发展美好前景信誓旦旦的许逎曼教授，也敏锐觉察到了阶层犯罪论体系能否普遍推广，是受到各国实定法制约的。阶层区分的犯罪论体系固然好，"然而这绝非意味着，不法与罪责的区分出于上述的考虑已经在个别的情况先行确定，以及甚至可能确立超越实定法的基础"。[②]许逎曼教授认为，"我想进一步说明，依照我采取的推论，只要各该刑法秩序的基本目标大概是可比较的，那么这种区分只能由实定法决定。"[③]这正如被害人承诺行为，是应当将之定位为阻却构成要件符合性的"构成要件排除性承诺"，还是应当将之定位为阻却违法性的"正当化承诺"？在采取犯罪论体系阶层区分制的德国，这是一个影响法

---

① 《刑法学》编写组：《刑法学（上册·总论）》，高等教育出版社2020年版，第92页。

② ［德］许逎曼：《区分不法与罪责的功能》，彭文茂译，载《不移不惑献身法与正义：许逎曼教授刑事法论文选辑》，台北公益信托春风煦日学术基金2006年版，第430页。

③ ［德］许逎曼：《区分不法与罪责的功能》，彭文茂译，载《不移不惑献身法与正义：许逎曼教授刑事法论文选辑》，台北公益信托春风煦日学术基金2006年版，第429页。

制严谨性和理论科学性的重要问题。①但在不采取犯罪论体系阶层区分制的意大利或美国，会将德国这种区分看作毫无必要地奔忙，甚至看作一个没事找事的笑话而加以讥讽。许逎曼教授关注到，意大利人将德国阶层犯罪论看作"空架子""法理上的冥想"，英美将之视为"毫无价值""没什么了不起"。"意大利最高法院联席庭甚至将植根于不法与罪责区分的德国刑法体系当作是空架子而拒绝采用，因为这个空架子必然是来自法理上的冥想，而没有找出联席庭也可以在审判实务中接受的发展方向，因此该联席庭赞成犯罪行为的主客观面的区分……英美刑法理论，更不认为德国刑法释义学在这百年来的发展有什么了不起，因为英美法向来认为那种强调高度抽象化所建构的刑法体系毫无价值可言。"②对于意大利人、英美人对德国阶层区分体系的不了解和轻蔑，许逎曼教授比较在意。然而，"概念所教导的也必然就是历史所呈示的"，③法学理论描述终究绕不开一个国家的现行法规定，立足英美国家刑法的犯罪认定，根本找不到需要阶层区分的实定法基础。对于其他国家刑法学家对德国刑法犯罪论理论精妙绝伦的不理解，德国刑法学家或许大可不必深感惋惜。

许逎曼教授在关注到不同国家刑法制度对犯罪论体系的限制后，转而认为，意、英、美等国家的刑法没有为犯罪阶层区分提供法制基础，这不合适。尽管是否采取犯罪阶层区分方式，"只能由实定法决定"，但实定法的决定地位并不具有绝对性，"这个简单的预设不必然理解为实定法中的初步结构，原因是假如一个法领域的目标原则上异于其他法领域的目标时，那么依照我们

① ［德］约翰内斯·韦塞尔斯：《德国刑法总论》，李昌珂译，法律出版社2008年版，第197—208页。

② ［德］许逎曼：《区分不法与罪责的功能》，彭文茂译，载《不移不惑献身法与正义：许逎曼教授刑事法论文选辑》，台北公益信托春风煦日学术基金2006年版，第417—418页。

③ ［德］黑格尔：《法哲学原理》，范扬、张企泰译，商务印书馆1961年版，"序言"第14页。

的理解，这同样不会认为是‘刑法’"。[①] 按照许迺曼教授的意思，不能为犯罪阶层区分提供法治基础的刑法，就应当从根本上否定该法律的刑法属性。符合先进标准的实定法，可以取得作为犯罪论体系理论基础的决定性地位；不符合先进标准的落后实定法，则"不会认为是‘刑法’"，不能取得作为犯罪论体系理论基础的决定性地位。意、英、美国家以及世界其他国家的，不能为犯罪阶层区分提供法治基础的落后刑法，就都有可能"不会认为是‘刑法’"，不适合作为刑法。至此，许迺曼教授似乎找到了一个解决问题的理想方案：那些不实行阶层区分犯罪论体系国家的现行刑法都必须进行体系性的修订，在刑法中全面推行阶层区分犯罪论体系。许迺曼教授直言不讳，对于刑法"落伍"国家，"我主张当刑法学者还没发现该区分现象或甚至尝试拒绝区分的时候，这些国家的刑法规定必须建立起不法与罪责的区分。"[②] 在各国刑法中"建立起不法与罪责的区分"，德国刑法学家在世界范围推行阶层犯罪论体系的目的就能够实现。反之，如果意、英、美等国家现行的实定刑法依然保持现在的不法评价和犯罪认定体系，不将阶层犯罪论体系写入刑法文本，先进的阶层区分体系在这些国家的推行就无可能。

二、德国犯罪认定的逻辑缺陷及阶层补位

为什么信心满满的许迺曼教授会得出令人沮丧的结论，他竟不得不将自认为最先进的阶层区分犯罪论体系在他国推行的希望，寄托在其他国家将该体系自行写入刑法，由各个国家在自己的刑法中强制推行？难道就真的不能脱离现行刑法，在其他国家创立并推行阶层犯罪论体系？许迺曼教授是否受

---

① ［德］许迺曼：《区分不法与罪责的功能》，彭文茂译，载《不移不惑献身法与正义：许迺曼教授刑事法论文选辑》，台北公益信托春风煦日学术基金 2006 年版，第 429 页。

② ［德］许迺曼：《区分不法与罪责的功能》，彭文茂译，载《不移不惑献身法与正义：许迺曼教授刑事法论文选辑》，台北公益信托春风煦日学术基金 2006 年版，第 429 页。

到了某种启发？是否推行阶层区分犯罪论体系的国家，都是已经在自己的刑法当中先行编排了阶层区分犯罪论体系？是否将阶层区分犯罪论体系写入本国刑法，是本国推行该体系的前提条件？如果国家现行的实定刑法已经明确写入阶层犯罪论体系，刑法的解释、运用，当然只能按照法定的阶层区分方式进行不法评价和犯罪认定。阶层犯罪论体系理论产生于德国，我们不妨以德国刑法为例，分析德国现行实定刑法文本是否规定了阶层犯罪论体系。我们需要了解的问题是：阶层犯罪论体系是否属于德国刑法文本法定的不法评价和犯罪认定方式，该体系是否属于对德国刑法条文的理论概括，而不是德国刑法学家单纯的理论创造。

的确，翻开《德国刑法典》，不难发现，德国刑事司法中所运用的阶层犯罪论体系，不单单是一种理论创设，而更主要的是一种法条概括。德国刑法学家贝林是阶层犯罪论体系的创立者，"构成要件理论的光辉桂冠应当授予贝林（即贝林格——作者注）"。[1]贝林在1905年出版的《刑法纲要（第三版）》"首先提出他的构成要件理论"，1915年迈耶将贝林的可罚性六要件修改和整合为构成要件符合性、违法性、有责性三要件。[2]"19世纪的刑法总论是从行为、因果关系、违法性等一些抽象的概念出发来论述犯罪成立条件的，几乎完全忽视了刑法分则条文及其犯罪构成要件。贝林尖锐地指出这种不以犯罪构成要件来论述犯罪的成立的错误，强调必须以刑法分则条文规定的犯罪构成要件概念为中心来建立犯罪的概念。"[3]贝林从德国刑法规定出发概括出阶层

---

① ［日］泷川幸辰：《犯罪论序说》，王泰译，法律出版社2005年版，第31页。
② 何秉松：《犯罪构成系统论》，中国法制出版社1995年版，第4—8页。
③ 何秉松：《犯罪构成系统论》，中国法制出版社1995年版，第5页。

犯罪论体系。[①] 可以说,《德国刑法典》是产生阶层犯罪论体系的法定根据,德国阶层犯罪论体系是德国刑法规定演绎的必然结果。

（一）犯罪认定的第一重困境

怎么来确定现实生活中某个危害社会的行为是否需要予以刑罚处罚,予以何种刑罚处罚,我们需要对照刑法文本,确定刑法文本中是否规定了相应的行为禁止。被刑法条文禁止从事的行为,就是犯罪行为,应处以刑法条文规定的刑罚。中国刑法第 13 条给需要禁止的犯罪行为下了一个实质性的总定义:一切危害社会的依法应当受到刑罚处罚的行为,都是犯罪行为。某个危害社会的行为发生了,我们会认为该行为符合了刑法第 13 条关于犯罪的初步形象,有可能是犯罪。与中国刑法不同,德国刑法没有给犯罪下一个实质性的总定义。对于什么样的行为属于犯罪行为,没有确定一个总的实体性轮廓。德国刑法只给应当受到刑罚惩罚的行为下一个形式性的总定义。[②] 德国刑法第 1 条规定,"本法只处罚行为前法律已明文规定予以处罚的行为"。[③] "行为前法律已明文规定予以处罚的行为"当然很多,这些行为有着怎样的共同特征,德国刑法没有进行实质性说明,没有像中国刑法一样将之概括为"危害社会

----

① 王安异收录于其翻译的贝林名著《构成要件理论》一书的《刑法纲要》（见恩施特·贝林:《构成要件理论》,王安异译,中国人民公安大学出版社 2006 年版,"序言"第 30 页）,为贝林于 1905年写作。该时期在德国适用的刑法是 1871 年制定的《德意志帝国刑法典》（见汉斯·海因里希·耶赛克:《为德意志联邦共和国刑法典序》,载《德国刑法典（2002 年修订）》,徐久生、庄敬华译,中国方正出版社 2004 年版,第 1 页）。本文写作过程中,由于无法对照 1871 年《德意志帝国刑法典》说明贝林归纳犯罪体系的过程,只能引用《德国刑法典》条文进行分析。但考察德国刑法改革,本文所引《德国刑法典》条文和《德意志帝国刑法典》条文并无大的出入（可参见王世洲:《联邦德国刑法改革研究》,载《外国法译评》1997 年第 2 期,第 71—78 页）。故此,这种引用并不会影响文章结论的正确性。

② ［苏］特拉伊宁:《犯罪构成的一般学说》,薛秉忠等译,中国人民大学出版社 1958 年版,第 43 页。

③ 《德国刑法典（2002 年修订）》,徐久生、庄敬华译,中国方正出版社 2004 年版,第 3 页。

的行为"。要动用刑罚予以处罚的"行为前法律已明文规定予以处罚的行为",当然是违反刑法规定的行为。根据这一形式定义,刑罚适用,我们的任务要核对涉案行为是否已经被刑法明文规定。

"违反刑法的明文规定",应当如何把握呢?对此,德国刑法第 11 条给人们提供了适用指引,"本法所说的违法行为:仅指实现了刑法规定的构成要件的行为。"[1]刑法分则规定了犯罪行为的基本特征,即构成要件特征。违反刑法分则规定的行为,是"实现了刑法规定的构成要件的行为",即是违反刑法明文规定的"违法行为"。因此,在德国判断一个行为是否属于犯罪行为,要做的第一步工作就是核查涉案行为是否被纳入了刑法分则所确定的罪状,也即构成要件。如果两相对照,该行为被纳入了刑法分则罪状,属于构成要件所描述的不法行为类型,就具有构成要件符合性,就具有了刑法上可罚行为也即犯罪行为的初步轮廓。符合刑法分则罪状规定的具有刑法分则构成要件符合性的行为,可以初步认定为具有犯罪程度的刑法违反性。如果该行为在刑法分则中找不到相对应的不法构成要件行为类型,不具有刑法上可罚行为的初步轮廓,就不具有构成要件符合性,不具有犯罪程度的刑法违反性,刑法上对之不予考虑。故此贝林指出,"对法官而言,所有虽违法有责但不属法定类型之列的行为——非类型的行为——都不是刑罚可罚的行为"。[2]根据德国刑法第 1、第 11 条的规定,对照刑法分则所规定的罪状对涉案行为进行的违法性形式判断,这是对危害行为是否具有刑法上的可罚性即犯罪程度的违法性的第一阶段判断,贝林以来被称为"构成要件符合性"判断。[3]

就在第一阶段的构成要件符合性判断中,关于犯罪程度可罚行为的认定,

---

① 《德国刑法典(2002 年修订)》,徐久生、庄敬华译,中国方正出版社 2004 年版,第 7 页。
② [德]恩施特·贝林:《构成要件理论》,王安异译,中国人民公安大学出版社 2006 年版,第 3 页。
③ [德]恩施特·贝林:《构成要件理论》,王安异译,中国人民公安大学出版社 2006 年版,第 60 页。

德国刑法出现了重大逻辑缺陷。没有"实现刑法规定的构成要件的行为",就不是违反刑法的行为,不具有犯罪程度的刑法上的可罚性;反之就有可能是达到了犯罪程度的违反刑法的可罚行为。我们简单推导就会发现,"实现了刑法规定的构成要件的行为",尽管一般是属于达到了犯罪程度的违反刑法的可罚行为,但也有很多例外情况。很多"实现了刑法规定的构成要件的行为"并没有达到犯罪程度的违反刑法的可罚性,不具有"刑法违反性",也即不具有"刑事违法性"。刑法分则规定杀人罪的不法构成要件,原则上禁止所有故意杀人,但德国刑法第 32 条规定"正当防卫不违法",出于正当防卫杀人则例外地被许可。[①]

贝林正是发现了这个问题,才提出了他的构成要件理论。贝林时代的德国刑法学界,"一个广为流传的观念认为,在刑法中禁止实施刑法所规定的可罚行为,在刑法中规定'刑事违法性',即犯罪人'违反'或'损害'了刑法(刑法第 73 条明确予以规定)",[②] 贝林认为这个观念是"错误"的。"人们的行为是否以及在何种范围内是重要的、特殊的违法,并非刑法本身的问题,依据刑法来认定行为的违法性,并不充足。"[③] 贝林进一步指出,仅凭行为"实现了刑法规定的构成要件",就认为该行为违反了刑法,完全不科学。"法定构成要件的功能,就是那些描述性地勾勒出刑法中相关的客观事实。"但是,符合法定构成要件行为是否具有刑事违法性,那是另外一个问题。"对行为的法律评价,不可能在法律上规定出来。……即使认定了某人行为已符合构成要件(如杀害了某人),也绝不能判定他已经违法地实施了该行为。既有符合构成要件而未违法的行为(如'导致他人死亡'的正当防卫),也有违法却未符

---

① 林山田:《刑法通论(上册)》(增订十版),北京大学出版社 2012 年版,第 165 页。

② 贝林这里所讲的"刑法第 73 条",应当是 1871 年制定的《德意志帝国刑法典》的条文。

③ [德]恩施特·贝林:《构成要件理论》,王安异译,中国人民公安大学出版社 2006 年版,第 43—44 页。

合构成要件的行为（如现行法律中的盗窃习惯就是这样，并不具备构成要件符合性特征）。此种情况下，绝对不会存在可罚性行为。"① 故此，德国刑法第11条"本法所说的违法行为：仅指实现了刑法规定的构成要件的行为"，对于认定行为是否达到了犯罪程度的违反刑法的可罚性，是"不充足"的，存在重大逻辑缺陷。这就形成了德国刑法关于可罚行为或犯罪行为认定的第一重困境。

（二）犯罪认定的第二重困境

怎么来弥补这个逻辑缺陷呢？贝林认为，符合刑法分则构成要件的行为，还只是具备了犯罪行为类型的"观念形象"，还不能被认定为具有刑事违法性的可罚的犯罪行为。② "符合构成要件的行为只有具备违法性（不法、不允许、反法律），才能构成犯罪"，"准确地说，符合性行为只有在其本质上不被允许，法律不允许符合该构成要件时，该行为才具有可罚性"。③ 为了弥补符合构成要件的行为还达不到刑法可罚程度的不足，贝林在这里对符合构成要件的行为进行了限定：达到可罚的犯罪程度的违法行为，专指"法律不允许符合构成要件"的行为。言下之意，符合构成要件的行为分为两种，一种是法律允许符合构成要件的行为，如行刑的警察执行枪决，枪毙犯人，尽管符合故意杀人罪的构成要件，但受到法律例外许可；另一种是法律不允许符合构成要件的行为，如普通的故意杀人。"法律不允许符合构成要件的行为"，即是符合构成要件又同时具有违法性的行为。人们应当如何来判断一个行为是否属于"法律不允许符合构成要件的行为"？贝林给出了答案，"在判断某

---

① ［德］恩施特·贝林:《构成要件理论》，王安异译，中国人民公安大学出版社 2006 年版，第 68 页。
② ［德］恩施特·贝林:《构成要件理论》，王安异译，中国人民公安大学出版社 2006 年版，第 5 页。
③ ［德］恩施特·贝林:《构成要件理论》，王安异译，中国人民公安大学出版社 2006 年版，第 87 页。

行为类型的违法性时，应该注意，法律秩序已经考虑到许多特别的行为事实，在这些行为事实中，该行为已经合法化，而如果没有该事实则行为具有违法性。这些特殊事实就是'不法的排除事由'，即'可以排除行为之违法性的事由'，该事由一经出现，就同时撤销了行为的违法性和可罚性。其合法性的规则，正如违法性的规则一样，都存在于刑法之外的领域。"[①] 在进行违法性判断，也即是判断该行为是否属于"法律不允许符合构成要件的行为"，实际上就是审查行为是否属于合法行为，是否属于"不法排除事由"。如果属于"不法排除事由"，则该行为不具有违法性，不是"法律不允许符合构成要件的行为"，因而不具有刑法上犯罪程度的可罚性。行为是否属于"法律不允许符合构成要件的行为"的判断，贝林称之为"违法性"判断。这是继"构成要件符合性"判断之后，对行为是否属于犯罪行为进行的第二阶段判断。

第一阶段的判断，对行为是否符合构成要件，刑法从正面进行判断：符合罪状条件的行为即是犯罪行为。而第二阶段判断，对违法性的判断是从反面进行：符合构成要件的行为，如果属于"不法排除事由"的合法行为，则非犯罪行为。德国刑法第 32 条规定"正当防卫不违法"，第 34 条规定"为使自己或他人的生命、身体、自由、名誉、财产或其他法益免受正在发生的危险，不得已而采取的紧急避险行为不违法，但所要保护的法益应明显大于所造成危害的法益"。[②] 贝林认为正当防卫、紧急避险、职务或业务等行为，就属于刑法上的不法排除事由，[③] 或者称为正当化事由，又称为违法阻却事由。违法性判断阶段，如果没有相反因素即不法排除事由否定该行为的违法性，符合刑法构成要件的行为就推定具有刑法上的违法性。

---

① ［德］恩施特·贝林:《构成要件理论》，王安异译，中国人民公安大学出版社 2006 年版，第 89 页。

② 《德国刑法典（2002 年修订）》，徐久生、庄敬华译，中国方正出版社 2004 年版，第 12—13 页。

③ ［德］恩施特·贝林:《构成要件理论》，王安异译，中国人民公安大学出版社 2006 年版，第 90—95 页。

可见，第二阶段不法排除事由的认定方法是：第一阶段形式判断中达到犯罪程度违法性的行为，如果是基于刑法总则规定的正当防卫、紧急避险等正当理由而实施，则应当认为第一阶段的形式判断不准确，应当否定该行为具有犯罪程度的违法性，从而否定该行为具有成立犯罪的可能，推翻第一阶段的形式判断结论。第一阶段形式判断中达到犯罪程度违法性的行为，如果不是基于正当理由而实施，则应肯定第一阶段的形式判断正确，行为具有犯罪程度的违法性。

第一、第二两个阶段的形式判断、实质判断，确定了行为具有犯罪程度的违法性，行为在法律上不具有价值，而属于反价值行为，需要予以否定。但是，应当如何予以否定，是法律上认定这种行为不值得称道，进行行为性质的法律否定？还是更强烈的否定，要求行为人对自己的行为承担刑事责任？尽管德国刑法第 1 条规定"本法只处罚行为前法律已明文规定予以处罚的行为"，但贝林发现"并非所有符合法定构成要件且具有违法性的行为，都具有刑罚可罚性"。[①] 德国刑法第 35 条规定："为使自己、亲属或其他与自己关系密切者的生命、身体或自由免受正在发生的危险，不得已而采取的违法行为不负刑事责任"，[②] 第 17 条规定"行为人行为时没有认识其违法性，如该错误不可避免，则对其行为不负责任"，第 19 条规定"行为人行为时不满 14 岁的，无责任能力"，第 20 条规定："行为人行为时，由于病理性精神障碍、深度的意识错乱、智力低下或其他严重的精神病态，不能认识其行为的违法性，或依其认识而行为的，不负责任"。[③] 这些既符合刑法分则构成要件又具有违法性的行为，因为不具有可非难性或称可责性，因而不具有可罚性，不

---

① ［德］恩施特·贝林：《构成要件理论》，王安异译，中国人民公安大学出版社 2006 年版，第 95 页。

② 《德国刑法典（2002 年修订）》，徐久生、庄敬华译，中国方正出版社 2004 年版，第 13 页。

③ 《德国刑法典（2002 年修订）》，徐久生、庄敬华译，中国方正出版社 2004 年版，第 10 页。

需要承担刑事责任。刑法上存在符合构成要件且违法，但因为不具有可责性而不能认定为犯罪，不能予以刑罚处罚的行为。在对类似刑法规定的探寻中，贝林发现了德国刑法犯罪行为认定的第二重困境。

为了从第二重困境突围，贝林引入了犯罪程度可罚行为的第三阶段判断——有责性判断。贝林认为"责任，也是刑法上的犯罪要素，表明符合构成要件、违法的行为在内在（精神）方面具有可非难性，是法律上的主观欠缺瑕疵性。责任与违法性一样是对行为的否定性价值评判，是现代法律立场所进行的评判，对某行为的违法性评价只是对外在事件（考虑行为方面）所进行的评价，而责任评判则是针对行为人内在世界的评价。……尽管法律要求人们服从，即只要有可能，人们在作出决断时就应以法律的价值规定为根据；倘若没有可能性，也就缺乏法律上的非难可能性和法律责任。"①同第二阶段的违法性判断一样，这里的责任判断即有责性判断也是从反面进行：符合构成要件且违法的行为，如果存在责任阻却事由而不具有可非难性，则不是犯罪行为。未成年、精神病等情况，都属于责任阻却事由。

符合第二阶段判断具有犯罪程度违法性的行为，如果因为在第三阶段的判断中，判定为不具有有责性，则应当如何处理？对此德国刑法63条规定："实施违法行为时处于无责任能力（第20条）或限制责任能力（第21条）状态的，法院在对行为人及其行为进行综合评价后，如认为该人还可能实施违法行为因而对公众具有危险性的，可命令将其收容于精神病院"，第64条规定："如果某人有过量服用含酒精饮料或其他麻醉剂的瘾癖，且因其在昏醉中实施的或者归因于瘾癖的违法行为而被判处有罪；或仅仅因为他被证实无责任能力或未被排除无责任能力而未被判处有罪，那么如果仍然存在由于其瘾

---

① ［德］恩施特·贝林:《构成要件理论》，王安异译，中国人民公安大学出版社2006年版，第95—96页。

癖而实施严重违法犯罪的危险，法院可命令将其收容于戒除瘾癖的机构"。[①]
有责性判断中具有免责理由而不负刑事责任的行为，由于具有犯罪程度的违
法性，尽管刑法上对其行为性质应予否定评价，但不能以承担刑事责任的方
式予以激烈否定，而应予以矫正或保安处分形式的比较缓和的否定。

（三）刑法典的阶层演绎

经过三个阶段的判断，行为完全符合了刑法分则和总则关于构成要件、
违法性、有责性的设定，属于犯罪行为。三个阶段，从形式违法到实质违法、
再到有责的判断，是一个前后呼应、不断推进、由粗放到精确的行为性质认
识和确定过程。三阶段行为性质的认定，是根据德国刑法的明文规定演绎和
概括出来的不法评价和犯罪认定路径。首先，德国刑法第 1 条是形成阶层犯
罪论体系的前提条件，该条为不法评价和犯罪认定提供了一个总体判断框架：
违反法律明文规定的处罚要求的行为（即"违法行为"），才是达到了刑法可
罚程度的犯罪行为。其次，第 11 条则是对第 1 条所确立的不法评价和犯罪认
定框架的具体实现：指明第 1 条的"违法行为"就是那些"实现了刑法规定
的构成要件的行为"。再次，由于在实现第 1 条判断框架性思路的过程中，刑
法第 11 条陷入了第 32、第 34 条等例外合法规定的第一重困境，不法评价和
犯罪认定中不得不将这些例外情况列入第二阶层，进行专门性的违法阻却事
由判断。最后，又由于刑法第 1、第 11 条确立的犯罪认定思路，再次陷入了
第 35、第 17、第 19、第 20 条等例外无责规定的第二重困境，不得不将这些
情况列入第三阶层，进行专门性的责任阻却事由判断。这就是贝林从法条中
概括出犯罪认定体系的基本心理历程，也是三阶层犯罪论体系形成的基本逻
辑历程。根据刑法第 1、第 11 条确立的犯罪认定框架，必然会形成犯罪认定

---

① 《德国刑法典（2002 年修订）》，徐久生、庄敬华译，中国方正出版社 2004 年版，第 27 页。

的第一、第二两重困境。为了突破两重困境，补救漏洞，犯罪认定中就必然会进一步形成第二阶层、第三阶层的违法性判断和有责性判断。德国刑法第1条规定的犯罪形式概念，和第11条对第1条的具体诠释，共同规划了德国刑法阶层犯罪论体系的理论前景。显然，德国刑法条文本身的规定，已经为阶层犯罪论体系的产生准备好了所需要的一切条件。绝不是德国刑法学家天才创设了阶层犯罪论体系，而是对德国刑法条文规定的概括、演绎产生了阶层犯罪论体系。德国刑法关于可罚性犯罪行为认定的规定，必然会促成阶层犯罪论体系的形成。这一阶层体系，迟早都会在刑法规定的孕育下产生，不产生于贝林的时代，也会产生在其他刑法学家的时代。

德国刑法学家认为，"将犯罪行为的特征归类到一个体系之后，出现了古典的，在德国基本上无异议的，以构成要件该当性、违法性、有责行为为内容的犯罪概念定义，该定义同样为判例所承认。"[1]不难看出，理论和判例之所以能够接纳三阶层犯罪论体系，其根本原因在于三阶层犯罪论体系不是一种空洞的理论创设，而是对德国刑法典本身内容的理论概括。这种理论概括，既源于德国刑法条文本身，同时又能够反过来指导德国刑法解释和运用，推动德国刑事司法。所以，三阶层犯罪论体系在德国具有长盛不衰的生命力也是理所当然。

分析德国刑法与阶层犯罪论体系的关系，许迺曼教授等德国刑法学家容易得出一个结论：三阶层犯罪论体系理论的形成，是《德国刑法典》规定演绎的必然结果。故而，要想在其他国家推行阶层犯罪论体系，其根本的前提条件，不在于在推广目标国推行一套阶层犯罪论理论，而在于对目标国刑法进行改造，将德国刑法的阶层区分规定如法炮制的编排进入目标国刑法文本。

---

① ［德］汉斯·海因里希·耶赛克、托马斯·魏根特：《德国刑法教科书》，徐久生译，中国法制出版社2001年版，第246页。

单纯推广一套阶层区分犯罪论理论，空洞的理论与目标国刑法文本脱节，刑事司法实践中得不到运用，那么这种野蛮推广的阶层犯罪论体系必将遭到意大利人将德国阶层犯罪论看作"空架子""法理上的冥想"式的嘲笑，或难免于英美人将之视为"毫无价值""没什么了不起"式的轻蔑。为了免于被嘲笑和轻蔑的命运，许迺曼教授为德国刑法学家普遍推行阶层区分犯罪论体系规划了一个理想方案：改造、修订他国的刑法，将阶层犯罪论体系写进目标国刑法，用他国的刑法规定强制推行德国先进的阶层区分犯罪论体系。当然，许迺曼教授实现理想的前提条件在于，目标国的刑法同意接受德国刑法典式的改造，至少要同意将德国刑法第1、第11、第17、第19、第20、第32、第34、第35条等诸多关系阶层区分犯罪论体系的条文，成系统地搬到目标国的刑法中。

三、苏俄犯罪实质判断的四要件展开

部分中国刑法学者力图在中国推广阶层区分犯罪论体系。然而，犯罪论体系的形成，不是理论推广的结果，而主要是本国刑法规定演绎的必然结果。中国刑法规定了什么样的犯罪认定体系，中国刑法能否接受德国式的阶层区分犯罪论体系？中国刑法是否也存在德国刑法犯罪认定漏洞的两重困境，需要在符合构成要件判断规则之外，另行增补附属性的违法性、有责性阶层予以补救？"社会主义刑法学中的犯罪构成理论是产生于十月革命胜利后的苏联刑法学"。[1] 社会主义国家的四要件犯罪论体系，是苏俄刑法学家特拉伊宁结合《苏俄刑法典》规定，对俄国刑法学家基斯嘉科夫斯基的"四要件说"进行改造的基础上形成的。要弄清阶层犯罪论体系是否适合在中国推广，阶层犯罪论体系是否有可能推翻和替代中国四要件体系，我们就要先弄清楚苏

---

① 马克昌主编:《犯罪通论》，武汉大学出版社1991年版，第64页。

俄四要件体系的形成过程，就要弄清楚苏俄四要件体系生成的现实逻辑、历史逻辑和实践逻辑。

（一）犯罪行为的实质含义

1927 年 1 月 1 日起施行的《苏俄刑法典》，建立了完备的犯罪认定体系。该法典开篇第 1 章用法律形式确定了"苏俄刑事立法的任务"，在第 1 条规定"苏俄刑事立法的任务，是保卫工农社会主义国家和工农社会主义国家在国内所建立的法律秩序，防止危害社会的行为（犯罪），对于实施这种行为的人，适用本法典中所规定的社会保卫方法。"[①] 刑法适用"社会保卫方法"，防止"危害社会"的"犯罪"行为，从而实现"保卫国家法律秩序"。这就是苏俄国家制定刑法典的出发点和目的，也是国家赋予刑法完成的法定任务。"苏维埃刑事立法在保护社会主义新制度、新的社会关系的同时，同一切阻碍社会主义国家巩固和发展的犯罪行为进行了不懈的斗争。"[②] 苏俄刑法的所有条文、整个体系，苏俄刑法的全部司法适用，都是为了完成这个国家任务而展开的。

为了充分明确国家赋予的刑法任务，《苏俄刑法典》第一次将社会危害性特征引入刑法，直截了当地确立了犯罪的实质特征，确立了犯罪认定的实质标准和刑法的调控目标。德国刑法将"行为前法律已明文规定予以处罚的行为"作为犯罪行为，从而形成了犯罪的形式概念。人们适用德国刑法，首先就不得不仔细核查"行为前法律的明文规定"，以确定该涉案行为是否已经被写入刑法分则的不法构成要件。德国刑法第 1、第 11 条关于犯罪的形式概念，并不能根本解决犯罪认定问题。该条文只是充当了犯罪认定的中间量，为犯罪的认定提供了指引，指引人们去进一步查找刑法分则构成要件的规定。涉

[①] 《苏俄刑法典》，郑华译，法律出版社 1956 年版，第 3 页。

[②] ［苏］特拉伊宁：《犯罪构成的一般学说》，薛秉忠等译，中国人民大学出版社 1958 年版，第 40 页。

案行为是否能最终被确定为犯罪行为，不取决于第 1、第 11 条关于犯罪的概念，而是取决于刑法分则以及其他法律的规定。苏俄刑法从根本否定了德国刑法那种核查、指引、查找的繁复和曲折迂回，它直接确定"危害社会的行为"就是应当"适用本法典中所规定的社会保卫方法"的可罚的犯罪行为。人们适用苏俄刑法，不需要像德国人一样，先要仔细核对该行为是否被写入了刑法分则的不法构成要件，而是如果确认该行为具有社会危害性，就可以初步确定一个危害行为的总体轮廓。当然，至于什么样的行为是"危害社会的行为"，《苏俄刑法典》第 6 条予以了明确，"目的在于反对苏维埃制度或者破坏工农政权在向共产主义制度过渡时期所建立的法律秩序的一切作为或不作为，都认为是危害社会的行为。"据此，"目的在于破坏法秩序的行为"，就可以认定为犯罪行为。对苏俄刑法而言，接下来的关键问题，就在于通过刑法确定什么样的行为属于"目的在于破坏法秩序的行为"。

考虑到"目的在于破坏法秩序的行为"有轻重之分，而刑法所规定的"社会保卫方法"又极为严厉，将之适用于轻微破坏法秩序的行为则过于严苛，故而刑法第 6 条增加了一个限制性的"附则"："对于形式上虽然符合本法典分则任何条文所规定的要件，但因为显著轻微，并且缺乏损害结果，而失去了危害社会的性质的行为，不认为是犯罪行为"。[①] "附则"强调了"目的在于破坏法秩序的行为"中"显著轻微并且缺乏损害结果"的行为，不具有社会危害性，不是犯罪行为。剔除该类"轻微"行为后，苏俄刑法关于犯罪认定的任务，就在于为较为严重的"目的在于破坏法秩序的行为"确立认定标准。

《苏俄刑法典》第 6 条对犯罪行为的实质定义，具有极为重要的法律意义。特拉伊宁深刻指出："社会主义刑法同资产阶级刑法的深刻对立，表现在犯罪的针锋相对的理解上：资本主义国家的刑事立法只从形式上把犯罪确定

---

① 《苏俄刑法典》，郑华译，法律出版社 1956 年版，第 4 页。

为应受惩罚的行为。对犯罪概念的两种针锋相对的说法，对于资产阶级刑法（一方面）和社会主义刑法（另一方面）的整个体系与一切制度，都有决定性的意义。"[①]特拉伊宁在对苏俄刑法犯罪认定体系进行全面解析的基础上，对犯罪实质定义的"决定性意义"进行深刻阐释。他认为该实质定义为刑事司法的犯罪认定提供了"十分重要的工具"，[②]"不仅在分析和判断犯罪时，必须从它作为社会危害行为的实质内容出发，就是在分析和判断犯罪构成及其各个要素时，也应当考虑社会主义审判这项极重要的原则；无论是理解犯罪的整个构成或是理解构成的各个因素，都应当采取作为社会危害行为的犯罪的概念所要求采取的方法。"[③]《苏俄刑法典》通过犯罪实质定义，建构了一个由社会危害性予以全盘统筹的犯罪认定总体框架。可以说，确立犯罪实质定义后，苏俄刑法关于犯罪认定的一切努力，就在致力于如何确定一个行为是否属于"目的在于破坏法秩序的行为"；在确立犯罪的实质定义后，苏俄刑法关于犯罪构成的一切思考，都是围绕着犯罪的社会危害性认定问题展开的。对此，《苏俄刑法典》第47条也进行了直言不讳的提示和强调，"对于每一个案件，所应当解决的基本问题，就是犯罪的社会危害性问题。"[④]社会主义刑法中经典的四要件犯罪论体系，既是对社会危害性概念的全面展开，也是对社会危害性含义的全方位说明。

（二）社会危害四要素的理论概括

对于犯罪的认定模式，十月革命前的俄国刑法学家们就已经进行了较为深入的前期探索，并取得了非常重要的理论成果。特拉伊宁是在俄国刑法学

---

① ［苏］特拉伊宁：《犯罪构成的一般学说》，薛秉忠等译，中国人民大学出版社1958年版，第57页。
② ［苏］特拉伊宁：《犯罪构成的一般学说》，薛秉忠等译，中国人民大学出版社1958年版，第73页。
③ ［苏］特拉伊宁：《犯罪构成的一般学说》，薛秉忠等译，中国人民大学出版社1958年版，第79页。
④ 《苏俄刑法典》，郑华译，法律出版社1956年版，第19页。

家斯帕索维奇、基斯嘉科夫斯基等人研究的基础上，发展出了社会主义刑法的四要件犯罪论体系。

斯帕索维奇（又译为斯巴索维奇，生卒年 1829—1907。——作者注）[①] 是俄罗斯"最先注重分析犯罪构成理论的学者之一"。[②] 他在 1863 年出版的《刑法教科书》中就使用了"犯罪构成"的表述。《刑法教科书》第三编的内容为"犯罪构成学说"。[③] 斯帕索维奇提出了犯罪构成的"五要件说"。他认为判断行为是否构成犯罪应考虑犯罪对象、犯罪人与刑事责任能力概念、犯罪的外部方面即行为及其后果、犯罪的内部方面即意志和认识、共犯及其刑事责任五方面要件。斯帕索维奇的"五要件说""开创了俄罗斯犯罪构成理论的独特发展路径，为俄罗斯犯罪构成学说的后续发展奠定了理论基础"。[④] 继斯帕索维奇之后，俄国刑法学家基斯嘉科夫斯基在 1875 年出版的《普通刑法基础教程》中指出"犯罪构成指的是构成犯罪不可或缺的实质－必要要件"，犯罪构成包括犯罪主体、客体、主体对犯罪行为的意志态度、行为本身及其后果四个实质必要要件。[⑤] 在斯帕索维奇的基础上，基斯嘉科夫斯基进一步发展了具有俄罗斯特色的犯罪构成理论。

在《犯罪构成的一般学说》这本著作中，特拉伊宁对基斯嘉科夫斯基"四要件说"的犯罪构成体系结构进行了评价。他认为"从外表看来，这种结构似乎是采纳了构成因素按四类——客体、客观方面、主体与主观方面，划分得合理的分类法"。但特拉伊宁也同时认为，基斯嘉科夫斯基的表述存在着一些缺陷和错误，不应当认为客体、客观方面、主体、主观方面是"犯罪构

---

① 薛瑞麟：《昨天·今天俄罗斯刑法中的罪过学说》，中国政法大学出版社 2013 年版，第 1—2 页。

② 庞冬梅：《"四要件"与"三阶层"犯罪论体系评述》，载《北方法学》2012 年第 1 期，第 79 页。

③ 庞冬梅：《俄罗斯犯罪构成理论研究》，中国人民大学出版社 2013 年版，第 2 页。

④ 庞冬梅：《俄罗斯犯罪构成理论研究》，中国人民大学出版社 2013 年版，第 24 页。

⑤ 见本书第五章（二）2 的"俄罗斯：从'五要件说'到'四要件说'"。

成的因素"。因为"犯罪构成的使命是揭示犯罪的具体内容",也是揭示犯罪行为社会危害性,因此犯罪构成中应当划分的是那些"表明犯罪的因素",也是表明犯罪行为的社会危害性的因素。[①]"犯罪构成本身所包含的一切要件(因素),都是立法者认为其总和对于评定该作为(或不作为)为危害社会主义国家、因而应受惩罚的行为所必要的",[②] 不能表明行为社会危害性的因素,和犯罪构成没有关系。在特拉伊宁看来,虽然基斯嘉科夫斯基构建的犯罪构成四要件体系,表述不够精准,没有深刻认识到犯罪构成因素和社会危害性之间的辩证关系,但是,基斯嘉科夫斯基的四要件体系经过改造,还是能够用来说明犯罪行为的社会危害性的。故此,特拉伊宁紧密结合苏俄刑法典的规定,在对基斯嘉科夫斯基的"四要件说"稍加调适的基础上,加入"表明"社会危害性的修饰成分后,发展出了社会主义刑法的四要件犯罪论体系。特拉伊宁认为,表明社会危害性的因素,包括犯罪行为的"客体及其客观方面""主体及其主观方面"。据此,"必须将犯罪构成的因素分为四类:(1)表明犯罪客体的构成因素;(2)表明犯罪客观方面的构成因素;(3)表明犯罪主体的构成因素;(4)表明犯罪主观方面的构成因素。"[③] 这就是后来风靡社会主义国家和当代俄罗斯刑法学界的四要件犯罪论体系。庞冬梅博士评价:基斯嘉科夫斯基的"四要件说"犯罪论体系,"这与后来苏联与当代俄罗斯刑法学中占通说地位的'犯罪构成四要件'理论体系框架基本相同,可以说,当代俄罗斯犯罪构成'四要件理论'是从基斯嘉科夫斯基的犯罪构成理论发展而来的"。[④] 庞冬梅博士的论断是合适的,在基斯嘉科夫斯基的基础上,特拉伊宁对犯罪

---

① ［苏］特拉伊宁:《犯罪构成的一般学说》,薛秉忠等译,中国人民大学出版社 1958 年版,第 99 页。

② ［苏］特拉伊宁:《犯罪构成的一般学说》,薛秉忠等译,中国人民大学出版社 1958 年版,第 48 页。

③ ［苏］特拉伊宁:《犯罪构成的一般学说》,薛秉忠等译,中国人民大学出版社 1958 年版,第 99—100 页。

④ 庞冬梅:《俄罗斯犯罪构成理论研究》,中国人民大学出版社 2013 年版,第 35 页。

论四要件体系进行了符合苏俄刑法犯罪实质定义的发展。

苏俄社会主义刑法的四要件犯罪论体系，是在对《苏俄刑法典》总则分则条文进行高度概括的基础上形成的。特拉伊宁认为，刑法中规定的犯罪成立要件，"有的表明犯罪主体及其客体，有的则表明犯罪行为所造成的损失、犯罪人的行为方法、其动机和目的等等"。[①] 四要件体系"乃是苏维埃法律认为决定具体的、危害社会主义国家的作为（或不作为）为犯罪的一切客观要件和主观要件（因素）的总合"，[②] 四个方面要件是对苏维埃法律所规定的"目的在于破坏法秩序"的社会危害行为全部要件的完整概括。

其一，表明犯罪客体的构成因素，要解决的是判断行为是否侵害了刑法所保护的社会主义社会关系的问题。《苏俄刑法典》第 46 条规定，"本法典所规定的犯罪，分为：（一）目的在于反对工农政权在苏联所建立的苏维埃制度基础，而被认为是最危险的犯罪；（二）其他一切犯罪"。[③] 只有危害了第 46条及其他条文所保护社会关系的行为，才破坏了法秩序，才是犯罪。第 13 条规定，正当防卫、紧急避险没有危害刑法所保护的社会关系，没有破坏法秩序，不是犯罪。[④] 其二，表明犯罪客观方面的构成因素，要解决的是判断是否存在危害社会行为及犯罪后果的问题。第 6 条及其附则规定，只有存在"反对苏维埃制度或者破坏工农政权在向共产主义制度过渡时期所建立的法律秩序的一切作为或不作为"，并且该行为不属于"显著轻微且缺乏损害结果"，才是危害社会的行为，才是犯罪。其三，表明犯罪主观方面的构成因素，要解决判断行为人是否存在危害社会的主观罪过的问题。第 10 条规定："只有

---

① ［苏］特拉伊宁：《犯罪构成的一般学说》，薛秉忠等译，中国人民大学出版社 1958 年版，第 98 页。

② ［苏］特拉伊宁：《犯罪构成的一般学说》，薛秉忠等译，中国人民大学出版社 1958 年版，第 48—49 页。

③ 《苏俄刑法典》，郑华译，法律出版社 1956 年版，第 19 页。

④ 《苏俄刑法典》，郑华译，法律出版社 1956 年版，第 6 页。

在下列的情况下，对于实施危害社会的行为的人，才适用司法改造性质的社会保卫方法：（一）行为人的行为是出于故意，即预见到自己行为的结果具有危害社会的性质，而仍希望这种结果发生，或者有意识地放任这种结果发生的；和（二）行为人的行为是出于过失，即虽然应当预见到自己行为的结果，而竟没有预见到，或者虽然预见到自己行为的结果，却轻率地希望避免这总结过发生的。"在故意过失心理支配下实施的危害社会行为，才应承担刑事责任，才构成犯罪。故意或过失形式的罪过，是犯罪构成的必备要素。其四，表明犯罪主体的构成因素，要解决的是判断是否存在适格犯罪人的问题。第 10 条第 1 款规定："对于在慢性精神病状态中、一时精神错乱中或者其他病态中实施犯罪的人，如果他们在实施犯罪的时候是不能辨认或者控制自己的行为的，就不得适用司法改造性质的社会保卫方法；对于虽然是在精神正常状态中实施犯罪，但在判决的时候已患精神病的人，也不得适用司法改造性质的社会保卫方法。"第 11 条规定："年满 12 岁的未成年人，实施偷盗、实施强暴、伤害别人的身体、使人残疾、实施杀人或者杀人未遂的时候，应当受刑事审判，并且适用一切刑罚方法。"[①] 不满 12 岁的未成年人，或者精神病人，就不是适格犯罪主体，其侵害社会的行为不能作为危害社会行为予以处理。特拉伊宁并不认为刑法所规定的主体的责任能力，包括年龄、精神状况应当属于表明犯罪主体的因素，不是犯罪构成因素，而只是属于"刑事责任的主观条件""刑事责任的主观前提"。[②] 特拉伊宁特别关注特殊主体因素，认为是总要的表明犯罪主体的构成因素，比如，渎职的罪公职人员身份等特殊主体犯罪构成要素。[③] 但苏俄大多数刑法学家，比如，契柯瓦则等，还是认为年龄、

---

① 《苏俄刑法典》，郑华译，法律出版社 1956 年版，第 5 页。

② ［苏］特拉伊宁：《犯罪构成的一般学说》，薛秉忠等译，中国人民大学出版社 1958 年版，第 60 页。

③ ［苏］特拉伊宁：《犯罪构成的一般学说》，薛秉忠等译，中国人民大学出版社 1958 年版，第 159—161 页。

精神状态是表明是否存在适格犯罪主体的犯罪构成因素。[①]

特拉伊宁根据刑法规定，全面概括了表明犯罪构成的四个方面构成要素：适格的犯罪人，在危害社会的故意或过失罪过心理支配下，实施了危害社会的行为，侵害了社会主义刑法所保护的社会关系，行为人的行为就是危害社会的行为，就是犯罪行为。犯罪构成作为刑法认定犯罪是否成立的理论模型，需要保证其对犯罪认定的必要性和充分性。"库德里亚夫采夫认为：'犯罪构成是由一系列要件组成的体系，这些要件对于确认行为人实施相应的犯罪行为是必要的、充分的。犯罪构成要件的必要性在于，如果要件体系中没有这些构成要件，行为就不可能被认为是犯罪行为。……犯罪构成要件的充分性是指，有了这样一些构成要件，不需要其他的附加材料，就能够指控有关行为人实施了犯罪。'"[②] 特拉伊宁认为，一方面，证明犯罪人的行为中具有法律所规定的犯罪构成的全部因素，也就证明了行为具有社会危害性，属于犯罪行为。[③] 另一方面，必须具备犯罪构成的全部因素，才是社会危害行为，才成立犯罪；缺少其中任何一个因素，都不是社会危害行为，不成立犯罪。[④] 四要件犯罪论体系在苏俄刑法规定的基础上，实现了犯罪认定的必要性和充分性，因而是适合苏俄刑法典的科学的犯罪论理论体系。

德国刑法对犯罪的形式定义，必然会在犯罪认定的两重困境下催生阶层补位的阶层区分犯罪论体系。苏俄刑法则在明确刑事立法任务的基础上，进一步确立了犯罪的实质定义。而随着实质定义的展开，苏俄刑法也必然会产

---

① ［苏］契柯瓦则：《苏维埃刑法总则（中）》，中央人民政府法治委员会编译室、中国人民大学刑法教研室译，中国人民大学出版社 1954 年版，第 90—91 页。

② ［俄］伊诺加莫娃—海格主编：《俄罗斯联邦刑法（总论）》，黄芳、刘阳、冯坤译，中国人民大学出版社 2010 年版，第 36 页。

③ ［苏］特拉伊宁：《犯罪构成的一般学说》，薛秉忠等译，中国人民大学出版社 1958 年版，第 66 页。

④ ［苏］特拉伊宁：《犯罪构成的一般学说》，薛秉忠等译，中国人民大学出版社 1958 年版，第 70 页。

生一个以社会危害性认定为中心的犯罪认定理论体系。苏俄刑法立法者为了方便认定刑法第 1、第 6 条所规定的犯罪行为的社会危害性，选择了从行为主体、行为主观方面、行为客观方面、行为客体四个方面对社会危害性进行全面说明。苏俄刑法的四要件犯罪论体系，同样是《苏俄刑法典》自身规定的必然结果。考究四要件犯罪论体系的产生过程，同样可以得出结论，不是刑法学家创造了四要件犯罪论体系，而是《苏俄刑法典》本身规定了该理论体系。在四要件犯罪论体系产生之前，《苏俄刑法典》已经为四要件体系的产生准备好了一切条件。剩下来的唯一社会条件，只是等待进入一个刑法规定的理论概括时代，到了这个时代，具有概括能力的刑法学家必将会严格遵循刑法条文的法定逻辑，全面表述在刑法文本当中已经完备的四要件体系。最终，历史选择了特拉伊宁作为苏俄刑法犯罪论学说的全面表述者。当然，纵使没有特拉伊宁，苏俄刑法学说史也会选择其他刑法学家，其他刑法学家也同样会严格遵循《苏俄刑法典》原文，站在基斯嘉科夫斯基等前人的肩膀上，肩负起完成刑法理论概括和演绎的历史使命。

四、中国犯罪构成的刑法移植

中华人民共和国刑法借鉴了苏俄刑法典的立法体例。据《新中国刑法科学简史》记载，1950 年 7 月 25 日中央人民政府法制委员会在"否定旧中国刑法、照搬苏维埃"的基础上，编写了《中华人民共和国刑法大纲（草案）》。到 1957 年 6 月，该草案经过不断修订"拟出 22 稿"，[①]1963 年形成第 33 稿。1979 年新中国第一部刑法《中华人民共和国刑法》就是"以第 33 稿为基础，根据十几年的经验和新的情况、新的问题"，经"补充和修改"后完成的。[②]79

---

① 高铭暄主编：《新中国刑法科学简史》，中国人民公安大学出版社 1993 年版，第 8、10 页。

② 高铭暄、赵秉志编：《中国刑法规范与立法资料精选（第二版）》，法律出版社 2013 年版，第 379 页。

刑法在 1997 年全面修订，形成了中华人民共和国现行 97 刑法。[1]97 刑法"并没有盲目照搬国外立法"，[2] 但就总体框架和根本立法体例，特别是就犯罪认定体系而言，则无疑是沿用了《苏俄刑法典》的立法模式。

首先，中国现行刑法仿照《苏俄刑法典》，开篇明确了刑法任务。中国刑法总则第 1 章规定"刑法的任务、基本原则和适用范围"，其中第 2 条规定："中华人民共和国刑法的任务，是用刑罚同一切犯罪行为作斗争，以保卫国家安全，以保卫人民民主专政的政权和社会主义制度，保护国有财产和劳动群众集体所有的财产，保护公民私人所有的财产，保护公民的人身权利、民主权利和其他权利，维护社会秩序、经济秩序，保障社会主义建设事业顺利进行。"苏俄刑法第 1 章第 1 条在明确"苏俄刑事立法的任务"的同时，进一步明确了苏俄刑事立法的任务是要"防止"作为"危害社会的行为"，点出了犯罪的本质属性是社会危害性。与苏俄刑法第 1 条不同，中国刑法第 2 条在明确刑法与"犯罪行为作斗争"从而实现"四个保护（一是保卫国家安全、政权和制度；二是保护财产；三是保护公民权利；四是维护秩序）"和"一个保障"的法定任务后，并没有特别点出犯罪行为危害社会的本质属性。不过，中国刑法第 2 条归纳了实现"四个保护"，其目的在于完成"一个保障"的总体任务，即"保障社会主义建设事业"。由此，按照中国刑法，刑法任务中犯罪被确定为一种"危害社会主义建设事业"的行为。"在社会主义国家中，只有那些从社会主义国家利益的观点看来具有社会危害性的行为，才是犯罪"。[3] 从国家角度考虑，犯罪行为危害社会的实质就是"危害社会主义建设事业"。故而，在表述刑法任务的过程中，中国刑法实际上同样间接点出了犯罪行为危

---

[1] 1979 年制定的《中华人民共和国刑法》简称"79 刑法"，1997 年修订之后的《中华人民共和国刑法》简称"97 刑法"。

[2] 张明楷：《刑法学（第四版）》，法律出版社 2011 年版，第 30 页。

[3] ［苏］特拉伊宁：《犯罪构成的一般学说》，薛秉忠等译，中国人民大学出版社 1958 年版，第 40 页。

害社会的本质属性。这就为刑法进一步表述犯罪行为基本特性和科学认定犯罪做好了铺垫。

其次，中国现行刑法仿照苏俄刑法典，对犯罪行为予以了实质定义。为完成与"危害社会主义建设事业"的"犯罪行为作斗争"的任务，刑法第2章规定"犯罪"，该章第1节规定"犯罪和刑事责任"，其中该章节第一条即刑法第13条详尽表述了犯罪的法定含义："一切危害国家主权、领土完整和安全，分裂国家、颠覆人民民主专政的政权和推翻社会主义制度，破坏社会秩序和经济秩序，侵犯国有财产或者劳动群众集体所有的财产，侵犯公民私人所有的财产，侵犯公民的人身权利、民主权利和其他权利，以及其他危害社会的行为，依照法律应当受刑罚处罚的，都是犯罪，但是情节显著轻微危害不大的，不认为是犯罪。"和刑法法定任务的"四个保护"相对，犯罪的行为表现是"四个危害（一是危害国家安全、政权和制度；二是危害秩序；三是危害财产；四是危害公民权利）"。随之，该条明确确定"四个危害"的总体特征就是"危害社会"，犯罪行为的本质特征就是"危害社会"。中国刑法第13条关于犯罪定义的规定，和苏俄刑法相比，除了进一步列明了犯罪行为"四个危害"的表现形式之外，两者实质意义并无不同，都是强调犯罪行为本质特征，都为犯罪的认定提供了根本的实质性规则。就连该条进一步区分罪与非罪的"但书"，[1] 也和苏俄刑法第6条的"附则"如出一辙。故此和苏俄刑法一样，中国刑法对犯罪的认定也是以刑法关于犯罪的实质定义为根据的。在中国刑法第6条确定犯罪的实质定义后，中国刑法关于犯罪认定的一切努力，就在致力于如何确定一个行为是否属于"危害社会的行为"；在确立犯罪的实质定义后，中国刑法关于犯罪构成的一切思考，都是围绕着犯罪的社会危害性认定问题展开的。

---

① 高铭暄：《中华人民共和国刑法的孕育诞生和发展完善》，北京大学出版社2012年版，第21页。

再次，中国现行刑法仿照苏俄刑法典，明确了社会危害性认定的四个方面的法定要求。其一，规定侵害刑法所保护的社会关系的行为，是具有社会危害性的犯罪行为。这是刑法对表明犯罪客体的构成因素的表述。危害行为是否侵害刑法所保护的社会关系，应当如何判断？第 2 条规定了刑法"四个保护"的法定任务，第 11 条则规定了犯罪行为侵害刑法所保护社会关系的"四个危害"。符合"四个危害"特性之一的行为，即是侵害刑法所保护的社会关系的行为。与《苏俄刑法典》第 46 条"反对工农政权在苏联所建立的苏维埃制度基础"以及"其他一切犯罪"的表述相比，中国刑法对表明犯罪客体的构成因素的表述更加清楚、准确，操作性更强。这一定程度体现了中国刑法是在更高水平上凝练了表明犯罪客体的构成因素。其二，规定只有存在刑法所规定的危害行为及其后果，才是具有社会危害性的犯罪行为。这是刑法对表明犯罪客观方面的构成因素的表述。刑法第 13 条规定"一切"具有"四个危害"特征的行为，"以及其他危害社会的行为"，都是犯罪行为。当然，"一切"具有"四个危害"的行为，"以及其他危害社会的行为"，应当"依照法律"即结合刑法分则所规定的罪状进行把握。同时，和《苏俄刑法典》的"附则"一样，本条还将那种"情节显著轻微危害不大"的行为剔除出社会危害行为范围。其三，规定只有在故意或过失罪过心理支配下实施的行为，才是危害社会的犯罪行为。这是刑法对表明犯罪主观方面的构成因素的表述。刑法第 14 条规定"明知自己的行为会发生危害社会的结果，并且希望或者放任这种结果发生，因而构成犯罪的，是故意犯罪"，第 15 条规定"应当预见自己的行为可能发生危害社会的结果，因为疏忽大意而没有预见，或者已经预见而轻信能够避免，以致发生这种结果的，是过失犯罪。"与苏俄刑法比较，罪过因素对犯罪认定的作用基本相同。在《苏俄刑法典》的基础上，为了通过罪过因素限制犯罪构成成立范围，中国刑法第 17 条还规定不可抗力行为、意外事件行为，不是犯罪行为。其四，规定只有适格主体实施的危害行为，才是危害社会的犯罪行为。这是刑法对表明犯罪主体的构成要素的表述。刑法第17条规定了年龄对认定犯罪的影响，确定了已满16周岁的完全刑事责任能力人、已满14不满16周岁的限制刑事责任能力人、已满12不满14周岁的核准追诉刑事责任能力人三种犯罪主体；第18条规定了精神状态对认定犯罪的影响，确定了无辨认控制能力的精神病人不负刑事责任的规则。中国刑法实施危害行为适格主体的规定，与苏俄刑法基本相同。

在接受了苏俄刑法关于犯罪认定的立法体例后，中国刑法虽然"并未机械地照搬苏联当时的犯罪构成理论"，[①] 但同时也接受了与苏俄刑法配套的四要件犯罪论理论体系。[②] 和苏俄刑法一样，为完成国家赋予的与"危害社会主义建设事业"的"犯罪行为作斗争"的法定任务，中国刑法必须明确犯罪行为危害社会的本质属性。而为了确认犯罪行为的社会危害性，就必须从表明犯罪客体的构成因素、表明犯罪客观方面的因素、表明犯罪主观方面的因素、表明犯罪主体方面的因素四个方面进行表述和把握。国家赋予的任务使然，中国刑法明确规定了犯罪构成的四个方面要素。"行为成立犯罪所必须具备的诸要件，是由我国刑法加以规定或包含的。换言之，事实特征必须经由法律的选择，才能成为犯罪构成的要件。在立法者看来，正是这些要件的综合，对于说明该行为成立犯罪恰到好处，缺少其中一个要件都不行，但再附加什么也不必要。"[③] 故此，与苏俄四要件犯罪论理论体系一样，中国刑法的犯罪构成也是由刑法规定出来的，而不是什么天才刑法学家创造出来的。马克思认为，"立法者应该把自己看作一个自然科学家。他不是在制造法律，不是

---

① 高铭暄、王作富主编：《新中国刑法理论与实践》，河北人民出版社1998年版，第170页。

② 何秉松主编：《刑法教科书》，中国法制出版社1995年版，第83页。

③ 高铭暄、马克昌主编：《刑法学（第九版）》，北京大学出版社、高等教育出版社2019年版，第47—48页。

在发明法律，而仅仅是在表述法律，他把精神关系的内在规律表现在有意识的现行法律之中。如果一个立法者用自己的臆想来代替事情的本质，那末我们就应该责备他极端任性。"① 借用马克思历史唯物主义的基本逻辑，应当同样认为，刑法学家也应该把自己看作一个自然科学家。他不是在制造犯罪论理论，不是在发明犯罪论理论，而仅仅是在表述刑法已经规定的犯罪构成理论。如果一个刑法学家认为自己创造了一个不受现行刑法制约的犯罪论体系，那么或许我们同样应该责备他的极端任性。

五、阶层体系推行的中国刑法障碍

显然，许逎曼教授或许就是这种"极端任性"的刑法学家，他意图将产自德国的阶层区分犯罪论体系推广到意、英、美国家以及世界各国。德国阶层区分的犯罪论体系，是德国刑法典规定的产物，它是适合根据德国刑法对犯罪进行认定的犯罪论理论。从阶层区分犯罪论体系适合德国刑法的意义上看，该理论是一种先进的刑法理论。但是，苏俄刑法、中国刑法都规定了迥异于德国刑法的犯罪认定路径，规定了社会主义国家四要件犯罪论体系。只有根据苏俄刑法的四要件犯罪论体系认定犯罪，才能符合苏俄刑法的明文规定；只有根据中国刑法的四要件犯罪论体系认定犯罪，才能符合中国刑法的明文规定。从四要件犯罪认定体系适合中国刑法的规定来看，该论体系当然一点也不逊色于德国阶层区分犯罪论体系刑法理论。我们当然不能脱离刑法规定来评判何种犯罪认定体系更加先进和科学。只有最适合本国刑法的犯罪论理论，而没有必然先进的犯罪论理论。只要是适合本国刑法规定的犯罪论理论，就是先进的犯罪论理论。

然而，可能还会有人包括许逎曼教授都会进一步追问：如果我们强行将

---

① 《马克思恩格斯全集》(第 1 卷)，人民出版社 1956 年版，第 183 页。

阶层犯罪论体系搬到中国，用以指导中国的刑事司法实践，难道就不能适合中国刑法？怎么能够确定阶层区分犯罪论体系就是不适合中国刑法的犯罪认定理论？行文至此，理由实际上已一目了然，在中国刑法中强推阶层区分犯罪论体系，至少存在以下多方面的不适合。

（一）唯物唯心二维对立

中国刑法第 2 条规定了通过"四个保护"，从而达到"一个保障"的法定任务。中国刑法适用的最终目的是"保障社会主义建设事业顺利进行"，也即是要保卫社会主义国家占统治地位的社会关系。马克思认为，刑法反映了不以人的意志为转移的社会占统治地位的群体的生产方式和交往方式。"那些决不依个人'意志'为转移的个人的物质生活，即他们的相互制约的生产方式和交往形式，是国家的现实基础……在这种关系中占统治地位的个人……必须给予他们自己的由这些特定关系所决定的意志以国家意志即法律的一般表现形式。这种表现形式的内容总是决定于这个阶级的关系，这是由例如私法和刑法非常清楚地证明了的"。[①] 根据马克思历史唯物主义的基本论述，特拉伊宁指出，"按照马克思主义的理解，任何一种侵害行为的客体，都是为了统治阶级利益所建立的社会关系"。[②] 犯罪行为危害社会，就是危害统治关系。不危害统治关系的行为，不是犯罪行为。法律表述的国家意志，所承载的就是统治关系。行为只是违反了某种意志、某些规则，而没有危害社会主义建设事业顺利进行，没有危害统治关系，没有社会危害性，不是犯罪行为。因而，犯罪是"孤立的个人反对统治关系的斗争"。[③] 要求做到"四个保护"之

---

① 《马克思恩格斯全集（第三卷）》，人民出版社 1960 年版，第 377—378 页。

② ［苏］特拉伊宁：《犯罪构成的一般学说》，薛秉忠等译，中国人民大学出版社 1958 年版，第 102 页。

③ 《马克思恩格斯全集（第三卷）》，人民出版社 1960 年版，第 379 页。

后，中国刑法第 13 条明确指出犯罪的本质是"危害社会"。由此，中国刑法通过第 2、第 13 条，确立了中国刑法的马克思唯物主义的思想基础。中国刑法的整个犯罪认定体系，正是建立在马克思主义唯物观的基础上。

构建阶层犯罪论体系的德国刑法，没有专门布置刑法任务条款，但根据德国刑法第 1 条"本法只处罚行为前法律已明文规定予以处罚的行为"，以及根据第 11 条本法所说的"违法行为：仅指实现了刑法规定的构成要件的行为"来看，德国刑法"只处罚行为前法律已明文规定予以处罚的行为"，刑罚只处罚违反法律的行为。由此明确了德国刑法是一部保护法律规定的法，刑法是法律的保护法，刑法的任务就是保护法律规范。所以，在德国"影响广泛，甚至可以说占主导地位的观点"认为，"刑法应当是为保护法益服务的"，同时德国刑法学家雅各布斯等学者则认为刑法的任务是保护"规范适用"。① 不管刑法的任务是保护法益，还是保护规范，这两种看法都是以承认"法"这种表达意志的规范的存在为前提。保护法益，就是保护法律规定的利益，实际上也是保护规范意志的要求。保护法益或保护规范，都是保护表示为法律的国家意志。德国立法者赋予了刑法保护法律的任务，表明刑法的任务是保护表示为法律的国家意志，而不是保护隐藏在国家意志背后的社会本身。显然，德国刑法坚持的是唯心主义哲学基础。

也正是德国刑法保护规范意志的唯心主义哲学基础，才导致了犯罪认定阶层区分犯罪论体系的产生。只有当刑法规定了法律至上、保护规范、保护法益的法定任务，也即只有当刑法规定了"本法只处罚行为前法律已明文规定予以处罚的行为"，才需要利用罪状确定什么行为是违反法律的行为，才需要进一步做出本法所说的"违法行为：仅指实现了刑法规定的构成要件的行

---

① ［德］G. 雅各布斯：《刑法保护什么：法益还是规范适用？》，载《比较法研究》2004 年第 1 期，第 96 页。

为"的规定。当刑法确定由"构成要件"来确保"违反法律的行为"始终处于法律规定之中，从而实现保护法律的罪行法定任务，就必然会导致出现犯罪认定的两重困境。由于罪行法定的行为也符合构成要件的行为，实际上不一定是违法有责的行为，故而立法者不得不在刑法中增加违法性、有责性判断环节，进行阶层补位，实现犯罪认定的基本目的。可见，德国刑法是在为了实现法律保护，保障绝对的罪行法定，并在此基础上实现惩罚犯罪，从而不得已走上了阶层区分犯罪论体系的道路。德国刑法是在惩罚犯罪和限制惩罚、相信司法和怀疑司法的双重矛盾运动中，选择了绝对相信法律，采取了将合理惩罚犯罪的希望全部托付法律的唯心主义哲学观念。德国法律至上、法益保护、规范保护的唯心主义理念，以及其在刑法中所推行的保护法律的目标，决定了德国刑法必然产生阶层犯罪论体系。反之，阶层犯罪论体系正是德国唯心刑法思想的产物。

对于德国唯心主义的法律至上观念，马克思进行了尖锐批评："过去有些思想家可能想象：法、法律、国家等产生于普遍概念，归根到底产生于人的概念，并且也是为了这个概念而被创造的；这些思想家也自然可以想象：犯罪只是由于对一个概念的狂妄放肆才构成的，犯罪一般说来就成为对概念的嘲弄，惩罚犯罪也只是为了向受辱的概念赔罪。"[1] 马克思站在唯物论的基础上，指出那种认为犯罪是侵犯了表现为普遍概念的法律，刑法适用是为了保护法律规范的观点，不符合唯物观，是错误的。

唯物观和唯心观是两个决然对立、无法调和的哲学基础。建立在唯物主义哲学基础上的刑法四要件犯罪认定体系，和建立在唯心主义哲学基础上的阶层犯罪论体系，也是截然对立、无法调和的。如果我们在中国强行推行阶层犯罪论体系，必然要求我们对中国刑法进行符合阶层犯罪论体系表达的规

---

① 《马克思恩格斯全集（第三卷）》，人民出版社 1960 年版，第 85—86 页。

范改造，我们就需要将确立唯心主义理论基础的德国刑法第1、第11条写进中国刑法。这既不符合中国刑法的理论基础，更不符合中国政治制度的哲学基础，不符合中华人民共和国作为一个国家得以成立的哲学基础，根本不具有可行性。刑法的犯罪论体系问题，不仅是一个理论问题，也不仅是一个刑法问题，更是一个重要的政治问题。"马克思主义是我们立党立国、兴党强国的根本指导思想"，①马克思主义的唯物观，也是我们立党立国、兴党强国的根本指导思想。《中华人民共和国宪法》在"序言"中规定，"中国各族人民将继续在中国共产党领导下，在马克思列宁主义、毛泽东思想、邓小平理论、'三个代表'重要思想、科学发展观、习近平新时代中国特色社会主义思想指引下，坚持人民民主专政，坚持社会主义道路，坚持改革开放，不断完善社会主义的各项制度，发展社会主义市场经济，发展社会主义民主，健全社会主义法治"。我国的社会主义现代化建设，社会主义法治建设，是以坚持马克思历史唯物主义和辩证唯物主义为哲学基础的。法治建设，包括刑法建设，包括刑法对犯罪认定规则的建设，其哲学基础的设定绝不是随随便便哪个主义都可以的，都只能建立在马克思唯物主义思想基础上。在中国刑法中植入阶层犯罪论体系，不具备与之相适应的唯心主义政治基础和哲学基础，因而根本不具有可行性。

（二）罪行的社会危害统筹

如果中国刑法采用阶层区分犯罪认定路线，首先要通过分则罪状进行判断，符合罪状要求的行为具有构成要件符合性；然后再判断该行为是否存在违法阻却事由、责任阻却事由。在违法判断阶段，需要根据刑法第20条正当

---

① 《中共中央关于党的百年奋斗重大成就和历史经验的决议》，载《人民日报》2021年11月17日，第01版。

防卫等正当化事由，判断行为是否存在违法阻却事由。责任判断阶段，需要根据刑法第 14、第 15 条等规定判断是否存在责任故意、责任过失，需要根据刑法第 17、第 18 条从年龄和精神状态方面判断行为人是否存在责任能力。但是，这一阶层犯罪的认定过程，必然会跳过中国刑法第 13 条关于犯罪概念的规定。在阶层犯罪认定体系中，犯罪实质概念是多余的，刑法不需要根据犯罪概念判断行为是否构成犯罪，不需要根据社会危害性判断行为是否构成犯罪。同样，阶层犯罪论体系也不需要根据是否侵害了某种社会关系来判断行为是否构成犯罪。只要符合了刑法分则罪状，且没有违法阻却、责任阻却事由，就是犯罪行为。构成要件符合性审查，对照分则罪状检查审核，就可以确定行为的侵害属性。至于行为是否存在刑法第 13 条规定的"四个危害"，则和分则罪状的规定毫无关系，因而不能成为评价行为是否成立犯罪的评价要素。刑法第 13 条对犯罪行为"四个危害"特性的限定，对犯罪行为社会危害性的本质要求，在阶层犯罪论体系中找不到存在空间，都是多余的。根据阶层犯罪论体系，就必然需要删除中国刑法第 13 条关于"四个危害"和犯罪实质概念的内容。删除"四个危害"和犯罪实质概念后，依附于实质概念而存在的"但书"也没有了存在的必要。引入阶层犯罪论体系后，中国刑法第 13 条就应当调整为："依照本法应当受刑罚处罚的行为，都是犯罪行为。"

或许有人包括坚持推广阶层犯罪论体系的许迺曼教授都会认为，从阶层犯罪论体系来看，中国刑法第 2 条关于刑法任务的规定、第 13 条关于犯罪实质概念的规定完全可以删除。删除这些规定，既不会影响对犯罪的认定，同时也消除了推行阶层犯罪论体系的哲学理论基础障碍。然而，这种观点只看到了问题的表象。实际上，如果删除第 2、第 13 条，可能会使整部中国刑法陷于瘫痪而根本无法运行。

我国刑法存在大量"情节犯""其他类行为犯"。比如寻衅滋事罪，随意殴打他人，追逐、拦截、辱骂、恐吓他人，"情节恶劣的"，构成本罪；非法经营罪，未经许可经营法律、行政法规规定的专营、专卖物品或者其他限制买卖的物品的，买卖进出口许可证、进出口原产地证明以及其他法律、行政法规规定的经营许可证或者批准文件的，未经国家有关主管部门批准非法经营证券、期货、保险业务的，或者非法从事资金支付结算业务的，以及"其他严重扰乱市场秩序的非法经营行为"，构成本罪。中国刑法中体量巨大的类似"情节犯""其他类行为犯"，要具备哪些情节才属于"情节犯"，要存在什么样的行为才属于"其他类行为"？对此不能随意解释，而应当在刑法条文的可能意思范围内进行把握。最根本的是，要根据刑法第2条、第13条进行实质判断。"情节犯""其他类行为犯"的解释，不能超出刑法第13条关于犯罪行为实质定义的范围。一方面，"情节""其他类行为"应当是达到了危害社会程度的行为。也即是根据刑法第2条，从"四个保护"角度看，如果放纵该类行为，会危害"社会主义建设事业顺利进行"，因而需要从社会保护、国家保护角度，将该类行为认定为具有社会危害性。另一方面，根据"但书"对犯罪的限定要求，同时要将这类行为中"情节显著轻微危害不大的"，不认定为具有社会危害性，不认为是犯罪行为。第2条规定的刑法"四个保护""一个保障"的法定任务，以及第13条规定的"四个危害"和犯罪实质概念，都具有统筹和宏观调控分则"情节犯""其他类型行为犯"的法定功能。删除第2、第13条，刑法分则类似"情节犯""其他类行为犯"的规定会面临两种适用后果：一种后果是因为找不到解释依据而使条文无法适用，从而放纵犯罪；另一种后果是因为找不到解释依据而胡乱适用，从而形成司法滥权乱象。

实际上，根据立法设计，中国刑法总则和分则的所有规定，都要接受第2条规定的刑法任务和第13条规定的犯罪实质概念统筹管控。不光是"情节犯""其他类行为犯"要根据第2、第13条予以理解，表明犯罪构成的所有四个方面要素的理解运用，也都必须接受第2、第13条的全面统筹。第2、第13条镶嵌在表明犯罪构成的所有要素当中。整部刑法，刑法第2条规定的刑法任务、第13条规定的犯罪概念，是上位概念和核心规则，是统领刑法一切规定的最高规则，刑法的其他规则都是这两条要求的派生产物。正如前文中引用特拉伊宁的论述，他认为苏俄刑法对犯罪社会危害性的实质定义，为刑事司法的犯罪认定提供了"十分重要的工具"。这个"十分重要的工具"，"无论是理解犯罪的整个构成或是理解构成的各个因素，都应当采取作为社会危害行为的犯罪的概念所要求采取的方法。"中国刑法，如果失去了刑法第2、第13条的总控统筹，表明犯罪构成的四个方面要素就会失去上位概念，就会失去赖以存在的主干和支柱，干枯必然枝败，柱倒必然屋散，四个方面要素必然各自为政，不相统属，一盘散沙，整部刑法也就将面临瓦解的命运。

从这些角度判断，在中国强制推行阶层犯罪论体系，用以替代四要件，显然是不切实际的危险之举。这么做的结果，一方面是可能会否定现行刑法的政治哲学基础，同时也会违背宪法规定的基本政治站位；另一方面，一旦操作失准，难免会彻底颠覆现行刑法的体系性规定，会否定整部刑法。阶层犯罪论体系的推行，不是单纯推行一种空洞的理论就能够实现。四要件犯罪论体系建立在中国现行刑法犯罪认定体系的坚实基础上，光是理论说教不可能在中国刑法中成功推行阶层犯罪论体系。阶层犯罪论体系的真正推行，用阶层犯罪论体系代替四要件犯罪论体系，前提条件只能是先对《中华人民共和国刑法》进行一场大手术，一场"变性手术"。必须用德国刑法第1、第11条等条文的类似规定取代中国刑法第2、第13条等规定，"变性手术"完成，中国刑法才会具备推行阶层犯罪论体系的前提条件。这无疑是一场大规模的刑法革命和政治革命。

六、结语

在不对中国刑法进行大型德国化"变性手术"的情况下，就意图推动中国刑法实行阶层区分犯罪认定模式，这一行动方案明显缺乏刑法制度基础，因而不切实际。阶层犯罪论体系在中国部分学者的教科书，包括法律职业资格考试辅导教材中，或被直接或被变相的予以推行，这种推广方案同样缺乏中国刑法制度的支撑。将理论建立在没有制度基础的楼阁上，阶层犯罪论在中国刑法理论界流行的时间难以持续，当然就难免昙花一现的理论命运。作为一种没有制度基础的理论，将之写入刑法教科书，或许能够一定程度上拓展高层次学习者的知识面，但如果学习不透、理解不深，则对指导中国刑法的解释、运用，或许难免会形成一些误导。特别是对中国刑法的初学者，教学书中显然不适合脱离中国刑法规定强制推行阶层犯罪认定理论。

许逎曼教授显然清楚地意识到了，不但阶层区分犯罪论体系的推行不可能"超越实定法的基础"，同时纵使是"不法与罪责的细部区分依然是个实定法的问题"。[①]一个国家推行什么样的刑法，就会有什么样的犯罪论体系，这是不以人的意志为转移的。小野清一郎指出，"我们的构成要件理论，并不是法实证主义的，但也不应该离开实定法的立场。构成要件概念一旦失去实定法的意义，构成要件理论就不再是实定法的理论，同时也无法保障作为它的特色之一的体系性结构的确实性。"[②]热心推行阶层体系的许逎曼教授当然是理解了这个道理。但是，他不能就此放下推行阶层体系的理想，因而提出了釜底抽薪的阶层犯罪论理论推广方案。前文提到了许逎曼教授直言不讳地自白，他主张要趁着推行目标国的"刑法学者还没发现该区分现象或甚至尝试拒绝

---

① ［德］许逎曼：《区分不法与罪责的功能》，彭文茂译，载《不移不惑献身法与正义：许逎曼教授刑事法论文选辑》，台北公益信托春风煦日学术基金 2006 年版，第 430—432 页。

② ［日］小野清一郎：《犯罪构成要件理论》，王泰译，中国人民公安大学出版社 2004 年版，第 16 页。

区分的时候，这些国家的刑法规定必须建立起不法与罪责的区分"。他想在推行目标国先期开展刑法"变性手术"，然后就能够顺理成章实现推广阶层犯罪论体系的理想。许逎曼教授是睡在刑法现实主义的炕上，做着刑法理想主义的梦。一方面，他非常现实地看到了犯罪论体系在目标国推行的现行刑法障碍；另一方面，他又非常理想地认为，目标国的现行刑法就像搭积木一样，可以随心所欲地随便改变形态。由此可见，许逎曼教授是一个非常彻底的唯心主义刑法学家。他不但对建立在唯心主义刑法基础上的阶层犯罪论体系充满信心，推崇备至，认为那是最先进的犯罪认定理论，同时他也认为刑法不需要有与之相适应的土壤，唯物主义的土壤中也可以培育出唯心主义的刑法鲜花。

或许需要将前文借用于马克思的一段论述，作为本章的结尾：刑法学家也应该把自己看作一个自然科学家。他不是在制造犯罪论理论，不是在发明犯罪论理论，而仅仅是在表述刑法已经规定的犯罪构成理论。如果一个刑法学家认为自己创造了一个不受现行刑法制约的犯罪论体系，那么或许我们同样应该责备他的极端任性。以此商于许逎曼教授及其持同样观点的人们。

代后记：推荐学生阅读什么刑法著作

　　本书的读者，或许主要是法学学生、法律实务和理论工作者。故此我在此后记中写上我在不同课堂多次讲过的一些话，关于推荐阅读什么刑法著作的话。以后听我讲课的同志看了这个后记，就自然了解我的意思，可以省去我再在课堂上重复推荐阅读什么刑法著作之类的话语。权以此作为本书后记。

一、以法条教材为基

　　每当新学年，作为刑法学课程任课教师，总要考虑如何回应学生所提的刑法学应看些什么课外书这个问题。现在我不再给本科生、研究生列出洋洋洒洒的书单，我只要求学生熟读刑法法条，熟读国家推荐的刑法学教科书，我认为这就够了。法条不熟，教科书不懂，纵使通过了司法考试，还是很难具备扎实的刑法学基础。想要了解刑法学专著，苏联刑法学家特拉伊宁的《犯罪构成的一般学说》值得一观，我就推荐这一本。

　　如果此外确实还学有余力，学生们不妨再学一点儿国学，如《论语》、唐诗，了解一点儿中国文化。《论语》看不懂的可以先看南怀瑾先生的《论语别裁》，唐诗看不懂、看了容易忘记、看了觉得没意思的，可以先看员晓博先生所编著的《诗圣杜甫传》之类结合唐诗创作背景系统介绍的书，循序渐进。国学是修身养性之学，关乎身家性命，是大学问，能学一点儿，终身受益。中国刑法是在中国文化氛围中解决中国的统治问题，不懂中国文化，就很难用好中国刑法。很多刑法理论家著述等身，把刑法说得天花乱坠，从地中海说到太平洋，从日本说到中国台湾，从法律说到历史，从历史说到哲学，下笔千言，但竟无一语与中国文化中国现实相关。这种著作是为著作而著作，不是为中国问题而著作，写的不是中国问题，解决不了中国问题。读这种书不但浪费青年精力，更重要的是，会误导读者的思想，容易使读者变得华而不实。青年刑法学生值得警惕。

在政治氛围较为浓厚的中国，同学们也有必要学点政治，最好是了解一点儿中共党史，如《西行漫记》《红色的起点》，这是中共党史和中国政治的入门。熟悉一点儿中共党史，面对各种不得不面对的需要政治表态的场合，就总能够做到心中有数心里不慌。更为现实的是，中国当代刑法学体系及中国刑法运行体制，是在中国共产党领导下建构，不懂中国共产党的政治，既做不好当代中国刑法学学问，更办不好中国的刑事案件，现实司法实践中容易处处碰壁。

尽管近现代刑法学研究者众多，成果也很丰富，但我暂时还是不将这些成果对外推荐。多年的刑法著作阅读，使我感觉很难确定哪一本刑法学术著作是很有必要作为推荐书目予以公开推荐的。有的刑法学著作，尽管写得很好，但它写的不是中国的问题，而是用外国刑法理论思维讲述中国刑法和中国问题。表面上看是一篇很好的著作，洋洋大观，但实际上是一碗夹生饭，既没讲好外国，也没讲好中国。有的刑法学著作，乍一看也很有见地，但这些著作是中国刑法、中国刑法教科书的仇家，见不得中国刑法条文，见不得中国刑法教科书，一见到就劈头盖脸一顿批判，认为中国刑法的社会危害性定位不对，中国刑法的故意过失规定不对，中国刑法学的四要件体系不对，似乎现有的东西从头到脚都是毛病，恨不得将一切权威的全部打倒，将所有过往的全部推翻。这种刑法学著作，貌似热血，实则过于激进，不是成熟的学问。试想如果推翻中国刑法条文规定，没有了中国刑法典，哪里还会有中国刑法，学生还怎么学习中国刑法？还有的刑法学著作，的确很有思想，走哲学一类的路子，号称刑法哲学，但实际上其中并无多少哲学成分，而只不过是编制了一些似是而非的哲学概念，牵强跟哲学攀点交情，就堂而皇之戴上了所谓哲学的桂冠。读这类刑法哲学书籍，云山雾罩，不着边际，龟毛兔角，不知所踪。读完之后，感叹自己又无端消耗了一些宝贵光阴。

所以，对于应该阅读何种刑法课外书，我感觉不好推荐。据我个人的经验，作为刑法学生，甚至作为刑法研究人员、刑法实务人员，全面系统掌握刑法法条、刑法教科书，是不错的。或有人认为，就懂点刑法法条、刑法教科书，会不会太过浅陋？我不认为浅陋。环顾中国，能完整理解记忆中国刑法法条的又有几人？能完整理解和把握中国刑法教科书的又有几人？完整理解记忆了中国刑法法条，当之无愧就是中国刑法专家；完整理解把握了中国刑法教科书，也就有机会定位为很不错的刑法学者。我认为，与其在浩如烟海良莠难分的现当代刑法学学术著作中淘宝，浪费光阴，反不如静下心来，安心读懂法条和教科书。深度阅读法条、教科书的过程中，当对法条或教科书的内容存有疑问，则可搜寻相应学术著述加强理解。刑法学问的基点是刑法法条和教科书，刑法学问应当围绕着法条和教科书展开，切忌抛开法条、教科书空谈刑法，更不应当在推翻法条、教科书的基础上另耕刑法，自说自话。刑法法条、教科书都抛开了，哪里还会有刑法学问？所以，学好刑法法条、教科书，实是刑法学学习的关键所在。

我推荐深耕法条、教科书的刑法学习方法，显然是比较笨拙的方法。该学习方法，专为诚笃者所定，或为聪明者所不取。天下聪慧过人者少，慧根归中者众。固本培元的笨拙方法，是为天下绝大多数的学习者所确定。不同人具有不同学习方法，聪明者的刑法学习，当然会有其他途径。聪明者当取他法，不必拘泥。

二、以点带面专题突破

至于我指导的研究生，我当然会提出额外的特殊学习要求。我博士学习指导老师刘明祥教授关于财产犯罪、共同犯罪的论述，我硕士学习指导老师邱兴隆教授关于刑罚的论述，我自己关于刑法的一些粗浅看法，我的学生们是必须认真学习的。既然接受我的指导，当然就有必要了解我的刑法学思想渊源，有必要了解我对刑法学的基本看法。

合格的大学教师，不仅是教书匠，更为重要的，他应当是一个学者。对于所涉足领域，大学教师应当努力建构完整的学术思想体系，形成独立的学术视角和基本看法。只有拥有了独立的学术思想体系，才有资格指导学生。拥有独立的刑法学思想，是获得刑法学指导教师资格的前提条件。刑法包罗社会万象，体系恢宏，一代代刑法学人涓涓细流，薪火相传，才形成了独立完整的刑法学术思想。在今天，我们刑法学者的刑法学思想并非天生具有，而主要是由学习和继承前人研究成果而获得。师从刘明祥教授、邱兴隆教授，亲聆其教，熟读其文，观察其行，耳濡目染，接收他们对刑法学的基本观点，逐渐转化为我的刑法知识体系。更为重要的是，他们的基本研究路径，刘明祥教授始终以中国为中心解决中国问题的研究路径，邱兴隆教授个人社会一体并以个人为中心的基本思路，都为后来的研究者提供了重要示范。刘明祥教授偏重于犯罪论研究，邱兴隆教授主攻刑罚论，他们对犯罪论、刑罚论的基本看法，为我刑法学术基本观念的形成奠定了知识基础。我对刑法的总体认识及具体观点，或许会在他们的基础上有所调整，甚或不完全一致，但基本思考路径、基本研究方法则并无二致。作为接受我指导的学生，要了解我对刑法学的基本看法，刘明祥教授、邱兴隆教授的著述，实在是学生们学术精进最为便捷的路径。我将刘邱二师相关领域论著汇编成册，发给学生，督促学生们尽快融入刑法学术研究氛围，尽快熟悉师宗研究刑法所获得的基本心得体会。

研究生学习，学科门类多，组织安排多，各类活动多，社会要求多，时间紧压力大。如何在有限时间实现研究生培养目标，让学生对刑法问题形成独立思考习惯和学术思维能力，值得探索。刑法学体系宏大，点多面广，要想研究生对整个刑法学形成全面系统的学术认知，非常困难。很多博士都做不到，硕士研究生更难做到。既然做不到全面认知，退而求其次，研究生可以就刑法学某个问题或某方面问题，参看学者们的系统论述，深耕细作。在弄懂刑法某个问题的过程中，领悟学者对刑法问题的研究思路和方法。专门探索某一个刑法问题，一门深入，一个刑法问题的研究方法搞懂了，也就有机会搞懂所有刑法问题。这种以点带面的学问方法，最适合研究生阶段的学习。同学们弄懂了刘明祥教授对共同犯罪、财产犯罪的系统论述，也就基本上能弄懂犯罪论部分的学问之道；弄懂了邱兴隆教授对刑罚论的系统论述，对于刑罚的学问也就能做到心中有数。所以，手捧刘邱二师关于共同犯罪、刑罚论的论述汇编，同学们是身在宝山，怀揣珍珠，庶几近道。有心者稍微集中精神，静心阅览，珠宝尽得，满载而归，研究生学习阶段就可圆满收官。系统弄懂刘邱二师关于共同犯罪、刑罚论的论述，以点带面，耗时少而见效快，出力寡而获利多，事半功倍，是刑法学术能力获取的不二法门，同学们何乐而不为！

很多致力于刑法学问的优秀青年，或怀抱司法考试的教材就以为是刑法学问，坐井观天，或头枕罗克辛的刑法教科书才认为是刑法学问，好高骛远。

这就容易走上弯路，几个月几年折腾下来，不但无所获益，有的青年反倒被罗克辛刑法教科书的宏大叙事与刑法哲学搞晕了头，搞迷了路，出现学问幻觉，以为要像罗克辛教授那样写书才是刑法学问。刑法学问哪家强？同学们尽可由点到面由浅入深，先跟着刘邱二师脚步，搞懂犯罪论刑罚论的一两个问题，各个击破，细水长流，拾级而上，渐入佳境。手中金锡，震开地狱之门；掌上明珠，光摄大千世界。开启刑法学问之门的钥匙就掌握在你们自己手中，最好的老师最好的著作就在你们自己怀中，那就是刘邱二师的著述。自己怀里的学问还未消化，自己家里的学问还未尽闻，暂时就还没有必要向远方的罗克辛教授求神问道。咀英汲华，等到将自己怀里的刑法学问都消化吸收，才有了将学术触角进一步向远方延伸的迫切需要。

三、升华精神境界

显然，不是说不要学生广泛阅读，而是学生应当按部就班，基础坚牢，循序渐进。学生们应当从身边学起，先将自己师宗的学问学好，再根据自己学习过程中的疑惑，根据自己的事业志向，逐渐拓展阅读面。

学生们的阅读不能局限于法律著述，更不能局限于刑法领域。刑法学问不是一门大学问，它是为合理维持统治秩序而设立的经世致用的"小道"、小学问。"虽小道，必有可观者焉；致远恐泥，是以君子不为也"！西原春夫所批判的德国刑法学过于哲学化、学理化的倾向，"削弱了刑法学本来应当面向一般的犯罪现象或者各种犯罪以及犯罪人的势力，使刑法学的关注点出现了向观念的、非实际的方向偏离"，这值得我们引以为鉴。[①] 对于个人而言，"有匪君子，如切如磋，如琢如磨"，最重要的问题还是修身养性，关乎道德修养的学问才是人生的大学问。无论是从事刑法学问研究工作，还是从事刑事法

---

① ［日］西原春夫：《犯罪实行行为论》，戴波、江溯译，北京大学出版社 2006 年版，第 25 页。

律实务，都必须把刑法法条、教科书学懂弄通，同时也有必要从深层次理解立法原因，把握适用规律，但是大千世界丰富多彩，仅仅懂得一点儿刑法学问的人生又还不够完整。把刑法法条背得滚瓜烂熟，把刑法著述写得花团锦簇，把刑事案件办成千古铁案，当然很重要，也很有成就感，但脱离人生大学问的刑法学问既枯燥乏味，最终也会源头枯竭，无法达到很高的境界。我们的同学要认真学习刑法，但同时还要关注人生的大学问，学一点儿国学，学一点儿哲学，砥砺品格，滋养生命，丰富人生。

粗浅意见。共勉！

四、关于本书

细心的读者会发现，以上"代后记"中说的这许多，都是推荐同志们去读刘明祥教授、邱兴隆教授等的著作，推荐读国学经典著作。至于我自己写的这本书怎么样，到底值不值得花时间阅读？没有介绍。这个问题我感觉不好回答。说自己的东西太好，怕读者笑我过于自夸，说得太差也不符合我本意，说得不好不差又不知道应该如何措辞。自己评价自己总有诸多不便，不如看看别人是怎么评价这本书的。本书实际上是我在中国人民大学法学院的博士学位论文，该学位论文匿名外审期间，收到了几位外审专家匿名反馈的评审意见。现将主要评审意见摘抄于下，权当本书的介绍：

其一，本书内容上的创新。有匿名评审专家认为，本"论文利用现有研究成果，对分阶层的犯罪论体系面临的问题进行了有创造性的分析和揭示，对四要件整体不法评价理论的优越性进行了初步的论证，这种论证已经展示出成体系的一面，是一种创造性思维，因而具有重要的学术价值"。

其二，本书方法、观点上的创新。有匿名评审专家认为，本"论文的创新性表现在：1. 在方法论上，摆脱了以往比较分析的简单对比方法，而是先选择了犯罪论体系的逻辑起点——评价方法，再以此为归宿进行内涵式比较研究。2.实现了范畴、术语在不同法系之间的转换。3.对四要件整体不法评价方法的优势分析细致，客观中肯，有助于正确评价我国犯罪构成理论及理性看待应否引进大陆法系的犯罪论体系"。

其三，还有匿名评审专家认为，"本论文另辟蹊径，运用大陆法系刑法理论中的整体不法评价理论，对我国和俄罗斯坚持的犯罪构成四要件理论和盛行于德国和日本的阶层犯罪论体系进行了比较研究，不仅研究思路新颖，而且观点和论证也具有较多的创新。总之，本论文不仅对犯罪构成四要件理论的合理性、科学性进行创新性的补充性论证，而且比较合理地回应了主张阶层犯罪论体系者对四要件犯罪论体系的质疑，具有重要的学术价值。"

外审专家主流意见是肯定性的，当然也有指出本书不足之处的评语。

我至今也不知道写下以上评语的评审专家是哪几位先生，我一直感激他们对我的鼓励。于是，我一直保留着匿名评审专家评语的复印件。每隔两三年时间，每当我想起这些评语，就翻出来欣赏。今天，我把先生们的评价抄写在这里，期望有一天，写出这些评语的先生会看到自己写的评语，并感受刑法后学的真诚谢意！

冷必元

2023 年 1 月 28 日